Schopenhauer
e a
FILOSOFIA
INDIANA

Schopenhauer
e a
FILOSOFIA
INDIANA

Fábio Mesquita

Edições Loyola

Dados Internacionais de Catalogação na Publicação (CIP)
(Câmara Brasileira do Livro, SP, Brasil)

Mesquita, Fábio
  Schopenhauer e a filosofia indiana / Fábio Mesquita. -- 1. ed. --
São Paulo : Edições Loyola, 2023. -- (Questões filosóficas)

Bibliografia.
ISBN 978-65-5504-257-3

1. Filosofia - História 2. Filosofia indiana 3. Filosofia ocidental
4. Schopenhauer, Arthur, 1788-1860 I. Título. II. Série.

23-147831   CDD-193

Índices para catálogo sistemático:
1. Schopenhauer : Filosofia alemã   193

Henrique Ribeiro Soares - Bibliotecário - CRB-8/9314

Capa e diagramação: Ronaldo Hideo Inoue
Na capa e contracapa, detalhes de esculturas hindus da Era Palava (c. 700 d.C.) no templo Kailasanathar, em Kanchipuram, Índia.
© Snap Royce Photo Co. | Adobe Stock.

Edições Loyola Jesuítas
Rua 1822 nº 341 – Ipiranga
04216-000 São Paulo, SP
T 55 11 3385 8500/8501, 2063 4275
editorial@loyola.com.br
vendas@loyola.com.br
www.loyola.com.br

Todos os direitos reservados. Nenhuma parte desta obra pode ser reproduzida ou transmitida por qualquer forma e/ou quaisquer meios (eletrônico ou mecânico, incluindo fotocópia e gravação) ou arquivada em qualquer sistema ou banco de dados sem permissão escrita da Editora.

ISBN 978-65-5504-257-3

© EDIÇÕES LOYOLA, São Paulo, Brasil, 2023

Aos meus filhos,
Antônio e **Anita**.

Sumário

❖ ❖ ❖

Abreviações utilizadas das obras de Schopenhauer 9

Transliterações sânscritas 11

Introdução 13

CAPÍTULO 1
A Índia schopenhaueriana 25
    1.1. Investigações históricas ou abordagens comparativas 26
    1.2. Sobre as pesquisas precedentes 29
    1.3. A Índia ampliada 42

CAPÍTULO 2
Presença indiana – para além das *Upaniṣads* (*Oupnek'hat*) 45
    2.1. *Asiatisches Magazin* 51
    2.2. *Mythologie des Indous* 71
    2.3. Schopenhauer e as *Asiatick Researches* 90

CAPÍTULO 3
Apropriações e influências 115
    3.1. *Brahman, Ātman, Nirvāṇa* e *Tat tvam asi*,
        saṁnyāsi, nirvāṇa e *Buddha* 116
    3.2. *Trimūrti* (*Brahmā, Viṣṇu* e *Śiva*) e *Liṅgaṃ* 127
    3.3. *Māyā* 153

Considerações finais 171

Referências bibliográficas 177
    Obras de Schopenhauer 177
    Obras sobre a Índia consultadas por Schopenhauer 177
    Demais obras 178

ANEXO A
A biblioteca oriental de Schopenhauer 185

ANEXO B
Tradução das notas e dos trechos escritos por Schopenhauer durante a leitura dos nove primeiros volumes das *Asiatick Researches* 193

Abreviações utilizadas das obras de Schopenhauer

❖ ❖ ❖

SW   *Schopenhauers Sämtliche Werke, 7 Bände*. Edição de Arthur Hübscher. Wiesbaden: F. A. Brockhaus, 1972.

HN   *Der Handschriftliche Nachlass, 5 Bände*. Edição de Arthur Hübscher. München: Deutcher Taschenbuch, 1985.

M I   *O mundo como vontade e como representação*, Tomo I. Tradução, apresentação, notas e índices de Jair Barbosa. São Paulo: Unesp, 2005.

M II   *O mundo como vontade e como representação*, Tomo II. Tradução, apresentação, notas e índices de Jair Barbosa. São Paulo: Unesp, 2015.

MR   *Manuscript Remains, in Four Volumes*, Edited by Hübscher, translated by E. F. J. Payne. Oxford: Berg Publishers Limited, 1998.

P   *Parerga y Paralipómena, Primera e Segunda edición*. Trad. De Pilar López de Santa María. Madrid: Editorial Trotta, 2006 (vol. I) e 2009 (vol. II).

SVN   *Sobre a Vontade na Natureza*. Porto Alegre: L&PM Pocket, 2013.

Transliterações sânscritas

❖ ❖ ❖

DESDE 1912, A transliteração sânscrita utilizada pelos trabalhos acadêmicos é a IAST (*International Alphabet of Sanskrit Translation*). A IAST utiliza diacríticos, sinais ou acentos que se encontram sob ou sobre a letra, com o objetivo de alterar características na produção sonora dos vocábulos, afinal os sinais (diacríticos) são marcas que colaboram para a pronúncia da palavra na representação do som. Com o intuito de seguir o padrão internacional e facilitar a compreensão dos conceitos indianos, utilizamos as normas da IAST e, na tabela abaixo, colocamos as palavras que sofreram alteração.

IAST (*International Alphabet of Sanskrit Translation*)	Formas utilizadas por Schopenhauer, nos livros estudados por Schopenhauer e nas traduções ao português
Ātman	Atma, Atman
Arjuna	Ardschun, Arjoon
Bhagavad Gītā	Bhagavadgit, Bhaguat-Geeta
Bhāgavatam	Bhagavata Purana
Brahmā	Brahma, Birmah
Brahman	Brahman, Brehn, Brahma
Buddha	Buda
Chāndogy upaniṣad	Chandogya Upanixade
Dārāṣekoh	Dara Sikoh, Dara-She-Ko
Durgā	Durga
Gaṇēśa	Ganesha, Ganexa
Gaṅgā	Ganga
I-Ching	Y-king
Īśvara	Iswara
Kāma	Cama, Kama
Kārttikēya	Scanda, Escanda, Kartikeya, Murugan
Kṛṣṇa	Krischna, Krishna, Chrisnen

Liṅgaṃ	Lingam, Linga
Mahābhārata	Mahabharata
Mahādeva	Maha'de'va, Mahádéva
Māyā	Maja, Maia, Maya, Máyá
Nārada	Narada
Nirvāṇa	Nirvana, Nieban, Nivani, Nibbāna
Oṃ, Auṃ	Om, Aum
Paṇḍita	Pandita, Pundit
Pārvatī	Parvati
Prākṛta	Prakrit (língua indiana)
Purāṇa	Purana
Rāmāyaṇa	Ramayana, Ramaiana
Rudrā	Rudra
Śālivāhana	Shalivahana
Sāṁkhya Kārikā	Sankhya Karika
Saṁnyāsi(ns)	Saniassi, Saniasis, Samaneer
Saṃsāra	Sansara
Śaṅkara	Sankara
Sarasvatī	Saravasti
Shāhjahān	Shah Jehan, Shah Jahan, Schah-Jehan
Śiva	Schiwa, Xiva, Shiva, Mhadaio, Mahádéva
Sūrya	Suria, Surya
Trimūrti	Trimurti
Upaniṣad(s)	Upanischaden, Upanixades, Upanixade, Upanishads
Varāha	Varaha
Varuṇa	Varuna, Waruna
Vedānta	Vedanta
Viṣṇu	Wischnu, Vishnu, Vichnou

Introdução

❖ ❖ ❖

DURANTE TODA A sua vida, Schopenhauer demonstrou admiração e fascínio pela filosofia indiana. Os diversos fragmentos sobre a Índia expressos em seus *Manuscritos* de juventude (1811-1818)[1] são evidências históricas que ressaltam

---

[1] Nos *Manuscritos*, volume 1 (1811-1818 – *Der Handschriftliche Nachlass*), existem citações sobre o pensamento indiano e algumas sobre o pensamento chinês. Seguem citações em sequência cronológica. Entre parênteses estão as grafias utilizadas por Schopenhauer: 1814/Weimar – *Māyā* (Maja) sinônimo de ilusão (MR, 113; HN, 104); 1814/Weimar – *Ātman Jīvātman* (Atma, Djiw-Atma) relacionado ao sujeito do conhecimento (MR, 116; HN, 107); 1814/Weimar – citação da *Oupnek'hat* relacionada ao sujeito espectador (MR, 116; HN, 191); 1814/Dresden – citação da *Oupnek'hat*, (vol. II, 216), comparação entre *Māyā* (Maja), o conhecimento e o amor (MR, 130; HN, 120); 1814/Weimar – *Māyā* dos *Vedas* (den Maja der *Vedas*) comparado ao mundo material (MR, 148; HN, 136); 1814/Dresden – cita e compara *Oupnek'hat* com pensamentos de Espinosa, Kant e Schelling (MR, 154; HN, 142); 1814/Dresden – cita pela primeira vez o *liṅgam* (Lingam) como atributo de Śiva (Schiwa) ao se referir à vida e à morte como características da Vontade de vida (MR, 181; HN, 166); 1814/Dresden – refere-se aos indianos, incluindo os rajas (Rajahs), reis ou membros sociais de alta posição hierárquica que possuem o costume de comer aquilo que plantam e colhem (MR, 196; HN, 180); 1814/Dresden – *Māyā* (Maja) como mundo fenomênico kantiano (MR, 247; HN, 225); 1815/Dresden – cita pela primeira vez as *Asiatick Researches*, volume 8, sobre um ritual oferecido a *Brahman* (MR, 286; HN, 260); 1815/Dresden – *Māyā* (Maja) como fenômeno kantiano, objetidade da vontade, conhecimento de acordo com o princípio de razão suficiente (MR, 332; HN, 303); 1815/Dresden – *liṅgam* como oposição das forças que compõem o mundo (MR, 339; HN, 309); 1815/Dresden – *liṅgam* (Lingam) como atributo de Śiva (Schiwa) e a regeneração da matéria (MR, 348; HN, 317); 1815/Dresden – *liṅgam* como característica da Vontade de vida objetivada (MR, 370 e 371; HN, 336 e 337); 1815/Dresden – citação da China comparada aos alquimistas, médicos e leis da natureza (MR, 378; HN, 343); 1815/Dresden – Schopenhauer cita rituais religiosos, sobretudo dos hindus, que demonstram inadequação entre a vida e as necessidades espirituais e intelectuais (MR, 381; HN, 345); 1816/Teplitz – o filósofo compara os hindus aos gregos e católicos (MR, 408; HN, 370); 1816/Dresden – cita as *Leis de Manu* (Gesetze des Menu), que, com outros três livros sagrados hindus (*Mahābhārata*, *Rāmāyaṇa* e *Purāṇa*), formam o *Código de Manu* (*Manu Smriti*) – este código é um conjunto de leis que regem o mundo indiano, estabelecendo suas castas, ritos e costumes (MR, 418; HN, 379); 1816/Dresden – *Māyā* dos *Vedas* (Die "Maja" der *Vedas*) como o fenômeno kantiano e o mundo sensível platônico (MR, 419; HN, 380); 1816/Dresden – *Māyā* como *principium individuationis* (MR, 429; HN, 389); 1816/Dresden – o suicídio como o golpe de mestre *Māyā* (Maja)

aproximações, apropriações e influências[2]. Por um lado, esses fragmentos demonstram como Schopenhauer foi, aos poucos, utilizando alguns conceitos indianos para ilustrar sua própria filosofia. Por outro, eles também apresentam como certos conceitos indianos geraram transformações fundamentais em algumas ideias do filósofo até a publicação de sua obra capital, em 1818.

A biografia de Schopenhauer escrita por Rüdiger Safranski (1990) destaca o valor desses fragmentos referentes ao pensamento indiano, redigidos entre os anos de 1814 a 1818. Isso porque eles estão "diretamente alinhados com os principais pontos da filosofia nascente de Schopenhauer". Porém, na sequência, o biógrafo afirma que essas notas, "na melhor das hipóteses, podem ser tomadas apenas como confirmações e ilustrações" da filosofia de Schopenhauer

---

[2] (MR, 433; HN, 391); 1816/Dresden – a sabedoria dos *Vedas* e *Māyā* presentes em um quadro comparativo entre o universal e o particular (MR, 434; HN, 392); 1816/Dresden – *Māyā* como *principium individuationis* (der Form der Vorstellung, nämlich des *principii individuationis*, welches die Maja ist) (MR, 446; HN, 403); 1816/Dresden – *Māyā* como *principium individuationis* (*principii individuationis* oder der Maja) (MR, 447; HN, 601); 1816/Dresden – primeira citação sobre a *Trimūrti* (Brahma, Wischnu e Schiwa – *Brahmā, Viṣṇu* e *Śiva*) e *liṅgaṃ* (Lingam) (MR, 449; HN, 405); 1816/Dresden – *Vedas, Purāṇa, saṁnyāsins, Māyā, Kṛṣṇa* e *Arjuna* (*Vedas* und *Puranas*, saniassi, Maja, Krischna, Ardschun) (MR, 452; HN, 408 e 409); 1816/Dresden – *liṅgaṃ* enquanto atributo de *Śiva* (MR, 453; HN, 409); 1816/Dresden – cita *Brahman* e o *nirvāṇa* dos budistas (Buddhisten Nieban) comparando-os ao nada – essa passagem dos *Manuscritos* se assemelha ao desfecho do quarto livro d'*O mundo*. Nos *Manuscritos*, Schopenhauer cita *Asiatick Researches* e *Oupnek'hat*, algo que não faz n'*O mundo* (MR, 455 e 456; HN, 411 e 412); 1816/Dresden – Sanyassi – aquele que renuncia o mundo material (MR, 461; HN, 417); 1816/Dresden – cita que Kant, Platão e as *Upaniṣads/Vedas* (Upanischaden/Vedas) foram as grandes influências para sua filosofia (MR, 467; HN, 422); 1816/Dresden – *Māyā* como *principium individuationis* (MR, 469; HN, 423); 1816/Dresden – *Tat tvam asi* – Tu és isto – *Oupnek'hat* – *Chāndogya Upaniṣads 6, 18-16* (MR, 470; HN, 425); 1816/Dresden – "*Spectator qui tamascha* (spectaculum) *videt*" – *Maitri Upaniṣads II, 7* (MR, 474; HN, 428); 1816/Dresden – atos de amor (compaixão) é livrar-se de *Māyā* (MR, 475; HN, 429); 1817/Dresden – doutrina de *Buddha* e *nirvāṇa* (Budha und Nieban) (MR, 488; HN, 441); 1817/Dresden – retirar o véu (*Schleier*) (MR, 493; HN, 445); 1817/Dresden – pensamento chinês do I Ching (*Y-king der Chinesen*) (MR, 507; HN, 458); 1817/Dresden – moralidade hindu, *Oupnek'hat, Vedas, Purāṇa* (Puranas), *Life of Foe in Asiatic Magazine, Bhagavad Gītā* (Bhagavadgita), *Leis de Manu, Asiatick Researches* e *Madame Polier's Mythologie des Hindous* (MR, 515 e 516; HN, 465 e 466); 1817/Dresden – *Māyā* como *principium individuationis* (MR, 521; HN, 470); 1817/Dresden – *Saṁnyāsins* e escritos indianos (MR, 527; HN, 476); 1817/Dresden – *Māyā* como fenômeno (MR, 529; HN, 478); 1817/Dresden – chineses e indianos (MR, 539; HN, 487).

 Sobre os problemas de influências do pensamento indiano em Schopenhauer, confira os trabalhos publicados por Douglas Berger (2004 e 2008) e Günter Zöller (2013). Esses pesquisadores possuem posições opostas e discutem a possível influência da Índia em Schopenhauer ocorrida entre os anos 1814 e 1818. Todas as citações utilizadas neste livro sobre os textos de Schopenhauer foram colocadas em nota de rodapé, e não, como indica a ABNT, no próprio corpo do texto. O mesmo foi feito para as citações da *Oupnek'hat, Asiatisches Magazin, Mythologie des Indous* e *Asiatick Researches*. Exceto essas citações, todas as demais estão de acordo com as regras vigentes da ABNT (2017).

(SAFRANSKI, 1990, 201 e 202). Como se a Índia fosse reduzida a meras comparações, sem gerar nenhuma contribuição ou influência significativa.

De modo contrário a essa teoria de Safranski, esta obra almeja reavaliar grande parte das citações acerca da Índia nos *Manuscritos* com o intuito de provar influências e não apenas "confirmações e ilustrações". Alguns conceitos criados pelo filósofo, especificamente o de Representação e o de Vontade, sofreram, sob certos aspectos, transformações a partir das influências de algumas características das ideias do pensamento indiano.

No ano de 1816, em Dresden, Schopenhauer escreveu acerca da importância das *Upaniṣads* (*Oupnek'hat*)[3] para compreender a sua própria filosofia:

> Confesso que não acredito que a minha doutrina poderia ter surgido antes de as *Upaniṣads*, Platão e Kant lançarem seus raios simultaneamente na mente dos homens. Mas é claro que, como diz Diderot, muitas estátuas estavam paradas e o sol brilhou em todas elas, mas apenas a estátua de Mêmnon soltou um som melodioso. *Le Neveu de Rameau*[4].

O filósofo se equipara ao colosso de Mêmnon, que, após o sismo de 27 a.C., abriu uma fenda que acumulava umidade durante a noite e que, ao nascer do Sol, evaporava, produzindo um som instrumental semelhante a uma cítara. O brilho solar que Schopenhauer recebeu seria o das filosofias de Kant, de Platão e o da sabedoria indiana (*Upaniṣads* — *Oupnek'hat*)[5] que renascia na Europa durante a primeira metade do século XIX. Ele viveu em tempo e espaço únicos para construir uma união até então pouco explorada entre Ocidente e Oriente. A sua filosofia é o som da cítara, pois ele se colocou diferente de muitos filósofos de sua época, sendo capaz de inovar a partir da leitura que fez sobre a Índia e as filosofias ocidentais.

Dois anos depois, em agosto de 1818, no prefácio d'*O mundo como vontade e como representação*, ele novamente ressaltou as *Upaniṣads* e os *Vedas*, junto com Platão e Kant, como as principais filosofias para a melhor compreensão de seu pensamento:

> A filosofia de KANT, portanto, é a única cuja familiaridade íntima é requerida para o que aqui será exposto. Se, no entanto, o leitor já frequen-

---

[3] O *Pequeno Dicionário Brasileiro da Língua Portuguesa* de Aurélio B. H. Ferreira, 13ª edição, considera a palavra *Upanishad* ou *Upanixade* como masculina. No entanto, a palavra é feminina. Os franceses e alemães respeitam esse gênero e escrevem sempre: "*la upanishad*" e "*die Upanishad*". O presente estudo respeita o uso da palavra no gênero feminino e o padrão estipulado pela IAST: *Upaniṣad* (singular) ou *Upaniṣads* (plural).

[4] MR I, 467, n. 623 (HN, 422). Schopenhauer faz menção ao diálogo filosófico de Denis Diderot, *O Sobrinho de Rameau* (*Le Neveu de Rameau* ou *La Satire seconde*), escrito entre os anos 1762 e 1773 e publicado em 1805.

[5] Schopenhauer não teve acesso direto às autênticas *Upaniṣads*. Ele não lia em sânscrito. Todas as vezes que citou os *Vedas* ou as *Upaniṣads*, ele se referia à tradução latina denominada *Oupnek'hat*.

tou a escola do divino PLATÃO, estará ainda mais preparado e receptivo para me ouvir. Mas, se, além disso, iniciou-se no pensamento dos *VEDAS* (cujo acesso permitido pelas *Upaniṣads*, aos meus olhos, é a grande vantagem que este século ainda jovem tem a mostrar aos anteriores, pois penso que a influência da literatura sânscrita não será menos impactante que o renascimento da literatura grega no século XV), se recebeu e assimilou o espírito da milenar sabedoria indiana, então estará preparado da melhor maneira possível para ouvir o que tenho a dizer[6].

Schopenhauer escreveu sobre a importância de seus leitores conhecerem os *Vedas* para compreenderem de modo mais significativo aquilo que iria explicitar. De acordo com esse fragmento d'*O mundo*, o pensamento de Schopenhauer sobre a Índia era demasiadamente idealizado, como se ela fosse uma terra distante, pouco conhecida e explorada, mas com infinitas possibilidades, supostas riquezas e tesouros. Essa Índia seria capaz de iluminar a mentalidade dos homens do século XIX, traçar caminhos até então desconhecidos. Filho de seu tempo e influenciado por alguns filósofos que o precederam, Schopenhauer estava mergulhado na ideia do "renascimento oriental"[7].

Apesar desse clima promissor, são nítidas e compreensivas as dificuldades que o filósofo encontrou ao tentar fazer o mundo ocidental conhecer esses novos pensamentos. Uma dificuldade e problema crucial que se destaca é o fato de o filósofo, tanto nos *Manuscritos* quanto n'*O mundo*, ter colocado apenas as *Upaniṣads* como a obra indiana de referência para compreender o seu pensamento e a única a ter gerado uma possível influência. Aqui não se descarta a importância das *Upaniṣads*, mas apenas tenta-se lançar luz sobre outras obras do pensamento indiano que também ofereceram significativas contribuições à filosofia schopenhaueriana.

---

[6] M I, prefácio, 23 (SW II, XII e XIII). Schopenhauer equiparou erroneamente os *Vedas* com as *Upaniṣads*. Apresentaremos as distinções desses textos em outra nota deste livro.

[7] O interesse de Schopenhauer na Índia não ocorreu de modo isolado. No final do século XVIII e início do XIX, muitos intelectuais europeus (linguistas, filósofos e escritores) se entusiasmaram com a sabedoria milenar recém-descoberta da Índia. Esse período ficou conhecido como "renascimento oriental". Eles acreditavam que o impacto dessa descoberta seria semelhante ao renascimento grego ocorrido na Europa nos séculos XV e XVI. Uma das primeiras traduções desse período foi a da *Bhagavad Gītā* realizada por Charles Wilkins, em 1784. No mesmo ano, foi fundada A Sociedade Asiática (*The Asiatic Society*), em Calcutá, por William Jones, com o objetivo de ampliar o conhecimento que se tinha da cultura indiana. Anos depois, em 1789, o próprio William Jones traduziu a poesia indiana denominada *Sacontalá or The Fatal Ring: an Indian drama*. Em 1798 foi publicado por *The Asiatic Society* o primeiro volume do periódico *Asiatick Researches*. Em 1801-1802, Anquetil-Duperron publicou a *Oupnek'hat*, contendo cinquenta *Upaniṣads*. Em 1808, Friedrich Schlegel publicou seu livro intitulado Über die Sprache und Weisheit der Indier (*Sobre a língua e sabedoria da Índia*). Muitas outras obras poderiam ser mencionadas nesta nota para elevar a dimensão daquilo que foi denominado como "renascimento oriental", no qual Schopenhauer e muitos outros pensadores estavam inseridos.

INTRODUÇÃO

O que chama a atenção é o fato de, n'*O mundo*, Schopenhauer não ter citado em lugar de destaque nem dado o devido crédito a outros livros a que ele teve igualmente acesso no período de gênese de sua filosofia: a *Asiatisches Magazin*[8], a *Mythologie des Indous*[9] e as *Asiatick Researches*[10]. Tais obras possuem características e conteúdos diferentes, mas todas foram escritas com o mesmo propósito. Elas almejavam esclarecer, para os europeus do fim do século XVIII e início do século XIX, o pensamento indiano, que, por razões históricas[11], fazia pouco tempo havia sido descoberto pelo mundo ocidental. Schopenhauer, ao entrar em contato com esses textos entre os anos 1813 e 1818, teve ampliada sua compreensão sobre a Índia. De fato, essas três obras auxiliaram o filósofo a entender as *Upaniṣads* (*Oupnek'hat*), assim como o ensinaram novos conteúdos a respeito do "Oriente"[12] que até então se mostrava distante e enigmático para ele.

Schopenhauer, por certo, enxergava maior valor histórico e filosófico nas *Upaniṣads*. Elas sintetizavam aquilo que ele pôde apreender sobre a Índia e legitimavam uma autêntica contribuição histórica e filosófica ao seu pensamento. No entanto, o fato de ele enaltecer apenas as *Upaniṣads*, ao ponto de equipará-las à filosofia de Platão e Kant, fez com que as obras *Asiatisches Magazin, My-*

---

[8] Dois volumes publicados por indólogos alemães em 1802, (primeiro volume) e 1811 (segundo volume). Neles são encontrados importantes textos sobre os pensamentos da Índia e da China escritos, principalmente, por Julius Klaproth (1783-1835) e Friedrich Majer (1771-1818). Para baixar os volumes da *Asiatiches Magazin* acesse: <https://fabiomesquita.wordpress.com/2017/01/15/asiatiches-magazin-1802-e-1811/>.

[9] Trabalho realizado em dois volumes por Mme. Marie Elisabeth de Polier (1742-1817) a partir dos manuscritos autênticos realizados por Coronel Antoine-Louis Henri de Polier (1741-1795) em diálogo com o indiano da religião sikh chamado Ramtchund. Esse livro inclui comentários gerais sobre o hinduísmo, além de resumos desenvolvidos pelo coronel, a partir de três importantes textos hindus: o *Mahābhārata*, o *Rāmāyaṇa* e o *Bhāgavatam*. No capítulo dois explicaremos os conteúdos e as características de tais textos indianos. Para baixar a *Mythologie des Indous* acesse: <https://fabiomesquita.wordpress.com/2017/01/12/mythologie-des-indous-1809>.

[10] As *Asiatick Researches* são revistas publicadas por *The Asiatic Society*, fundada por William Jones em 1784. O nome original era *Asiatick Researches*, e as primeiras revistas foram publicadas com o K (*AsiaticK*). A partir de 1825, sem uma explicação aparente, o K foi retirado tanto do nome da instituição quanto das revistas. São diversos os assuntos orientais abordados nesses periódicos. Em 1829, o nome desse anuário foi alterado mais uma vez para *The Journal of the Asiatic Society*. A Sociedade Asiática existe até hoje e publica anualmente esse periódico. Para baixar as *Asiatick Researches* acesse: <https://fabiomesquita.wordpress.com/2017/01/15/asiatic-researches-primeiros-volumes/>.

[11] Colonização da Índia pelo Império Britânico (1858-1947).

[12] Temos consciência das diferenças entre os conceitos Oriente e Índia. No entanto, em alguns momentos da redação do presente estudo, eles foram dados como sinônimos com a finalidade única de não repetir conceitos. Deve-se frisar logo de início desta pesquisa que o vasto Oriente é entendido, por nós ocidentais, de modo homogêneo e não plural. Sobre esse tema, sugerimos a leitura da obra de Edward Said *Orientalismo: o Oriente como invenção do Ocidente*, 2015.

thologie des Indous e *Asiatick Researches* fossem ofuscadas ou até esquecidas na relação entre o filósofo e a Índia.

O jovem Schopenhauer valorizava as *Upaniṣads* sem saber ao certo aquilo que havia encontrado. Sabe-se que ele costumava se confundir em seus escritos e tratar como sinônimos os *Vedas*[13] e as *Upaniṣads*[14]. Limitado por aquilo que havia sido publicado na Europa de sua época, o filósofo ainda não sabia das diferenças históricas entre esses textos indianos, assim como ignorava os problemas da tradução[15] das *Upaniṣads* intitulada *Oupnek'hat*, que havia sido realizada por Anquetil-Duperron[16], do persa para o latim, a partir da tradução de *Muḥammad Dārāşekoh* (Mohamed Dara Sikoh), do sânscrito para o persa.

Com algumas confusões e com restritas possibilidades para sanar ou orientar suas dúvidas sobre a Índia, o filósofo teve um momento de lucidez ao ter ciência de sua arrogância, orgulho e pretensão ao imaginar que todas as ideias contidas nas *Upaniṣads* poderiam ser deduzidas de sua filosofia. Como ele próprio escreveu, "gostaria até de afirmar, caso não soe muito orgulhoso, que cada aforismo isolado e disperso que constitui as *Upaniṣads* pode ser deduzido como consequência do pensamento comunicado por mim, embora este, inversamente, não esteja lá de modo algum já contido"[17]. Ficaríamos aqui em uma discussão infrutífera ao tentar afirmar qual pensamento poderia conter o do outro: a filosofia ocidental alemã de Schopenhauer ou a filosofia indiana presente no livro *Oupnek'hat* (*Upaniṣad*). Longe dessas querelas, o que fica notório é a falta de precisão e rigor do jovem Schopenhauer em algumas ocasiões ao se referir aos livros de origem oriental. No entanto, é sabido que essa ausência de rigor não

---

[13] São quatro obras escritas em sânscrito, aproximadamente durante os anos 2000 a 1500 a.C. Elas são as mais antigas de que se tem conhecimento e foram intituladas de: *Ṛg-Veda* (hinos), *Yajur-veda* (sacrifícios), *Sama-veda* (Canto ritual) e *Atarva-veda* (Sacerdote brâmane). Seu conteúdo é destinado a uma infinidade de deuses hindus, como por exemplo: *Viṣṇu* (deus conservador no ciclo de nascimento e de perecimento do mundo), *Rudrā* (deus dos ventos fortes, tempestades e trovões), *Varuṇa* (deus relacionado à ordem cósmica, à arquitetura e à construção do universo), *Indra* (divindade também relacionada às tempestades, ao céu), *Agni* (divindade relacionada ao fogo, deus mensageiro), dentre outros (VILLELA, 2009).

[14] Compreendidos por diversos estudiosos como comentários sobre os *Vedas*, presentes no final dos *Vedas*, por isso *Vedānta* (fim dos *Vedas*). Etimologicamente, o conceito *Upaniṣad* é oriundo das palavras sânscritas *upa* ("perto"), *ni* ("embaixo") e *ṣad* ("sentar"), isso porque os brâmanes, redatores dessa obra, dialogavam sentados no chão, próximos uns dos outros.

[15] Sobre os problemas das traduções e as mudanças conceituais, ver GERHARD, Suspected of Buddhism – *Śaṅkara*, *Dārāşekoh* e Schopenhauer (BARUA; GERHARD; KOβLER) 2013.

[16] Schopenhauer teve acesso, em 1814, na biblioteca de Weimar, aos dois tomos que compõem a obra *Oupnek'hat*. Uma tradução latina de 1801-1802, realizada por Anquetil-Duperron, de 50 *Upaniṣads*, das 108 existentes. Anquetil-Duperron utilizou como referência em sua tradução uma versão persa de 1656, realizada por *Dārāşekoh* (Sultão Mohammed "Dara Shikoh"). Para baixar a *Oupnek'hat* acesse: <https://fabiomesquita.wordpress.com/2017/01/12/oupnekhat-1801-1802-upani%e1%b9%a3ads/>.

[17] M I, prefácio, 23 (SW, 2, XII e XIII).

era exclusividade de Schopenhauer. A recepção da Índia na Europa do início do século XIX ainda não havia adquirido a devida precisão e rigor conceitual.

Apesar de tais problemas, que dificultam as pesquisas daqueles que almejam realizar um estudo comparativo com o devido critério histórico e filosófico, é justo exaltar Schopenhauer por aquilo que até então ninguém havia feito: trazer a Índia para o cerne das reflexões filosóficas do Ocidente. Ele usou os novos conceitos recém-descobertos, comparou-os com a sua filosofia e foi influenciado por alguns deles. Sem o preconceito típico de alguns filósofos do passado e do presente, ele enxergou na Índia não apenas religiões milenares e atrasadas[18], mas pensamentos de grande valor, pertinência e atualidade.

Schopenhauer inovou com a sua forma de fazer filosofia ao encontrar ideias indianas que poderiam auxiliá-lo a desvendar o "enigma do mundo". Não é em vão que ele tenha sido e seja considerado por alguns estudiosos "o primeiro filósofo indo-europeu da história" (ROGER, 1978, XXIII). Deve-se destacar o fato de ele ter sido um precursor em seu tempo, ao gerar em sua própria filosofia um diálogo com a Índia, facilitando o caminho para que outros fizessem algo semelhante nos séculos XIX e XX, como Nietzsche e Heidegger[19]. Sem dúvida, Schopenhauer foi o início de uma forma de filosofar que tem como objetivo aproximar mundos geograficamente distantes. Ou seja, Ocidente e Oriente, Europa e Índia reunidas a partir das palavras e das ideias schopenhauerianas.

Muitas das dificuldades e interpretações equivocadas que Schopenhauer produziu foram corrigidas por ele mesmo nos anos que se seguiram à primeira edição d'*O mundo* (1818). Conforme aumentava a quantidade e a qualidade das traduções, dos estudos e das revistas especializadas em Índia na Europa do século XIX, o pensamento de Schopenhauer sobre o assunto ia se alargando, ganhando complexidade e precisão. Como se confirma em uma nota modificada na terceira edição d'*O mundo*, datada de 1859, um ano antes do seu falecimento, na qual se lê: "Nos últimos quarenta anos, a literatura indiana cresceu de tal maneira na Europa, que, se tentasse agora completar esta nota à primeira edição, encheria muitas páginas"[20]. Após a morte de Schopenhauer, em 1860, várias obras orientais foram encontradas em sua biblioteca particular. Acredita-se que Schopenhauer tivesse por volta de 3 mil livros, sendo que

---

18   A interpretação que Hegel faz do pensamento indiano o coloca em posição desprivilegiada e secundária, não lhe confere estatuto filosófico, isso se levarmos em conta aquilo que entendemos por filosofia no Ocidente e se compararmos a Índia ao pensamento alemão dos séculos XVIII e XIX. Ver MARTINS, Roberto de Andrade. A crítica de Hegel à filosofia da Índia – *Textos SEAF* (5), 1983, 58-116. É importante ressaltar a crítica que fez Maurice Merleau-Ponty (1991) ao analisar o modo no qual o Oriente foi apropriado pelo Ocidente. Merleau-Ponty critica especificamente a filosofia hegeliana, que, em vão, tentou enquadrar a Índia nos modelos ocidentais de filosofia, religião e mitologia.

19   WILBERG (2008), 11-13. Ver também PARKES (1991), 9 e 10. Por fim, sobre esse tema, ver BHATTACHARYYA (2009).

20   M I, § 68, 492 (SW II, 459).

apenas 1.848 foram preservados, dentre eles, aproximadamente 150 são sobre o pensamento indiano[21] (hinduísmo, budismo, confucionismo, taoismo, revistas orientais especializadas etc.) (GURISATTI, 2007, 171-184).

Nas obras publicadas por Schopenhauer entre os anos de 1836 e 1851[22], ele continuou utilizando o pensamento indiano para exemplificar suas próprias ideias. Nesse período posterior à gênese de sua filosofia, concordamos com o consenso entre os estudiosos a respeito da relação existente entre o filósofo e a Índia. A ideia que vigora é a de que, depois da publicação d'*O mundo*, supostamente não haveria ocorrido uma influência significativa na filosofia de Schopenhauer, mas apenas apropriações, exemplos, comentários, principalmente sobre o hinduísmo e o budismo. Depois de 1818, alguns dos conceitos que mais aparecem em seus textos são *Trimūrti*[23], *Māyā*[24], *Brahman*[25], *Brahmā*, *Viṣṇu*, *Śiva*, *liṅgaṃ*[26],

---

21   HN V, 319-352. Ver no final desta obra o Anexo A, que contém a lista completa da biblioteca oriental de Schopenhauer. Esses livros são documentos históricos relevantes para aqueles que pretendem delimitar o pensamento indiano a que Schopenhauer teve acesso e analisar a presença, apropriação e influência dessas obras em sua filosofia. Vale ainda mencionar que o filósofo tomou de empréstimo diversos livros em bibliotecas públicas nos locais em que habitou, ampliando, assim, as fontes históricas para outros possíveis estudos.

22   Referimo-nos às obras: *Sobre a vontade da natureza* (1836), *Sobre a liberdade da vontade* (1839), *Sobre os fundamentos da moral* (1940) e *Parerga e paralipomena* (1951).

23   O conceito *Trimūrti*, em sânscrito, significa literalmente "três formas". A *Trimūrti* hindu é composta de três divindades principais responsáveis pelos movimentos que compõem o cosmo. Os três deuses são *Brahmā*, *Viṣṇu* e *Śiva*, que representam, respectivamente, o poder da criação, conservação e destruição do universo. O uso de tal conceito e de tais deuses é constante nas obras schopenhauerianas. Encontramos diversas passagens presentes nos *Manuscritos*, assim como na primeira edição d'*O mundo*.

24   Certamente, esse é o conceito indiano de maior importância e presença na obra de Schopenhauer, comumente comparado ao *principium individuationis* (princípio de individualização – distinção de uma coisa com as demais). *Māyā* recebeu sentidos e interpretações diferentes em outras passagens, por exemplo, quando Schopenhauer a compara com o amor (MR I, 130, n. 213; HN, 120). Para o hinduísmo, *Māyā* significa a ilusão do "mundo como representação", a base do mundo objetivo, o apego ao sensível, as paixões ligadas ao corpo, o egoísmo que nos faz esquecer os outros e pensarmos apenas em nós mesmos; *Māyā* é responsável por cegar os fiéis e, ao mesmo tempo, "libertá-los". Eis a razão de retirar o véu e "enxergar" a verdade, o absoluto, *Brahman*. *Māyā* é usualmente identificada como *Durgā*, esposa de *Śiva* (SCHULBERG, 1979, 182).

25   Substantivo neutro, relacionado ao princípio divino, absoluto e infinito. Encontra correlato na filosofia schopenhaueriana no conceito de Vontade. *Brahman*, enquanto conteúdo religioso, mítico e filosófico está presente em todos os livros consultados pelo filósofo, até 1818, mas, apesar das possíveis semelhanças, essa comparação não foi feita. No capítulo três deste livro, um dos nossos esforços é tentar compreender as razões e as desrazões da não efetivação de tal comparação, pensar as aproximações e distanciamentos entre *Brahman* e a Vontade.

26   Schopenhauer compreende tal conceito como atributo de *Śiva*, relacionado ao falo (*phallus*). A ideia está presente na *Oupnek'hat*, na *Mythologie des Indous*, dentre outras obras consultadas pelo filósofo. Aqui há um esforço em demonstrar a supremacia de *Śiva* diante das outras divindades da *Trimūrti*, pois conteria, em uma única divindade, o poder de criação, conservação e destruição do universo.

INTRODUÇÃO

Śaṅkara[27], saṃsāra[28], nirvāṇa[29], Sāṁkhya Kārikā[30], Buddha[31], Yama[32], Tat tvam asi[33], código de Manu[34], dentre outros.

---

27 Śaṅkara (788-820 d.C.) foi um importante brâmane da escola Vedānta, especificamente da escola *Advaita Vedānta* (*Advaita* = não dualidade, *Vedānta* = fim dos *Vedas*). A ele foi atribuída parte dos comentários e ensinamentos presentes nas *Upaniṣads*. Schopenhauer cita algumas vezes em seus textos tardios uma obra escrita por Windischmann intitulada *Sancara sive de Theologumenis Vedanticorum* (ver em *A Biblioteca Oriental de Schopenhauer*, no Anexo A deste trabalho).

28 *Saṃsāra* — conceito hindu relacionado ao fluxo de todos os seres do universo: tudo nasce, se conserva e perece. Para a escola *Advaita Vedānta*, *saṃsāra* possui relação com o mundo aparente, não essencial, marca de sofrimento e ignorância. Se for levado em consideração *Brahman*, *saṃsāra* não passa de uma ilusão de *Māyā*. Note que *saṃsāra* é a marca da dualidade de mundos, algo não defendido pela vertente *Advaita Vedānta*. De modo assertivo, tal ideia é associada por Schopenhauer ao mundo como representação, assim como ao mundo como Vontade, isto porque, para Schopenhauer, a dor do mundo é marca da Vontade e também está representada nas intuições e abstrações. *Saṃsāra* é afirmação da Vontade, mundo do engano, sofrimento sem possibilidade de redenção. "Este é *saṃsāra*: o mundo do apetite e do desejo, e por isso o mundo do nascimento, da doença, da velhice e da morte; é o mundo que não deveria ser. E esta aqui é a população do *saṃsāra*. O que se poderia esperar de melhor?" (P II, § 156, 318; SW VI, 322).

29 Entendido frequentemente pelo budismo como a libertação do sofrimento, dos apegos materiais, da ignorância. Schopenhauer concebe o *nirvāṇa* como o oposto do *saṃsāra*. Alguns trechos do *Parerga e paralipomena* expressam nitidamente tal oposição. Desse modo, podemos intuir que o *nirvāṇa* possui relação com a negação da Vontade schopenhaueriana. O modo de escapar do *saṃsāra*, desse ciclo contínuo de nascimento, doença, decrepitude e morte, no qual todos os seres estão inseridos, se dá por intermédio do *nirvāṇa*, ou seja, da negação da Vontade. Vale mencionar, ainda, o uso ainda incipiente de tal conceito n'*O mundo*: "Tu deves atingir o *nirvāṇa*, ou seja, um estado no qual não existem quatro coisas, a saber, nascimento, velhice, doença e morte" (M I, § 63, 455; SW II, 421). Além de o trecho final d'*O mundo* tratar da negação da Vontade, o nada, Schopenhauer coloca o *nirvāṇa* budista como correlato ao *Brahmā*, grafado erroneamente, pois aqui ele fazia referência ao *Brahman* do hinduísmo (M I, § 71, 519; SW II, 487).

30 Primeiro texto sobrevivente da escola *Sāṁkhya* hindu. De modo semelhante às *Upaniṣads*, o texto sânscrito *Sāṁkhya Kārikā* possui um histórico de traduções que mostram um longo caminho até Schopenhauer ter acesso a seu conteúdo no século XIX, após a publicação d'*O mundo*. Inicialmente, o *Sāṁkhya Kārikā* foi traduzido para o chinês no século VI d.C. Em 1832, Christian Lassen traduziu o texto para o latim. H. T. Colebrooke foi o primeiro a traduzi-lo para o inglês. Windischmann e Lorinser traduziram-no para o alemão. Foi mediante a tradução e comentários de Colebrooke que Schopenhauer teve acesso ao conteúdo expresso nessa obra (M I, § 68, 485; SW II, 452, e o Anexo A do presente trabalho).

31 Schopenhauer cita em diversas passagens o *Buddha* ou os *Buddhas* como exemplos daqueles que tiveram ações de negação da Vontade. Tais comparações estão presentes nos textos schopenhauerianos antes de 1818, quer dizer, nos *Manuscritos* e n'*O mundo*.

32 *Yama* é o deus da morte do hinduísmo. Schopenhauer o menciona ao compará-lo com o mito romano *Janus Bifronte* (deus de duas faces). Uma delas é bela e agradável, a outra, feia e grotesca (P II, § 174, 373; SW VI, 383).

33 Ao lado de *Māyā*, a frase "*Tat tvam asi*", traduzida frequentemente por "Isso és tu", é uma das principais ideias utilizadas por Schopenhauer antes e depois da publicação d'*O mundo*. Tal ideia está presente de modo explícito: na *Oupnek'hat* (*Oupnek'hat Brehdarang*, XXV, 139-152); nas *Asiatick Researches* (*Thou art...*) vol. 1, 232, 285 e 382; vol. 5, 355 e 356; vol. 7, 291 e 305; vol. 8, 434 e 456; e de modo implícito na *Mythologie des Indous*, vol. I, 480, 548; vol. II, 404.

34 *Manusmṛti* ou *Código de Manu* é um texto que contém regras, leis e preceitos morais. Constitui-se como um tipo de legislação hindu ao estabelecer o sistema de castas sociais. No fim

Nesse período posterior à publicação d'*O mundo*, o fascínio que ele tinha pela Índia permaneceu inalterado. Em *Sobre a vontade da natureza* (1836)[35], ele listou os livros que possuía sobre o budismo, além de citar várias vezes as religiões indianas, comparando-as com a sua própria filosofia. Em *Parerga e paralipomena* (1851), ele demonstrou profunda gratidão às *Oupnek'hat*: "Com exceção do texto original (*Upaniṣad*), ela (*Oupnek'hat*) é a leitura mais gratificante e sublime que é possível fazer nesse mundo; ela tem sido o consolo de minha vida e será o da minha morte"[36]. Apesar das críticas de alguns indólogos do século XIX a essa tradução de Anquetil-Duperron, Schopenhauer colocou tal obra em local de estimado valor, dando-lhe a capacidade de propiciar conforto e sentido à sua vida e morte.

Apesar do vasto material sobre a Índia existente nos escritos schopenhauerianos depois da publicação da primeira edição d'*O mundo*, é importante frisar que o foco desta obra restringe-se ao período que vai de 1811, momento em que ocorreu a primeira citação oriental, até 1818. Vale ainda dizer que os únicos materiais escritos por Schopenhauer que foram devidamente analisados para este estudo foram os *Manuscritos* (1811-1818) e a obra *O mundo como vontade e como representação* (1818). A dissertação *A quádrupla raiz do princípio da razão suficiente* (1813) e a obra *Sobre a visão e as cores* (1815) foram relegadas a um segundo plano, tendo em vista a ausência neles de significativas citações acerca do pensamento indiano.

❖ ❖ ❖

O leitor encontrará três objetivos ou teses centrais ao longo deste estudo. O primeiro deles será demonstrar que a Índia, na obra de Schopenhauer, se fez presente com contribuições além da *Oupnek'hat* (*Upaniṣads*). É necessário investigar aquilo que foi dado como secundário pelo próprio Schopenhauer e por grande parte dos pesquisadores sobre o tema. Sabe-se que, para compreender a Índia de Schopenhauer, é necessário alargá-la e notar que muito daquilo que o filósofo encontrou na *Oupnek'hat* também se fez presente nas obras *Asiatisches Magazin*, *Mythologie des Indous* e *Asiatick Researches*. Por essa razão, esta obra pretende resgatar os textos esquecidos, compreendê-los e definir o grau de contribuição que eles tiveram na formação daquilo que chamaremos de "a Índia schopenhaueriana".

O segundo objetivo será percorrer os caminhos trilhados pelo filósofo em sua relação com algumas ideias indianas, a partir das citações orientais presen-

---

do século XVIII, William Jones traduziu tal texto a partir do sânscrito a fim de auxiliá-lo na construção do código penal do governo colonial britânico na Índia. Podemos associar o *Manusmṛti* da Índia, guardadas as devidas distinções, ao código de Hamurabi da Mesopotâmia.

[35] SVN, 196 e 197 (SW IV, 130).
[36] P II, § 184, 409 (SW, vol. 6, 422).

tes nos *Manuscritos* e n'*O mundo*. Objetiva-se, com isso, evidenciar que, em alguns momentos, a Índia funcionou como um espelho para a filosofia de Schopenhauer. Em diversas citações, as ideias orientais foram apresentadas pelo filósofo com o intuito de gerar aproximações que explicassem muito mais a sua própria filosofia do que o pensamento indiano. Essas aproximações também lhe foram úteis para criticar e se contrapor a algumas religiões dadas como ocidentais (cristianismo e judaísmo). Ao enaltecer o hinduísmo e o budismo, Schopenhauer enaltecia indiretamente a sua própria filosofia, que, em sua opinião, possuía muitas familiaridades com a Índia.

Por fim, e de forma complementar ao objetivo anterior, esta obra evidenciará as apropriações e as influências de algumas ideias indianas na filosofia de Schopenhauer. Rejeita-se, com isso, a teoria de que Schopenhauer tenha construído primeiramente a sua filosofia e só depois a tenha comparado com a Índia. Aqui será defendida uma teoria contrária, a de que o filósofo teve acesso, por intermédio da *Asiatisches Magazin, Oupnek'hat, Mythologie des Indous* e *Asiatick Researches*, a ideias indianas durante o período de gênese de sua própria filosofia, e a de que, a partir disso, ele se "tenha apropriado" dos conceitos indianos *Brahman, Ātman, Tat tvam asi, samnyāsins, nirvāṇa*, dentre outros, assim como foi "influenciado" por características específicas de outras ideias indianas, por exemplo, *Trimūrti, Māyā, Brahmā, Viṣṇu, Śiva* e *liṅgam*.

De modo a cumprir tais objetivos, este trabalho está dividido em três capítulos. No primeiro deles, serão analisadas as principais teorias que se preocuparam com a relação entre Schopenhauer e a Índia. Serão apresentados dois tipos de abordagens. Um primeiro, do qual este estudo faz parte, delimita a "Índia schopenhaueriana" com base nos textos consultados pelo filósofo, sendo necessário rigor histórico. As apropriações ou influências serão sempre aferidas e alicerçadas em evidências históricas e filosóficas presentes nos fragmentos schopenhauerianos escritos entre os anos de 1811 e 1818 e nas obras indianas consultadas pelo filósofo nesse período. Um segundo tipo de abordagem faz comparações entre o filósofo e as "diversas Índias possíveis". Nesse tipo de abordagem, não existem preocupações com evidências históricas, e o valor das comparações reside, na maioria das vezes, apenas nas conexões criadas na mente do pesquisador.

O segundo capítulo terá como objetivo apresentar a "Índia schopenhaueriana" para além da *Oupnek'hat* (*Upaniṣads*). Para isso, serão criteriosamente analisadas as outras obras consultadas pelo filósofo durante o período de gênese de seu pensamento: *Asiatisches Magazin, Mythologie des Indous* e *Asiatick Researches*. O contexto histórico, os autores e seus conteúdos serão apresentados a fim de destacar os principais conceitos indianos que, de alguma forma, também se mostraram presentes nos textos escritos por Schopenhauer durante os anos de 1813 a 1818. Nesse segundo capítulo, ainda não apresentaremos as "influências" indianas, mas apenas algumas aproximações e apropriações que demonstram a elevada importância dessas obras no pensamento de Schopenhauer.

Após ter percorrido este necessário e criterioso estudo, esta obra apresentará no terceiro e último capítulo alguns conceitos indianos, distinguindo os que serviram apenas como "apropriações" dos que geraram "influências". Eis aqui uma das principais ideias defendidas neste estudo: demonstrar que, para além das apropriações, as influências de algumas ideias indianas foram fundamentais na elaboração de algumas teorias expressas na obra capital de Schopenhauer: *O mundo como vontade e como representação*.

CAPÍTULO 1
A Índia schopenhaueriana

❖ ❖ ❖

MUITO JÁ FOI escrito antes de nós. Acreditar que somos plenamente inovadores e nada devemos à tradição é um equívoco. Os avanços que podemos atingir com esta pesquisa são semelhantes a uma única página de uma vasta enciclopédia que continuará a ser redigida. Por essa razão, é necessário valorizar com gratidão todas as pesquisas já produzidas sobre a relação entre Schopenhauer e a Índia. Compreender como os pesquisadores do passado apresentaram seus problemas e construíram suas soluções é, simultaneamente, compreender aquilo que pretendemos com este livro, quais são os nossos dilemas e quais serão as nossas contribuições.

Desse modo, cabe apresentar algumas das dificuldades encontradas durante as leituras de diversas obras que trataram da relação de Schopenhauer com a Índia. Uma das primeiras dificuldades foi constatar a carência de "pesquisas de qualidade" sobre esse tema no Brasil. O pouco que já foi produzido em língua portuguesa não conseguiu demarcar claramente quais são os limites e os desafios deste tipo de pesquisa. Por essa razão, é necessário o estudo de textos em diversas línguas: latim, sânscrito, alemão, francês e inglês. Schopenhauer não lia sânscrito, mas muito daquilo que foi publicado atualmente aborda o sentido gramatical dos conceitos indianos. Além disso, as referências sobre a Índia lidas por Schopenhauer estão em quatro línguas diferentes: latim (*Oupnek'hat*), francês (*Mythologie des Indous*), alemão (*Asiatisches Magazin*) e inglês (*Asiatick Researches*). Certamente, um estudo que abordasse apenas as "comparações" entre Schopenhauer e uma Índia qualquer não precisaria de tal rigor histórico, entretanto, não é esse o nosso caso.

Uma segunda dificuldade foi a falta de clareza sobre aquilo que nós, ocidentais, entendemos por Índia, especificamente, a Índia que se relacionou com Schopenhauer. A homogeneidade com a qual os ocidentais tratam os pensamentos orientais deve ser superada (MERLEAU-PONTY, 1991, 145-153).

Uma terceira dificuldade foi não conseguir inicialmente distinguir os diferentes tipos de pesquisas sobre essa relação. Os propósitos e os métodos de cada um dos autores que escreveram sobre essa relação são diferentes. Por essa razão, eles geraram conclusões igualmente diferentes. É necessário conseguir distinguir cada um dos tipos de pesquisas, a fim de conseguir também se posicionar diante das discussões existentes.

Uma quarta dificuldade se fez a partir da necessidade de ampliar aquilo que se entende por "Índia schopenhaueriana". Devemos desconfiar quando o filósofo nos diz que as ideias presentes em sua filosofia já estavam presentes nas *Upaniṣads* e nos *Vedas*. Schopenhauer utiliza esses conceitos de modo amplo e não foi fiel às reais referências que o conduziram a fazer apropriações e receber influências.

A presente discussão bibliográfica pretende apresentar e interpretar algumas dessas dificuldades e soluções. Para isso, este capítulo foi dividido em três partes. Na primeira, serão apresentadas as principais diferenças entre as pesquisas sobre Schopenhauer e a Índia. Em uma segunda parte, serão apresentados cronologicamente diversos textos já escritos sobre o tema. Na terceira e última parte, apresentaremos a necessidade de ampliarmos aquilo que definimos como a "Índia schopenhaueriana".

1.1. Investigações históricas ou abordagens comparativas

Após a morte de Schopenhauer, muito se escreveu acerca da relação entre sua filosofia e o pensamento indiano. Nesses anos, foram publicadas diversas teses, livros e artigos que tentaram entender como se estabeleceu essa relação. Aqui se faz relevante registrar um esboço historiográfico a respeito dessas discussões. Isso porque, longe de consensos, o tema desperta conflitos, interpretações distintas que desnorteiam aqueles pouco familiarizados com o assunto. Muitos pesquisadores até afirmaram que é inadequado associar Schopenhauer à Índia, pois a compreensão do filósofo alemão foi extremamente equivocada em diversos conceitos, como ilustrou o trabalho de Yutaka Yuda (1996, 211 e 212):

> Se alguém investigar completamente o assunto saberá que o entendimento de Schopenhauer sobre a filosofia indiana é, na sua maioria, impreciso. Isso é o que eu provo neste livro. Ele não tinha uma noção correta das *Upaniṣads* e da frase *Tat tvam asi*. Sua intepretação da *Bhagavad Gītā* e *Sāṁkhya-Kārikā* está errada. Ele não entendeu o significado de *Brahman*[1].

De modo contrário à interpretação de Yuda (1996), pretendemos compreender a Índia a que Schopenhauer teve acesso. É demasiadamente impreciso comparar o filósofo a uma suposta Índia "autêntica e verdadeira". A con-

---

[1] App (2006B, 36) criticou outro pesquisador por ter interpretação semelhante à de Yataka Yuda. No argumento utilizado por App, o problema principal reside no fato de que eles não compreendem que a "Índia schopenhaueriana" se difere substancialmente de uma suposta "Índia mais autêntica". App critica especificamente o texto de Gestering, 1995, 53-60.

clusão de Yuda só é possível ao desconsiderar as evidências documentadas que provam a relação entre Schopenhauer e a Índia. Por isso, é fundamental, junto com uma análise filosófica, realizar uma investigação histórica.

De início, é importante conhecer algumas pesquisas que já foram escritas sobre o tema. De modo geral, podem-se inicialmente distinguir os trabalhos entre aqueles que realizaram investigações históricas para defender ou negar influências indianas na filosofia de Schopenhauer e aqueles que fizeram abordagens comparativas entre a filosofia dele e as "várias Índias possíveis".

O primeiro grupo, ao investigar a influência, destaca evidências históricas e se preocupa em analisar os livros consultados pelo filósofo, delimitando o pensamento indiano e analisando conceitos específicos. Um dos focos é comprovar ou refutar uma possível influência a partir de certos pensamentos indianos e como eles podem ter sido incorporados por Schopenhauer, gerando alterações em suas teorias filosóficas.

Na maioria das vezes, esses estudos de rigor histórico pautam-se, essencialmente, no período da gênese do pensamento de Schopenhauer. Neles, a referência sistemática aos *Manuscritos* se torna indispensável, assim como um estudo cuidadoso sobre as diferentes edições d'*O mundo*. Os grandes focos conceituais desses trabalhos são:

- os conceitos indianos *saṃsāra* e *Māyā* em relação às ideias schopenhauerianas de "intelecto", "representação" (*Vorstellung*) e *"principium individuationis"*;
- os conceitos indianos *Brahman, Brahmā, Viṣṇu, Śiva* e *liṅgaṃ* em relação à "Vontade" (*Wille*) schopenhaueriana, seus atributos e à coisa-em-si (*Ding an sich*) kantiana;
- a frase hindu "isto és tu" (*Tat tvam asi*) em relação à negação da Vontade e à construção de uma ética da compaixão em Schopenhauer;
- o conceito indiano *nirvāṇa* com o niilismo schopenhaueriano e a ideia da negação e supressão da Vontade.

Além desses conceitos, os livros usualmente estudados como fontes históricas são aqueles a que Schopenhauer teve acesso no período da formação de sua filosofia, entre 1813 e 1818. A principal obra é *Oupnek'hat*, escrita em latim (dois volumes), com mais de mil páginas cada um deles. Em um segundo momento, esses pesquisadores que possuem foco histórico/filosófico levam em consideração as obras *Asiatisches Magazin, Mythologie des Indous* e *Asiatick Researches*[2].

---

2   Até 1818, Schopenhauer teve acesso aos nove primeiros volumes. As demais publicações desse periódico, *Asiatick Researches*, não são foco de análise, pois só foram consultadas por Schopenhauer após a publicação d'*O mundo*.

Uma das maiores dificuldades que esse primeiro grupo de pesquisadores apresenta é a delimitação do pensamento indiano ao qual Schopenhauer teve acesso. Apesar do consenso sobre as obras lidas antes da publicação d'*O mundo*, há certo conflito sobre como e quais foram as que mais contribuíram na gênese de sua filosofia. Em um segundo momento, esses pesquisadores encontram outra dificuldade: validar ou não o grau de contribuição, apropriação e influência que certas teorias indianas exerceram em conceitos específicos da filosofia de Schopenhauer.

O segundo grupo de pesquisadores, que coloca a história em um segundo plano, possibilita diversos tipos de comparações, cria uma interessante e ampla discussão entre a filosofia de Schopenhauer e as "infinitas Índias possíveis". Esse grupo não possui rigor ou preocupação histórica. Muitas vezes, eles negam as evidências históricas, para construir novas e originais relações. Ou seja, muitos trabalhos criam paralelos significativos, contribuindo na construção de interessantes caminhos para essa relação. Nesses estudos há maior liberdade em relação ao primeiro grupo, pois tudo aquilo que é entendido como Oriente poderá ser apropriado para tecer comparações. Vale destacar que algumas dessas tentativas geram confusões ao criarem vínculos especulativos e conclusões implausíveis.

Um estudo de filosofia comparada não precisa, necessariamente, respeitar a história, pois as comparações são feitas a partir das aproximações que os próprios estudiosos desses trabalhos enxergam. Contudo, deve-se tomar cuidado para não gerar discussões anacrônicas, improváveis, descabidas. É fundamental respeitar os conceitos e datá-los dentro de um horizonte possível.

O principal problema desse segundo grupo de pesquisadores reside em algumas comparações que constroem conclusões inaceitáveis. Alguns afirmam profundas concordâncias, outros admitem total discordância entre Schopenhauer e os diversos tipos de "Índias". Todavia, não cabe a essas pesquisas comparativas, desprovidas de fidelidade histórica, inferir tais resultados, como se Schopenhauer tivesse pensado, lido, escrito ou "vivido" uma Índia de tempos e de espaços distinta daquela a que ele teve acesso. Ao não respeitar as evidências históricas e ao delimitar o pensamento indiano de Schopenhauer, deve-se tomar cuidado com os desfechos conjecturais e hipotéticos que podem surgir. Deve-se frisar que essa crítica não invalida as valorosas contribuições e enriquecimentos que alguns desses estudos geraram ao longo desses anos de investigações. Não queremos criar e incentivar discussões improdutivas, ligadas ao ego de cada pesquisador, mas pretendemos distinguir as diferentes naturezas de estudos que existem entre o primeiro grupo (investigação histórica) e segundo grupo (abordagem comparativa).

Um dos primeiros a demarcar essas diferenças entre os estudos sobre Schopenhauer e a Índia foi Urs App, especificamente em seu artigo "Encontro inicial de Schopenhauer com o pensamento indiano", no qual são apresentadas "distinções entre as pesquisas históricas e as comparações" (APP, 2006B, 35 e 36). Urs App é um dos expoentes para o primeiro tipo de estudo. Foram vários artigos escritos pelo pesquisador suíço, nas últimas décadas, que apresentaram evidências históricas inéditas na pesquisa da relação entre o pensamento indiano e a filosofia schopenhaueriana. Muitos dos resultados que obtivemos neste estudo foram graças aos trabalhos realizados por esse pesquisador.

Outro estudioso que fez semelhante distinção entre os tipos de pesquisas até então apresentados é Stephen Cross. Em um de seus livros (2013), foi ressaltada a mesma distinção:

> A relação entre o pensamento de Schopenhauer e o da Índia pode ser estudada por dois caminhos. Pode-se estabelecer a extensão em que o filósofo alemão foi influenciado pelas ideias indianas; isso é matéria de investigação histórica, baseada em datas e firme evidência de contato e resultante influência. Ou pode-se seguir uma abordagem comparativa e examinar as homologias que parecem existir entre o pensamento de Schopenhauer e as ideias da filosofia e da religião da Índia, buscando acessar seus significados; aqui o julgamento filosófico desempenha um papel maior, embora a evidência textual seja importante novamente (CROSS, 2013, 3).

Após destacar essa distinção inicial entre os estudos já realizados sobre Schopenhauer e o pensamento indiano (pesquisas históricas e abordagem comparativa), cabe apresentar alguns dos principais trabalhos já realizados e de maior notoriedade, desde a morte de Schopenhauer, em 1860, até o momento atual. Isso é de fundamental importância para compreender os avanços já realizados, os principais pontos de divergência e de convergência que permeiam a história desses estudos, assim como para deixarmos claro o nosso posicionamento, pois ele está inserido no âmago das discussões atuais e poderá servir de ajuda para futuras pesquisas.

1.2. Sobre as pesquisas precedentes

A despeito do extenso material produzido ao longo dos tempos, o tema "Schopenhauer e a Índia" mostrou-se oscilante, ora possuindo grande repercussão e notoriedade, ora sendo menosprezado ou esquecido. Matthias Koßler confirma tal ideia ao se referir à história desses estudos no prefácio da obra *Schopenhauer e as filosofias asiáticas*: "De fato, existe uma discussão longa e extensa, mas flutuante ao longo dos tempos" (KOßLER, 2008, 7).

Um dos primeiros textos que esboçou tal tema, de modo superficial, mas original, foi o artigo escrito por Paul Challemel-Lacour, famoso político francês e professor de filosofia. Nesse artigo, intitulado "Um budista contemporâneo na Alemanha" (*Un bouddhiste contemporain en Allemagne*), publicado na revista mensal *Revue des deux mondes*, em 1870[3], o estudioso retratou a vida e a obra de Schopenhauer. O principal objetivo de seu artigo era introduzir ideias gerais da filosofia schopenhaueriana na França. Challemel-Lacour não se focou exclusivamente na construção da ideia de um "budista contemporâneo na Alemanha", como o título de seu artigo sugere, mas mencionou, principalmente, algumas aproximações e paralelos com o budismo. Challemel-Lacour foi o primeiro a apresentar, acertadamente, a presença de Friedrich Majer como fonte das leituras que Schopenhauer fez dos textos indianos: "Ele [Schopenhauer] viu a instalação da religião dos *Vedas* na Europa, ao mesmo tempo em que a estudava sob a orientação de Friedrich Majer" (CHALLEMEL-LACOUR, 1870, 303). Apesar de seus êxitos, não é possível deixar de notar o exagero de Challemel-Lacour ao demonstrar seu entusiasmo na compreensão de Schopenhauer como um típico budista. Em suas palavras: "Nós estamos aqui, na íntegra, diante do budismo. Essas ideias schopenhauerianas são um desdobramento desesperado das doutrinas que floresceram na Índia" (CHALLEMEL-LACOUR, 1870, 328). O artigo, escrito de modo envolvente, sinaliza uma identidade única entre Schopenhauer e o budismo, mas Challemel-Lacour não traz argumentos, evidências históricas, filosóficas e religiosas suficientes para confirmar sua tese. Por certo, fica nítido todo o fascínio que a filosofia schopenhaueriana despertou no professor francês quando este a comparou com certas ideias existentes nessa religião de origem indiana.

A primeira obra com certo estofo a respeito dos paralelos dessa relação foi publicada no ano de 1897, por Max Hecker, intitulada *Schopenhauer e a filosofia indiana* (*Schopenhauer und die indische Philosophie*). Nela, há uma divisão interessante entre certos temas, que são separados em capítulos. No primeiro capítulo, intitulado "Misticismo", Hecker explorou as ideias de sujeito, objeto, idealismo, metafísica, ateísmo, essência do mundo, coisa-em-si, psicologia, corpo e intelecto. Todos esses conceitos foram apresentados a partir da filosofia de Schopenhauer e, posteriormente, comparados ao pensamento indiano. No capítulo seguinte, intitulado "Ética", Hecker examinou detalhadamente os conceitos *saṃsāra* e *nirvāṇa*, em relação à afirmação e negação da Vontade e à ética da compaixão. No último capítulo, intitulado "Metafísica e Ascetismo", Hecker cria paralelos significativos entre Schopenhauer, o pensamento *vedānta* e o budismo.

Hecker não se pautou em evidências históricas para validar suas comparações. Todavia, é importante constatar, logo no início de seu livro, uma afir-

---

[3] Challemel-Lacour, 1870, 296-332. Droit (2004, 176) cita e comenta a importância de Challemel-Lacour para pensar o início dessa relação. Para baixar o arquivo do texto de Challemel-Lacour, acesse: <https://fr.wikisource.org/wiki/Un_Bouddhiste_contemporain_en_Allemagne,_Arthur_Schopenhauer>.

mação que se assemelha com a teoria anteriormente apresentada pelo biógrafo de Schopenhauer, Rüdiger Safranski (1990). Hecker acredita que

> a filosofia schopenhaueriana, que possui marcas do espírito indiano em sua essência, não foi diretamente influenciada por ele. [...] Apenas mais tarde, quando se familiarizou com os frutos da especulação indiana, é que ele estabeleceria uma conexão direta entre o pensamento indiano e o seu próprio pensamento (HECKER, 1897, 5 e 6).

Para Hecker, não houve influência indiana na filosofia de Schopenhauer, mas apenas comparações posteriores, as quais o filósofo se esforçou em apresentar. Sua interpretação possui valor até os dias atuais, e, por isso, muitas pesquisas recentes retomam sua tese e a desenvolvem, como foi o caso do livro de Safranski.

Apesar de Hecker refutar a influência, o resultado dos paralelos e das comparações criadas o surpreendeu. Vale trazer, para confirmar essa ideia, um trecho escrito na conclusão de seu livro:

> Estamos no final do nosso paralelo entre Schopenhauer e a filosofia indiana, no qual pretendíamos demonstrar as concordâncias fundamentais, enquanto outros pontos menores foram ignorados [...]. Mas, para além do mero detalhe, essa relação provou ser verdadeiramente uma surpreendente congruência universal da filosofia de Schopenhauer com o pensamento indiano. Essa foi uma analogia tão profunda, que Schopenhauer, provavelmente inconscientemente, ficou dependente. Ou seja, a filosofia de Schopenhauer é uma síntese do bramanismo, do pensamento *vedānta* e do budismo, cujos ensinamentos foram unidos em seus sistemas para uma unidade superior. Como Platão fundiu a intuição básica de Heráclito e de Parmênides em sua teoria das ideias, de modo semelhante, Schopenhauer fez com o bramanismo e o budismo. Na doutrina da Vontade como coisa-em-si, também fluem juntas ideias do bramanismo e do budismo [...]. O Ocidente poderá aprender [as palavras de *Buddha*] por intermédio da linguagem de Arthur Schopenhauer (HECKER, 1897, 255 e 256).

Hecker negou a influência, mas constatou profunda semelhança entre o pensamento indiano e a filosofia de Schopenhauer. O foco de suas análises não era trazer evidências históricas para comprovar uma possível influência, mas sim tecer paralelos, e como resultado encontrou "admiráveis concordâncias". Como se o budismo e outras teorias indianas possuíssem identidade similar ao pensamento de Schopenhauer, mas ambos tivessem utilizado maneiras distintas para se expressar: um de modo alegórico, religioso; outro de modo abstrato, filosófico.

Na segunda década do século XX, com a criação, em 1911, da *Sociedade Schopenhauer* (*Schopenhauer-Gesellschaft*), os estudos a respeito de Schopenhauer ganharam maior notoriedade e importância. Ainda assim, a discussão sobre sua relação com a Índia foi tema secundário e continuou desse modo até 1927, ano em que a *Sociedade Schopenhauer* (*Schopenhauer-Gesellschaft*) fez um congresso intitulado *Schopenhauer e Ásia* (*Schopenhauer und Asien*). De antes dessa data (1927), temos poucos artigos e obras publicadas acerca do tema.

Em 1913, no *Segundo Anuário de Schopenhauer* (*Zweites Jahrbuch*), foi publicado o primeiro artigo no *Jahrbuch* sobre a temática "Schopenhauer e Índia". Tal texto foi intitulado "Schopenhauer e a filosofia indiana" (*Schopenhauer e la filosofia indiana*) e foi escrito em italiano por Carlo Formichi (FORMICHI, 1913, 63-65). O artigo consistia em um elogio à filosofia de Schopenhauer, por ter se utilizado de certas ideias indianas, e enaltecia Hecker por sua obra inovadora. Basicamente, Formichi problematizou algumas ideias presentes no livro de Hecker a respeito do hinduísmo e do budismo. Vale dizer que a metodologia de análise de Formichi é a mesma de Hecker, não se configurando como uma nova e original interpretação. Ainda assim, o artigo de Formichi possui grande valor por tentar trazer a Índia para o cerne dos estudos schopenhauerianos.

Em 1914, foi publicado o livro *O idealismo e a coisa-em-si em Schopenhauer e na Índia* (*Der Idealismus und das Ding an sich bei Schopenhauer und den Indern*), de Paul Wörner. Esta obra desenvolveu uma nova comparação entre a filosofia de Schopenhauer e a Índia. Wörner analisou a metafísica como base referencial nas duas linhas de pensamento: influência e comparação. Em vez de criar uma pesquisa abrangente sobre as ideias presentes na filosofia schopenhaueriana e seus correlatos orientais, Wörner focou sua investigação na ideia de coisa-em-si, traçando paralelos entre a concepção de Vontade em Schopenhauer e a ideia de *Brahman-Ātman* presente nas *Upaniṣads*. O resgate histórico que fez da obra *Oupnek'hat* qualificou seu trabalho como um novo modo de abordar a relação entre o filósofo alemão e o pensamento asiático.

Em 1915, três artigos relevantes foram publicados no *Quarto Anuário de Schopenhauer* (*Viertes Jahrbuch*)[4]. Um deles merece maior destaque, pois foi escrito por Paul Deussen, fundador e primeiro presidente (1911-1919) da *Sociedade Schopenhauer* (*Schopenhauer-Gesellschaft*). Esse artigo não é importante apenas por ter sido escrito por Deussen, mas também por trazer um novo modo de construir a relação entre o pensamento de Schopenhauer e a Índia. A tese de Deussen é inovadora, pois se utilizou da filosofia de Schopenhauer para encontrar, no pensamento indiano, um "fundamento comum" para todas as religiões. Ele estudou todas as tradições religiosas que foram citadas e comentadas por Schopenhauer, principalmente cristianismo, judaísmo, budismo e hinduísmo.

---

[4] Eis os artigos e as devidas referências: Deussen, Paul. Schopenhauer und die Religion, 8-15; Grimm, Georg. Thema und Basis der Lehre Buddhas, 43-77; Nebel, Karl Schopenhauer und die brahmanische Religion, 168-184. In: *Viertes Jahrbuch der Schopenhauer-Gesellschaft*, Kiel, 1915.

Deussen deu ênfase aos textos indianos porque possuíam grande valor na busca desse "fundamento comum", como se a Índia antiga estivesse intimamente ligada a essa gênese das religiões e à forma de os seres humanos compreenderem o mundo. Deussen, focado nesse objetivo, traduziu e comentou sessenta *Upaniṣads*, dedicando esse trabalho a Schopenhauer[5]. A partir dos estudos de Deussen, ficou evidente a contribuição de Schopenhauer nos estudos europeus sobre a Índia na segunda metade do século XIX e no século XX. Schopenhauer, malgrado não ter lido os textos em sânscrito, serviu de inspiração para que outros pesquisadores, também interessados nos pensamentos oriundos do Oriente, pudessem desenvolver suas análises no mundo ocidental.

Ainda de forma isolada e secundária, no início da década de 1920, surgiu outro artigo sobre a relação entre Schopenhauer e o pensamento indiano. Giuseppe de Lorenzo publicou no *Décimo primeiro Anuário de Schopenhauer* (*Elftes Jahrbuch*) uma comparação entre *Buddha* e a filosofia schopenhaueriana. Ele constatou a semelhança, se não igualdade, entre a filosofia de Schopenhauer e o pensamento indiano difundido pelo "*Buddha* Gautama" (LORENZO, 1922, 56-65). O foco de Lorenzo não foi delimitar o budismo estudado por Schopenhauer, mas principalmente apresentar um diálogo possível entre ambos. Nota-se que aqui o foco comparativo existe apenas na mente daquele que produziu tal pesquisa. Os paralelos são formados sem a preocupação de desvendar a "Índia schopenhaueriana", mas apenas unir pontos comuns existentes em ambas as correntes de pensamento. Tal tipo de estudo é, ainda hoje, foco de grande interesse entre os estudiosos. Diversos são os trabalhos publicados que possuem características semelhantes à de Lorenzo.

Como afirmado por Matthias Koßler (2008, 7), apenas em 1927, pela primeira vez, os estudos da relação entre Schopenhauer e o pensamento indiano ganharam maior visibilidade e importância. O congresso *Schopenhauer e Ásia* contou com a presença de indólogos, filósofos e historiadores de várias partes do mundo. Eles geraram novos rumos para as pesquisas a respeito dessa relação. Esse ano não foi emblemático apenas por ter virado os holofotes para a Índia, mas, principalmente, por ter trazido métodos de pesquisas distintos dos apresentados por Hecker e replicados pelos pesquisadores que o sucederam. Grande parte das apresentações foi publicada no *Décimo Quinto Anuário de Schopenhauer* (*Fünfzehntes Jahrbuch*) em 1928[6].

---

5 É importante mencionar que a obra de Deussen, *The philosophy of Upanishads*, continua em catálogo (2010), em inglês, pela *Lightning Source*.

6 Eis os artigos e as devidas referências: MOCKRAUER, Franz. Schopenhauer und Indien, 3-26; SHASTRI, Prabhu Dutt. India and Europe, 27-33; ROY, Tarachand. Die Eigenart des indischen Geistes, 34-40; MASSON-OURSEL, Paul. L'enseignement que peut tirer de la connaissance de l'Inde l'Europe contemporaine, 41-45; SCHAYER, Stanislaw. Indische Philosophie als Problem der Gegenwart, 46-69; HEIMANN, Betty. Indische Logik,

De todos os artigos apresentados, dois se destacam por sua originalidade. O primeiro é o que inaugura o *Décimo Quinto Anuário*, escrito por Franz Mockrauer, intitulado "Schopenhauer e Índia — Palavras introdutórias para o debate sobre o tema 'Europa e Índia'". De fato, Mockrauer apresentou observações, problemas, requisitos prévios e introdutórios para aqueles que iriam discutir essa relação. O primeiro ponto importante apresentado por Mockrauer foi respeitar, valorizar e dar destaque à Índia conhecida por Schopenhauer. Há um notório esforço de Mockrauer em delimitar a Índia estudada pelo filósofo. Seu artigo não foi um paralelo ou aproximação, como era até então recorrente, mas uma pesquisa histórica inédita, na qual foi reapresentado o encontro de Schopenhauer com a Índia do indólogo Friedrich Majer, com as obras indianas tomadas de empréstimo nas bibliotecas de Weimar e de Dresden, com os textos *Código de Manu* e *Bhagavad Gītā*[7]. O resgate histórico feito por Mockrauer delimitou e norteou o uso específico que Schopenhauer fez de certos conceitos. Isto é de fundamental importância, pois, dependendo do livro oriental e da corrente de pensamento indiano em que um determinado conceito é utilizado, tudo pode se alterar. A título de exemplo, o conceito *Māyā* ou véu de *Māyā* foi utilizado de diferentes maneiras na trajetória da história do pensamento indiano. Mockrauer percebeu a importância de delimitar aquilo que Schopenhauer estudara, para que, assim, pudesse fazer uma aproximação mais efetiva e consistente.

Após essa importante contribuição para os estudos comparativos e históricos sobre Schopenhauer e a Índia, Mockrauer distingue dois momentos para pensar essa relação: antes e depois de 1818. Quem não levar em conta esses dois tempos históricos distintos perderá o rigor de que este estudo necessita. Para o pesquisador, é de fundamental importância notar que esses dois momentos possuem conjecturas específicas. Como já dito e aqui reafirmado, não respeitar essa data histórica (1818) como um marco relevante para essa relação inviabiliza o estudo sobre a possiblidade de influência do pensamento indiano na filosofia de Schopenhauer. Isso porque, como é sabido, Schopenhauer construiu sua filosofia até o ano de 1818 e nos anos seguintes se aprofundou nos temas já esboçados em sua obra capital, *O mundo como vontade e*

70-85; GLASENAPP, Helmuth von. Der Vedânta als Weltanschauung und Heilslehre, 86-90; SCHOMERUS, H. W. Indische und christliche Gottesauffassung, 91-94; FORMACHI, Carlo. Gl'insegnamenti dell'India religiosa all'Europa, 95-105; LIPSIUS, Friedrich. Die Sâmkhya-Philosophie als Vorläuferin des Buddhismus, 106-114; KEITH, A. B. The Doctrine of the Buddha, 115-121; BECKH, Hermann. Der Buddhismus und seine Bedeutung für die Menschheit, 122-132; STRAUß, Otto. Indische Ethik, 133-152; ROLLAND, Romain. Vivekananda et Paul Deussen, 153-165; BIRUKOFF, Paul. Tolstoi and Gandhi, 166-170; PRANGER, Hans. Dostojewski und Gandhi, 171-187; FÜLÖP-MILLER, René. Lenin und Gandhi, 188-210. In: *Fünfzehntes Jahrbuch*, Heidelberg, 1928.

7   Todas essas evidências estão presentes no corpo do texto (MOCKRAUER, 1928, 3-26).

como representação. Aqueles que tratarem a Índia de modo homogêneo nesses dois períodos poderão tirar conclusões equivocadas.

Por isso, o valor de Mockrauer reside no fato de ter apresentado esses aspectos delimitadores para todos os estudos dessa relação, assim como reside nos resultados obtidos por sua pesquisa. Vale citá-lo para compreender seu ponto de vista:

> A relação entre Schopenhauer e o pensamento indiano não se fez de modo acidental, mas foi um elemento essencial, resultado não apenas do incipiente material de pesquisa em sânscrito que existia na Europa, mas principalmente do imenso caráter de influência que a filosofia indiana gerou no pensamento de Schopenhauer. Não é exagero afirmar que os ensinamentos das *Upaniṣads*, do pensamento *vedānta* e do budismo se tornaram um componente importante na metafísica schopenhaueriana (MOCKRAUER, 1928, 3).

Mockrauer, diferentemente de Hecker (1897), constatou a influência que certos conceitos indianos produziram na filosofia schopenhaueriana, principalmente a partir de sua metafísica da Vontade. De fato, o próprio Schopenhauer, tanto em seus *Manuscritos* quanto em sua obra capital, apresentou a importância das *Upaniṣads* e da sabedoria indiana na construção do conceito Vontade (*Wille*), naquilo que se refere como uma luta incessante de todos contra todos, seres se digladiando irracionalmente pela existência e sobrevivência. A Vontade schopenhaueriana não foi apenas tocada pela Índia por intermédio dessa luta sem trégua, ideia presente em milenares textos orientais, mas também pelo eterno ciclo de criação, conservação e destruição em que se configura o mundo. Há na ideia de Vontade elaborada por Schopenhauer esse movimento de sua manifestação, mas tal ideia esteve presente, em primeiro lugar, na composição da tríade divina hindu (*Brahmā, Viṣṇu* e *Śiva*). Mockrauer notou que Schopenhauer enxergou isso nas leituras feitas sobre a Índia, as quais o auxiliaram e influenciam na elaboração de sua filosofia.

Semelhante conclusão à de Mockrauer foi a que apareceu em outro artigo de destaque apresentado neste congresso *Schopenhauer e Ásia*, de 1927. Seu autor é o renomado indólogo Helmuth von Glasenapp[8]. Em seu artigo, após ana-

---

[8] Helmuth von Glasenapp (1891-1963) foi um indólogo alemão e erudito religioso, professor na Universidade de Königsberg, na Prússia Oriental (1928-1944), e Tübingen (1946-1959). Alguns de seus trabalhos mais relevantes foram: *Kant e as religiões do Oriente* (*Kant und die Religionen des Ostens*) — Kitzingen-Main: Holzner, 1954. *Brahma e Buddha. As religiões da Índia em seu desenvolvimento histórico* (*Brahma und Buddha. Die Religionen Indiens in ihrer geschichtlichen Entwicklung*) — Berlin: Deutsche Buchgemeinschaft, 1926. *A filosofia da Índia — Uma introdução à sua história e seus ensinamentos* (*Die Philosophie der Inder. Eine Einführung in ihre Geschichte und ihre Lehren*) — Stuttgart: Kröner, 1949.

lisar o pensamento *"vedānta* como ideologia e doutrina da salvação", apresentando reflexões sobre os conceitos indianos utilizados pelo próprio Schopenhauer como, *Brahman, saṃsāra, Ātman* e *Māyā*, o concluiu da seguinte forma:

> Não há dúvida de que o pensamento *vedanta*, com seus ensinamentos sobre a unidade e o todo, com sua doutrina da natureza ilusória e seus prazeres, dentre outros, teve muito em comum com a filosofia de Arthur Schopenhauer; o próprio Schopenhauer enfatizou fortemente isso, o quanto a formação de seu sistema devia à sabedoria indiana (GLASENAPP, 1928, 90).

Mockrauer e Glasenapp convergem em suas interpretações e método de pesquisa. Ambos fizeram estudos históricos em busca de evidências e tentaram delimitar a Índia schopenhaueriana. Ambos confirmaram uma influência do pensamento indiano na filosofia de Schopenhauer. Ambos notaram o quanto a filosofia schopenhaueriana devia à sabedoria indiana. O presente estudo, sob muitos aspectos, compartilha e concorda com algumas conclusões obtidas pelos artigos de Mockrauer e Glasenapp.

Nas décadas de 1930, 1940 e 1950, as pesquisas sobre essa relação novamente caem no ostracismo. Houve poucas publicações durante esse período[9]. A maioria replicou e desenvolveu a interpretação e os métodos utilizados por Hecker ou por Mockrauer/Glasenapp, dando continuidade ao debate entre comparação e influência. No entanto, uma nova reviravolta ocorreu após as publicações dos *Manuscritos Schopenhauerianos*, que ocorreram entre os anos de 1966 e 1975. Antes da publicação dos *Manuscritos*, o que se tinha eram apenas as obras publicadas por Schopenhauer. A partir do vasto material presente nos *Manuscritos*, foi possível, apesar de tardiamente, mapear as citações indianas nos apontamentos realizados por Schopenhauer, gerando, assim, um salto qualitativo nos estudos dessa relação, pois, desse momento em diante, mostrou-se a necessidade de um posicionamento histórico, pautado em evidências bem definidas sobre a presença do pensamento indiano na filosofia de Schopenhauer.

Se antes das publicações dos *Manuscritos* houve primazia das comparações e paralelos sem preocupações históricas, a segunda metade do século XX se ca-

---

[9] Eis os artigos publicados durante a referida data: GLASENAPP, Helmuth von. Buddhas Stellung zur Kultur. In: *Einundzwanzigstes Jahrbuch*, Heidelberg, 1934, 117-127. MERKEL, Von Rudolf F. Schopenhauer Indien-Lehrer. In: *Einundzwanzigstes Jahrbuch*, Heidelberg, *XXXII Schopenhauer-Jahrbuch*, 1945-1948, 158-181. KISHAN, B. V. Arthur Schopenhauer and Indian Philosophy. In: *XXXXV Schopenhauer-Jahrbuch*, Frankfurt, 1964, 23-25. Desses artigos citados, o de Merkel é uma excelente análise histórica da relação de Schopenhauer com o pensamento indiano. É rico em evidências e menciona diversos livros que foram publicados na "Europa de Schopenhauer". Muitos textos publicados durante essas décadas não trataram exclusivamente da relação entre Schopenhauer e a Índia, mas, principalmente, do conceito de "religião" enquanto metafísica alegórica.

racterizou por trabalhos com elevada qualidade histórica, que buscaram entender a intensidade da contribuição indiana na filosofia de Schopenhauer. Dentre os trabalhos publicados nesse período, alguns se destacaram: *A doutrina de Schopenhauer — A teoria Schopenhauer considerada na sua gênese e na sua interação com a filosofia indiana* (VECCHIOTTI, 1969), *Schopenhauer e as religiões asiáticas* (HÜBSCHER, 1979) e *Religião védica e hinduísmo*, (STIETENCRON, 1979). Todos eles fizeram um recorte preciso da Índia a que Schopenhauer teve acesso, assim como também se utilizaram do material existente nos *Manuscritos*.

Nos apontamentos schopenhauerianos, esses pesquisadores encontraram as evidências históricas necessárias para comprovar suas interpretações. Há certo consenso entre esses trabalhos, que se pauta na dificuldade em comprovar categoricamente que Schopenhauer tenha sido influenciado pelo pensamento indiano. Muitos até preferiram negar a influência ou, de modo cético, suspender o juízo quanto a tal afirmação. Hübscher (1979) afirmou "nada provar" a simples presença dos livros asiáticos dentre as leituras que Schopenhauer fez no período de gênese de sua filosofia. Isso porque existem diversas contradições nos escritos schopenhauerianos. O simples fato de Schopenhauer ter constatado as semelhanças que as *Upaniṣads* tinham com sua própria filosofia não confirma a influência, mas apenas é prova de que o próprio filósofo notou semelhanças e paralelos, querendo, assim, ilustrar o seu próprio pensar a respeito delas. O artigo de Hübscher resgata toda a trajetória dos textos indianos aos quais Schopenhauer teve acesso. Segundo Hübscher, "Schopenhauer abriu a porta para um encontro com o espírito da Índia, para uma troca de ideias e de crenças, percepções e valores, que são ainda hoje ricos e importantes para ambos os lados; no entanto, isto não se fez sem resistências internas e externas em seu desenvolvimento" (HÜBSCHER, 1979, 12). Ou seja, Schopenhauer pode ter moldado certas ideias orientais para que fossem enquadradas em seu sistema filosófico. Por sua vez, pode-se compreender a "Índia" de modo deturpado a partir das ideias schopenhauerianas. Apesar desses possíveis problemas, de acordo com Hübscher, o filósofo alemão é um dos raros acessos da filosofia ocidental para a oriental. As críticas de Hübscher são válidas, mas as resistências não invalidam a influência que o filósofo pode ter sofrido da Índia. Pelo contrário, é possível afirmar que o simples fato de resistir já é um traço da influência.

Ainda na segunda metade do século XX, surgiu um tipo inovador de pesquisa sobre essa relação. Isto se deu quando se constatou que o hinduísmo, o budismo e a Índia contemporânea estavam sendo influenciadas pela filosofia de Schopenhauer. Ora a influência se inverte. É interessante pensar que, depois de tantas décadas, havia chegado o momento de a filosofia de Schopenhauer influenciar o pensamento indiano. Como afirmou Matthias Koßler, "aqui é inegável a contribuição de Schopenhauer [...] no desenvolvimento do neo-hinduísmo na Índia contemporânea" (2008, 5). Alguns estudos que tentaram apresentar essa influência são: *As novas religiões na Ásia* (MILDENBERGER, 1979) e *O budismo lê Schopenhauer* (MISTRY, 1983). Schopenhauer pode não ter sido influenciado em sua essência pelo pensamento indiano, mas, sem nem imaginar, sua filosofia alterou a Índia contemporânea. O filósofo se configurou como uma ponte entre dois mundos. Não importa de que lado você está da ponte: para chegar ao outro lado, você precisará pegá-la. Os indianos, religiosos e filósofos asiáticos encontraram em Schopenhauer um modo de se aproximarem da Europa e, nessa aproximação, se "contaminaram" pelas ideias do filósofo.

Apesar das contribuições significativas que os estudos dos *Manuscritos* trouxeram para as pesquisas sobre a relação entre Schopenhauer e a Índia, as comparações e paralelos sem evidências históricas continuaram a surgir. No ano de 1993, Peter Abelsen, publicou um artigo intitulado "Schopenhauer e o budismo", no livro *Filosofia: Oriente e Ocidente* (*Philosophy: East and West*). Nesse artigo, Abelsen não se preocupa em delimitar o budismo a que Schopenhauer teve acesso. Apesar de citar e indicar os livros budistas que Schopenhauer havia lido, Abelsen não examina tais livros; em vez disso, prefere outros, criando uma relação entre Schopenhauer e o budismo a partir de suas próprias convicções.

Como foi possível constatar ao longo desta sucinta historiografia, trabalhos semelhantes a esse são comuns e, talvez, sejam a maioria. Vale citar aqui o estudo brasileiro feito por Deyve Redyson (2012), em *Schopenhauer e o budismo*, no qual, no capítulo inicial, é apresentada a história da relação entre o pensamento indiano e a filosofia schopenhaueriana, mas, nos capítulos seguintes, junto com os conceitos schopenhauerianos, são colocados o "budismo tibetano", o "zen-budismo" e o "budismo terra pura". Abelsen e Redyson não menosprezam as evidências históricas, apenas possuem outro foco, as "possíveis comparações". Esses trabalhos possuem seu valor nas relações criadas e no domínio que esses autores possuem sobre a filosofia de Schopenhauer e o pensamento indiano; no entanto, tendo em vista o propósito de suas pesquisas, eles devem se restringir apenas às comparações que construíram.

Os últimos anos do século XX e a primeira década do século XXI foram marcados, mais uma vez, pelo renascimento dos debates sobre essa relação. Schopenhauer e a Índia retornaram ao grande centro dos debates. Moira Nicholls (1999) retomou a discussão sobre as possíveis influências orientais na doutrina da coisa-em-si de Schopenhauer. Seus estudos sobre os *Manuscritos* e sobre os textos publicados por Schopenhauer até 1818 são detalhados e de grande valia. O fato de retornar com a temática da influência, algo que já havia sido debatido e a cujo respeito certo consenso havia sido criado na década de 1980 entre os pesquisadores, renovou a discussão. No mesmo período, Roger-Pol Droit (2004), em sua obra *O esquecimento da Índia; uma amnésia filosófica*, enalteceu Friedrich Majer como aquele que seria o responsável por introduzir Schopenhauer ao pensamento indiano. Droit busca evidências históricas que comprovem que Majer tenha apresentado as *Upaniṣads* a Schopenhauer. Ele valoriza a tradução de Anquetil-Duperron (*Oupnek'hat*) e encontra nos *Manuscritos* e n'*O mundo* indícios que sustentam sua tese. Ao delimitar o pensamento indiano de Schopenhauer, Droit busca os conceitos indianos presentes nessa obra e espalhados nos textos schopenhauerianos. Aqui se encontra um tipo de estudo que legitima uma possível influência ou, pelo menos, há um esforço em comparar o pensamento schopenhaueriano com a Índia estudada pelo filósofo.

Em discordância com Droit, acerca de quem seria o responsável por introduzir Schopenhauer ao pensamento indiano, está Urs App. Este autor se destacou dentre os demais com seus trabalhos de elevada preocupação histórica, marcando de modo significativo os estudos sobre essa relação. Em 1998, Urs App publicou, no *Anuário 79* (*Jahrburch*, 11-33), o artigo "Notas e trechos de Schopenhauer relacionados com os volumes 1-9 das Asiatick Researches". App analisou os nove volumes das *Asiatick*, todos eles tomados de empréstimo por Schopenhauer de 07/11/1815 a 20/05/1816, da biblioteca de Dresden. Ele problematizou a tradução dos *Manuscritos* em inglês (*Manuscript Remains*), que excluiu duas páginas da versão alemã[10], onde estavam presentes as notas que Schopenhauer fizera das leituras das *Asiaticks*. App ainda destacou as contribuições do professor Arnold Heeren (1760-1842) ao apresentar esses livros a Schopenhauer, na Universidade de Göttingen.

No texto "Encontro inicial de Schopenhauer com o pensamento indiano" (2006B), publicado no *Anuário 87* (*Jahrburch*), App apresentou uma nova e original maneira de abordar essa relação:

> Na presente contribuição, vou realizar um inquérito que é fundamentalmente diferente de tais pesquisas comparativas, e é importante marcar claramente a diferença. O encontro de Schopenhauer com o pensamento indiano é uma sequência histórica de eventos; o que buscamos é, portanto, evidência histórica, não especulação filosófica. Muitos exemplos de confusão voluntária ou involuntária entre essas duas abordagens provam a importância de estabelecer uma distinção firme entre as comparações especulativas e os inquéritos históricos. Respostas para as perguntas sobre o encontro, o conhecimento ou a influência devem ser dadas por pesquisas históricas, e qualquer resposta a tais questões precisa basear-se em evidências científicas e não em especulações. Isso significa, entre outras coisas, que qualquer argumento que se baseie em uma tradução das *Upaniṣads* moderna ou em uma visão moderna da religião indiana desconhecida por Schopenhauer cai no reino da comparação. [...] Essas pesquisas pertencem, assim, ao fascinante mundo da comparação e devem ser tratadas como obras de ficção. [...] A questão não é o que Schopenhauer deveria saber, mas o que ele realmente sabia.

---

10 Ver as páginas ausentes na versão em inglês em HN 2, 395-397.

É, portanto, apenas através de um inquérito histórico que podemos encontrar respostas convincentes para perguntas como: quando Schopenhauer teve o primeiro encontro com o pensamento indiano? De quem ele aprendeu e que fontes ele consultou? Que tipo de filosofia indiana ele descobriu pela primeira vez? (APP, 2006B, 36-37).

As críticas de App às abordagens comparativas são pertinentes. Sem terem consciência disso, esses pesquisadores confundiram drasticamente aqueles que se iniciaram nos estudos de Schopenhauer e a Índia. A nossa experiência e queixa se assemelha à feita por App. Aqueles que pretendem realizar um estudo comparativo dessa natureza devem estar minimamente cientes das limitações de suas conclusões. Mais uma vez se repete a mesma restrição: não é função das abordagens comparativas aferir conclusões sobre a presença, apropriação e influência da Índia em Schopenhauer.

Nestas duas últimas décadas, App publicou diversos artigos e livros[11] que trazem novas descobertas sobre a relação de Schopenhauer com a Índia. Sua preocupação com as evidências históricas marcou definitivamente o atual estágio do debate. Na conclusão do artigo "Encontro inicial de Schopenhauer com o pensamento indiano", App escreveu:

> Para concluir, devo enfatizar uma vez mais que não estou argumentando que o material apresentado acima é embasamento suficiente para provar inequivocamente uma forte influência da *Bhagavad Gītā* em Schopenhauer nesse estágio (gênese de seu pensamento). Nesse momento, as fontes conhecidas por nós não apoiam tal conclusão direta, visto que os dados dos trechos da *Bhagavad Gītā* de Schopenhauer não são pro-

---

[11] Segue a relação de publicações de Urs App: *Schopenhauer's Compass. An Introduction to Schopenhauer's Philosophy and its Origins*. Wil: UniversityMedia, 2014; *Schopenhauers Kompass. Die Geburt einer Philosophie*. Rorschach/Kyoto: UniversityMedia, 2011; Arthur Schopenhauer and China. *Sino-Platonic Papers* Nr. 200 (April 2010); "Schopenhauers Nirwana". In: *Die Wahrheit ist nackt am schönsten. Arthur Schopenhauers philosophische Provokation*, ed. by Michael Fleiter. Frankfurt: Institut für Stadtgeschichte/Societätsverlag, 2010, 200-208; "The Tibet of Philosophers: Kant, Hegel, and Schopenhauer". In: *Images of Tibet in the 19th and 20th Centuries*, ed. by Monica Esposito, Paris: École Française d'Extrême-Orient, 2008, 11-70; "OUM – Das erste Wort von Schopenhauers Lieblingsbuch". In: *Das Tier, das du jetzt tötest, bist du selbst ... Arthur Schopenhauer und Indien*, ed. by Jochen Stollberg. Frankfurt: Vittorio Klostermann, 2006, 36-50; "NICHTS. Das letzte Wort von Schopenhauers Hauptwerk". In: *Das Tier, das du jetzt tötest, bist du selbst ... Arthur Schopenhauer und Indien*, ed. by Jochen Stollberg. Frankfurt: Vittorio Klostermann, 2006, 51-60; "Schopenhauer's India Notes of 1811". *Schopenhauer-Jahrbuch* 87 (2006), 15-31; "Schopenhauer's Initial Encounter with Indian Thought". *Schopenhauer-Jahrbuch* 87 (2006), 35-76; "Notizen Schopenhauers zu Ost-, Nord- und Südostasien vom Sommersemester 1811". *Schopenhauer-Jahrbuch* 84 (2003), 13-39; "Notes and Excerpts by Schopenhauer Related to Volumes 1-9 of the Asiatick Researches". *Schopenhauer-Jahrbuch* 79 (1998), 11-33; "Schopenhauers Begegnung mit dem Buddhismus". *Schopenhauer-Jahrbuch* 79 (1998), 35-58.

vas tão conclusivas. Essas notas relevantes nos *Manuscritos* possuem um elemento de ambiguidade, e nesse momento não parece possível distinguir as possíveis influências da *Bhagavad Gītā*, Klaphoth, Majer, Polier e *Oupnek'hat*. Essas conclusões não podem ser categóricas. Podemos, no entanto, afirmar que o encontro inicial com o pensamento indiano não aconteceu, como quase universalmente assumido em pesquisa prévia, com os *Oupnek'hat*, mas sim com a tradução de Majer da *Bhagavad Gītā*. Podemos ainda assegurar que o texto de Majer remeteu a um número de temas que já eram — ou logo se tornaram — crucialmente importantes para a gênese da metafísica da Vontade de Schopenhauer (APP, 1998A, 75 e 76).

App problematizou grande parte das pesquisas anteriores que colocaram a *Oupnek'hat* como o primeiro encontro de Schopenhauer com a Índia. Ele destacou a tradução de Majer da obra *Bhagavad Gītā*. Além disso, ele deu uma nova interpretação para aqueles que valorizam os estudos dessa relação a partir das evidências históricas. Para o Urs App de 1998, é nítida a dificuldade em distinguir e destacar uma obra em detrimento de outra nessa possível influência que o pensamento indiano gerou na filosofia de Schopenhauer. Por isso, é necessário analisar as obras a que Schopenhauer teve acesso até a publicação d'*O mundo* para construir a influência que sofreu, um dos objetivos centrais deste livro.

Não é necessário, portanto, desvalorizar a *Bhagavad Gītā* presente na *Asiatisches Magazin*, assim como a *Mythologie des Indous* ou as *Asiatick Researches* para que a *Oupnek'hat* ou qualquer outra obra seja enaltecida. De alguma forma, todas essas obras contribuíram para que Schopenhauer pudesse enxergar os paralelos, fazer as apropriações e ser influenciado pelas filosofias indianas.

Como desfecho desta sucinta discussão bibliográfica sobre as pesquisas precedentes, vale destacar seis livros publicados nos últimos anos: (1) *Schopenhauer e as filosofias da Ásia*, organizador Matthias Koßler (2008); (2) *Schopenhauer e a filosofia indiana: um diálogo entre Índia e Alemanha*, organizadora Arati Barua (2008); (3) *Schopenhauer e o pensamento indiano — semelhanças e diferenças*, de Lakshmi Kapani (2011); (4) *Compreendendo Schopenhauer por intermédio do Prisma da Cultura Indiana*, organizadores Arati Barua, Michael Gerhard e Matthias Koßler (2013); e (5) *Encontro de Schopenhauer com pensamento indiano — representação e vontade e seus paralelos indianos*, de Stephen Cross (2013); (6) *Schopenhauer Compass*, de Urs App (2014). É possível dizer que o avanço obtido em conjunto por esses seis livros elevou drasticamente a qualidade da discussão sobre a relação entre Schopenhauer e a Índia. Todos eles foram, cada um a sua maneira, fundamentais para que este estudo alcançasse os resultados que serão expostos.

Por fim, é necessário dizer que o Urs App de 2014 não possui a mesma postura cética em relação ao de 1998. Após quase duas décadas de estudo, o pesquisador suíço afirmou que a *Oupnek'hat*, assim como outros livros consultados por Schopenhauer durante o período de gênese de seu pensamento, foi fundamental na construção de algumas das teorias do filósofo de Danzig (APP, 2014, 301-316). Concordamos com as conclusões obtidas por App e almejamos contribuir com novos esclarecimentos sobre essa relação.

1.3. A Índia ampliada

Em um primeiro momento, analisaremos apenas as "presenças" e "apropriações" da Índia no período de gênese da filosofia de Schopenhauer. Não há como negar que, durante o período de sua juventude, o filósofo entrou em contato com pensamentos de origem indiana, sendo eles responsáveis por marcar profundamente sua vida e sua obra. Em um segundo momento, nos posicionamos ao lado do grupo dos pesquisadores que defendem a tese da influência da Índia em Schopenhauer: Mockrauer (1928), Nicholls (1999), Droit (2004) e App (2014)[12]. Antes de tomar tal postura, deve-se assegurar o primeiro dos três objetivos do presente estudo: ampliar a Índia em Schopenhauer. É necessário destacar os "conceitos" indianos a que o filósofo teve acesso antes de 1818 por intermédio da *Asiatisches Magazin, Mythologie des Indous* e *Asiatick Researches*. O foco é apresentar os conceitos presentes nessas obras como facilitadores ou complicadores para a compreensão da filosofia de Schopenhauer, assim como para o melhor ou o pior entendimento da filosofia oriental. Dessa forma, pretende-se apresentar o pensamento do filósofo sob o prisma indiano e, de modo inverso, apresentar a Índia sob o prisma de Schopenhauer. Aqui se quer destacar Schopenhauer a partir dos conceitos que geraram as "admiráveis concordâncias" que ele próprio constatou em relação à Índia. As três obras servirão como evidências históricas para validar essas aproximações e apropriações.

Alguns exemplos podem ser antecipados para explicar aquilo que será exposto. O primeiro exemplo é *Māyā*, entendida por Schopenhauer como ilusão do mundo material, mundo como representação, *principium individuationis*, dentre outros. *Māyā* foi citada inúmeras vezes nas três obras lidas por Schopenhauer. O mesmo ocorreu nos textos escritos por Schopenhauer, mas raríssimas foram as vezes em que o filósofo citou a fonte de referência. A Índia em Schopenhauer precisa ser ampliada para além das *Upaniṣads* e dos *Vedas*, pois

---

[12] É importante frisar a mudança de postura adotada pelo pesquisador suíço Urs App Em 1998, ele ainda não possuía evidências suficientes para comprovar a influência do pensamento indiano em Schopenhauer. Por isso, preferiu adotar uma postura cética diante da relação. Entretanto, em 2014, a influência é a tese mais defendida ao longo de seu livro *Schopenhauer's Compass*. Todos seus argumentos podem ser encontrados em App, 2014, apêndice 2, 301-316.

o conceito *Māyā* surgiu em sua filosofia também graças àquilo que está escrito em outros textos, como os de Majer, Jones e Polier[13].

O segundo é a *Trimūrti* (*Brahmā*, *Viṣṇu* e *Śiva*) e seus paralelos com os atributos da Vontade, ciclo infinito da existência: criação, conservação e destruição. A divindade *Śiva*, por possuir o *liṅgam*, apareceu em diversos momentos dos textos schopenhauerianos com o objetivo de expressar a superioridade deste deus diante dos demais da *Trimūrti*. Dessa forma, Schopenhauer comparou diretamente *Śiva* com a Vontade. Apenas para ilustrar a necessidade de ampliar a Índia schopenhaueriana, essa ideia do deus *Śiva* e o seu atributo *liṅgam* estiveram explicitamente presentes em diversos artigos das *Asiatick Researches*.

O terceiro exemplo é a frase *Mahāvākya "Tat tvam asi"* (Isto és tu) presente inicialmente na *Chandogya Upaniṣad*, que expressa a última realidade de todos os fenômenos (*Brahman*) e a sua correlação com a ética da compaixão. Nota-se que a própria individualidade (*Ātman*) se identifica com o absoluto (*Brahman*), e, por isso, precisamos nos compadecer dos sofrimentos dos demais seres. O sofrer de um é igual ao sofrer de todos, isto porque, apesar das diferenças, todos possuem uma mesma e única essência. Pronunciar as frases *"Tat tvam asi"* ou "isto és tu" é o mesmo que pronunciar as frases "tudo és tu" ou "tudo é *Brahman*". O ser supremo *Brahman* foi citado por Schopenhauer associado diretamente ao *Ātman*, a verdadeira essência do nosso eu. O filósofo relaciona *Brahman* e *Ātman* ao sujeito do conhecimento que se percebe para além da matéria e se funde com a essência do mundo (Vontade). Schopenhauer cita ainda *Brahman* enquanto força imanente e transcendente do universo e sua ligação com os atributos da Vontade. Mais uma vez, todas essas teorias indianas também se mostraram presentes nas três obras tomadas de empréstimo nas bibliotecas de Weimar e de Dresden. Isto mostra como é necessário expandir a compreensão que temos da Índia de Schopenhauer.

Ainda como exemplos importantes, vale mencionar os conceitos *Buddha*, *saṁnyāsins* e asceta hindu utilizados por Schopenhauer como exemplos de indivíduos que negaram a Vontade. Todos esses conceitos estiveram presentes em Schopenhauer até 1818. A única resposta plausível para assegurar essa presença é destacar as obras sobre a Índia consultadas pelo filósofo até o referido ano. Ao fazer isso, fica evidente que o filósofo não leu as autênticas *Upaniṣads* e os *Vedas*, logo, as únicas fontes possíveis são as quatro obras mencionadas: *Oupnek'hat, Asiatisches Magazin, Mythologie des Indous* e *Asiatick Researches*.

Outros exemplos importantes são: o conceito *saṃsāra*, ciclo sem fim entre todos os seres que compõem o Ser, relacionado com a ideia schopenhaueriana das transformações existentes no mundo; a filosofia chinesa do Foe, ou melhor, o budismo chinês (Foe, em chinês = *Buddha*) comparado ao sofrimento

---

13 Respectivamente autores dos textos presentes na *Asiatisches Magazin, Asiatick Researches* e *Mythologie des Indous*.

do mundo e a superação do mesmo; o *Código de Manu* como exemplo de uma ética prescritiva, que se opõe à ética descritiva schopenhaueriana; o *nirvāṇa*, estado de libertação do sofrimento, desapego aos sentidos e à ignorância, relacionado à negação da Vontade e ao nada em Schopenhauer.

Estamos seguros em afirmar que o filósofo não encontrou todos esses conceitos na *Oupnek'hat*, eis a razão de ampliar a "Índia schopenhaueriana". Espera-se que, ao fazer isso, este estudo possa contribuir para as discussões sobre a relação entre Schopenhauer e o pensamento indiano, principalmente em nosso país, já que, infelizmente, ainda são raras as pesquisas sobre as filosofias orientais[14], mais raras ainda aquelas que se enveredam pelas "Índias schopenhauerianas" e se preocupam com o rigor das evidências históricas. Muitos problemas debatidos e já esclarecidos pelos pesquisadores ao longo do século XX continuam surgindo nos poucos trabalhos publicados no país[15]. No entanto, tem-se visto aqui e ali um aumento significativo do interesse dos pesquisadores por desbravar assuntos tão distantes, desconhecidos e complexos. Schopenhauer e alguns filósofos ocidentais são vias indiretas pelas quais se podem estudar as filosofias indianas. Por essa razão, é fundamental que se façam trabalhos com rigor científico, histórico e filosófico, para que, assim, aos poucos, essas relações entre Ocidente e Oriente, filosofia e religião, Schopenhauer e a Índia, retirem-se do ambiente de esquecimento, misticismo, preconceito e zombaria. Dessa forma, almeja-se que tais relações conquistem o seu devido valor e estatuto filosófico.

---

[14] É necessário mencionar o pioneirismo de Murilo Nunes de Azevedo em sua obra *O pensamento do Extremo Oriente* e as traduções de Raul Xavier dos *Vedas* e das *Upaniṣads*.

[15] SALLOUM JR., Jamil. *A ética ascética de Arthur Schopenhauer e o Hinduísmo*. Curitiba: PUC, 2007. (Dissertação de Mestrado em Filosofia). MESQUITA, Fábio L. de A. *Schopenhauer e o Oriente*. São Paulo: USP, 2007. (Dissertação de Mestrado em Filosofia); BIANQUINI, Flávia; REDYSON, Deyve. A obra Oupnek'hat na Filosofia de Schopenhauer. *Revista Literarius*, vol. 11, n. 2, 2012; REDYSON, Deyve. *Schopenhauer e o Budismo*. João Pessoa: Editora UFPB, 2012.

CAPÍTULO 2

Presença indiana — para além das *Upaniṣads* (*Oupnek'hat*)

❖ ❖ ❖

SABE-SE QUE o conhecimento de Schopenhauer sobre a Índia até 1818 não se restringia às *Upaniṣads*. No entanto, ao utilizarmos como referência os escritos do filósofo até essa data, parece-nos que ele destacou a *Oupnek'hat* em detrimento de outras obras indianas a que teve, igualmente, acesso.

As *"Upaniṣads dos Vedas"* sempre surgiram para exemplificar as ideias de Schopenhauer ou para demonstrar a profunda semelhança entre aquilo que ele pensava e aquilo que foi pensado pelos sábios da Índia antiga. De fato, ele acreditava que, de alguma forma, as autênticas *Upaniṣads* estavam presentes na tradução latina de Anquetil-Duperron. No parágrafo 184 do *Parerga e paralipomena*, ele constatou que a *Oupnek'hat* possuía o espírito dos *Vedas*; como se fosse um todo coerente, organizado, original e sublime, no qual cada parte possuía sentido e lugar. Para o filósofo, a *Oupnek'hat* era um raro exemplo de tradução de texto indiano, presente na Europa do século XIX, que poderia ser digno de autenticidade, elogio e prestígio. A grande maioria das traduções e dos estudos sobre a Índia oferecia, em sua opinião, períodos oscilantes, imprecisos e abstratos, e cujas conexões eram inseguras, não sendo mais do que simples esboços do pensamento dos textos originais. Para ele, tudo era, demasiadamente, ocidental e problemático.

Sobre a *Oupnek'hat*, Schopenhauer escreveu:

> [P]or outro lado, considero que o sultão Mohammed Dara Shikoh, irmão de Aurangzeb, nascido, criado e educado na Índia, refletiu e desejou saber, assim que pôde, o sânscrito. Entendeu mais ou menos tão bem como é para nós o nosso latim, e ainda por cima teve um número dos mais sábios *pandits* (eruditos) como colaboradores; tudo isto me sugere de antemão possuir elevado julgamento de sua tradução persa das *Upaniṣads dos Vedas*. Além disso, vejo com profunda veneração, adequado ao assunto, o manejo de Anquetil-Duperron teve com essa tradução persa, ao reproduzir palavra por palavra em latim, mas mantendo exatamente

a sintaxe persa ao desespero da gramática latina e desejando exatamente igual as palavras sânscritas que o Sultão deixou sem traduzir, para explicá-las no glossário. Assim, leio esta tradução com a mais plena confiança de que ela receberá, após certo tempo, a sua merecida confirmação. A *Oupnek'hat* transmite o espírito sagrado dos *Vedas*. Ela é movida em seu interior por esse espírito, que com uma diligência leitura se chega a se familiarizar com o persa-latim. Esse livro incomparável possui significado preciso, definido e sempre coerente. Em cada linha, em cada página nos saem ao encontro os pensamentos mais profundos, originais e sublimes, enquanto se eleva essencialmente uma armada sobre todo o conjunto. Tudo respira aqui ar hindu e existência prima, de acordo com a natureza dessa obra. [...] [Essa] é a mais gratificante e comovedora leitura que se pode fazer neste mundo (com exceção do texto original): ela tem sido o consolo da minha vida e será o de minha morte[1].

Todavia, logo em seguida após escrever tais palavras enaltecedoras sobre a *Oupnek'hat*, Schopenhauer desqualifica a grande maioria das obras sobre a Índia publicadas na Europa de seu tempo:

> Se comparo essa tradução europeia com os textos sagrados dos filósofos hindus, me produz a sensação contrária (com muitas poucas exceções, como por exemplo, a *Bhagavad Gītā* de Schlegel e algumas passagens das traduções dos *Vedas* de Colebrooke): [os demais trabalhos] oferecem períodos cujo sentido é geral e abstrato, com frequência oscilante e impreciso, e cuja conexão é insegura; também aparecem de vez em quando contradições; tudo é moderno, vazio, fraco, plano, pobre de sentido e ocidental[2].

Ratificando essas palavras de Schopenhauer, é necessário destacar que as citações e as comparações feitas pelo filósofo a obras como *Mythologie des Indous*, *Asiatisches Magazin* e *Asiatick Researches* foram, incomparavelmente, inferiores às destinadas às *Upaniṣads* (*Oupnek'hat*). Em nenhum momento, ademais, Schopenhauer agradeceu pelas possíveis contribuições que esses outros livros tiveram em formar a "sua Índia", o "seu Oriente". Tampouco as colocou em local de destaque diante de tudo aquilo que foi publicado sobre a Índia durante as primeiras duas décadas do século XIX. Em razão disso, pode-se, erroneamente, crer que tais livros foram aqueles rejeitados pelo filósofo por serem problemáticos, não havendo neles nada de relevante para o conhecimento que Schopenhauer foi, aos poucos, criando sobre a Índia. Contudo, se tomarmos como certo que tais textos possuem valor, não sendo problemáticos, muito

---

[1] P II, § 184, 408 e 409 (SW VI, 421 e 422).
[2] Ibidem, § 184, 409 (SW VI, 422).

menos irrelevantes, surge a pergunta: por que o filósofo não os utilizou da mesma forma que as *Oupnek'hat*?

Acredita-se que isso se deve a algumas razões. A primeira está relacionada ao "teor" de cada obra e a sua "importância histórica". Com exceção da *Oupnek'hat*, todos os demais livros são estudos de comentadores sobre a Índia. Os textos escritos por Coronel Polier, Mme. de Polier, Ramtchund, William Jones, Colebrooke, Friedrich Majer, Heinrich Julius Klaproth, dentre outros, não são um diálogo "direto" com aquilo que foi pensado pelos antigos ascetas hindus, mas, na maioria das vezes, interpretações de certos textos sagrados indianos. Além disso, como no caso da *Mythologie des Indous*, de Mme. Polier, o que se relata é o diálogo entre um funcionário do império britânico (Coronel Antoine-Louis-Henri Polier) e um indiano da religião sikh (Ramtchund). É o conhecimento e as interpretações desse sikh que está presente na obra de Mme. de Polier, e não as traduções dos livros sagrados, como os *Vedas*, as *Upaniṣads*, a *Bhagavad Gītā*[3], os *Purāṇas* (*Bhāgavatam*)[4], o *Mahābhārata*[5], o *Rāmāyaṇa*[6] ou as *Leis Escritas de Manu* (*Código de Manu*).

A segunda razão para tal esquecimento ou não valorização dessas outras obras sobre a Índia decorre da primeira e estaria relacionada ao "vínculo" que Schopenhauer pretendeu gerar com a sua própria filosofia. De todas as obras a que ele teve acesso até 1818, a *Oupnek'hat* era a que mais poderia dar ao filósofo uma relação supostamente "autêntica" com a Índia. Suas aproximações não fo-

---

[3] *Bhagavad Gītā* ou "Canção de Deus" é um livro religioso hindu datado de por volta do século IV a.C. e que faz parte do épico *Mahābhārata*. O texto original, escrito em sânscrito, narra o diálogo de *Kṛṣṇa* (Krishna), uma das encarnações de *Viṣṇu*, com *Arjuna*, seu discípulo guerreiro. Ambos estão em pleno campo de batalha e dialogam a respeito de vários temas de que trata o hinduísmo.

[4] *Bhagavata Purāṇa* é um dos textos *Purāṇas* (conjunto de textos *smirtis*, ou seja, livros que precisam ser memorizados). Os textos *smirtis* (memorizados) são distintos dos textos hindus *shrutis* (livros que precisam ser ouvidos, narrados). *Bhāgavatam* significa "o livro de Deus", e seu foco essencial é amar o ser supremo, este entendido como *Kṛṣṇa* (Krishna), o ser que tudo contém, o Deus de todos os deuses.

[5] É um dos maiores épicos dentre os textos hindus. Assim como os *Rāmāyaṇa* e os *Purāṇas*, o *Mahābhārata* é um dos textos *smritis*, textos que precisam ser memorizados. Literalmente, *Mahābhārata* significa "a grande dinastia de *Bhārata*", mas uma tradução possível seria "a grande Índia". O valor desse livro é amplo, pois trata de diversos temas do hinduísmo. Para alguns estudiosos, esse é o texto sânscrito que possui a maior abrangência de temas da religião hindu. Uma das ideias principais seria esclarecer o caminho trilhado pelo eu (*Ātman*).

[6] Etimologicamente, a palavra *Rāmāyaṇa* deriva da junção de *Rāma*, príncipe indiano, e *ayana*, que significa "indo, avançando". Uma tradução possível para o título dessa obra seria "a viagem de *Rāma*". Esse livro sagrado narra, em forma de conto, fábula, a história de um príncipe chamado *Rāma de Ayodhya*, que teve sua esposa *Sita* raptada/abduzida por um demônio (*Rākshasa*) rei de Lanka, *Rāvana*. O *Rāmāyaṇa* possui 24 mil versos em sete cantos (*kāṇḍas*). Assim como diversos textos da Índia antiga, há certa dificuldade em precisar o tempo em que foi escrito. Acredita-se que foi redigido por volta dos anos 500 a.C. a 100 a.C.

ram feitas com a obra de Polier ou com os textos de Klaproth, fontes secundárias, e, possivelmente, problemáticas, mas sim, apesar de ser uma tradução, com uma "fonte primária", com um "autêntico" texto sagrado indiano[7].

Tendo em vista esse cenário de primazia da *Oupnek'hat*, os demais livros aos quais Schopenhauer teve acesso antes de 1818 são colocados em segundo plano, esquecidos, não exaltados, não valorizados pelo próprio filósofo. Muitos dos estudos que almejaram abordar a relação do filósofo com a Índia e que se preocuparam com evidências históricas também não trataram com a devida importância a presença desses livros na filosofia de Schopenhauer. Todavia, acredita-se que, assim como a *Oupnek'hat*, eles são fundamentais para compreender como o filósofo se apropriou de certas ideias indianas e as utilizou para ilustrar sua própria filosofia. Por isso, faz-se necessário compreender e analisar o conteúdo teórico dessas obras para mensurar até que ponto elas podem ter auxiliado Schopenhauer a construir a "sua Índia". Com isso, não pretendemos encontrar qual livro foi o mais relevante, ranqueando-os em um esquema fadado a inverdades e conjecturas, mas mostrar que todos, em maior ou menor grau, contribuíram com a presença da Índia na filosofia schopenhaueriana.

Muitas das pesquisas até então publicadas também enaltecem a *Oupnek'hat* como a responsável por introduzir o pensamento indiano em Schopenhauer. Ludwig Alsdorf (1942, 73), Rudolf Merkel (1945-48, 164 e 165), Arthur Hübscher (1988, 68), Brian Magee (1997, 14), Urs Walter Meyer (1994, 149), Stephen Batchelor (1994, 255), Moira Nicholls (199, 178), Roger-Pol Droit (1989, 203), dentre outros, associaram erroneamente a figura de Friedrich Majer à *Oupnek'hat*. Isso se deve em razão da carta escrita em 1851, pelo próprio Schopenhauer, com a seguinte informação:

> Em 1813, preparei-me para a promoção [Ph.D.] em Berlim, mas, descolocado pela guerra, eu passei o outono na Turíngia [Thüringen]. Incapaz de retornar, fui forçado a obter o Doutorado em Jena com minha dissertação sobre o princípio da razão suficiente (*A quádrupla raiz do princípio da razão suficiente*). Subsequentemente, passei o inverno em Weimar, onde gostei da estreita relação que tive com Goethe, que me ficou familiar, apesar de uma diferença de idade de 39 anos. Ele exerceu um efeito benéfico sobre mim. Ao mesmo tempo, o indólogo Friedrich Majer me apresentou, sem solicitação, a antiguidade indiana, e isso teve um papel essencial em mim (apud, APP, 2006B, 40-41)[8].

---

7   Este livro tem o propósito não de problematizar a tradução de Anquetil-Duperron, mas sim de destacar a intenção de Schopenhauer em gerar, com a Índia, uma "aproximação autêntica". Estamos certos de que tal autenticidade nunca ocorreu de fato. Isso por conta do tempo e do espaço que distanciaram Schopenhauer e a Índia antiga.

8   Carta para Johann Eduard Erdmann, de 9 de abril de 1851 (HÜBSCHER, 1987, 261, Carta número 251).

É importante destacar que, em 1813, o filósofo assegurou o "papel essencial" que a antiguidade indiana exercera em seu pensamento e na sua vida. Todavia, a confusão surgiu a partir dos excessos que os pesquisadores citados deram a essa "antiguidade indiana" (*Indische Alterthum*), associando-a aos *Vedas*, *Oupnek'hat*, *Upaniṣad*, filosofia *vedānta* etc. Nesse sentido, de modo equivocado, a *Oupnek'hat*, para além dos diversos elogios já dados por Schopenhauer, seria também a responsável por introduzi-lo no mundo indiano. Entretanto, sabe-se que isso não é verdade. O curso de etnografia frequentado pelo filósofo em 1811, sob a orientação do Prof. A. H. Heeren, na Universidade de Göttingen, seria o seu primeiro contato com o pensamento indiano. Nesse curso, Schopenhauer teve acesso indireto aos primeiros volumes das *Asiatick Researches*, que continham informações sobre a filosofia indiana e o budismo. Essa evidência problematiza a carta escrita por Schopenhauer, assim como lança luz sobre outras fontes para além da *Oupnek'hat*. O fato de Schopenhauer ter citado o Friedrich Majer como o responsável por apresentá-lo à "antiguidade indiana" não constata a presença da *Oupnek'hat*, tampouco a presença da *Asiatisches Magazin*, que seria também uma associação possível.

Esse simples episódio enfatiza a dificuldade que é delimitar a Índia na gênese do pensamento de Schopenhauer, assim como evidencia a necessidade de lançar luz sobre outras obras indianas a que Schopenhauer teve acesso.

❖ ❖ ❖

Este capítulo tem como objetivo apresentar o teor das outras obras consultadas pelo filósofo a respeito da Índia. Para isso, está dividido em três partes distintas. Na primeira analisaremos a obra *Asiatisches Magazin*, os artigos que nela foram publicados, a história de seus autores e alguns dos principais conceitos abordados.

Na segunda parte, analisaremos a obra *Mythologie des Indous* publicada e editada por Mme. de Polier, única mulher a contribuir com Schopenhauer na formação da "sua Índia". A obra de Polier é também a única das três que possui maior unidade, pois apresenta principalmente os comentários do sikh Ramtchund sobre diversos temas do pensamento indiano.

A última e terceira parte apresentará os principais artigos presentes nos nove primeiros volumes da *Asiatick Researches*. Neles foram encontrados, além de diversos conceitos hindus, alguns referentes ao budismo.

O vasto material histórico abordado neste livro é uma de nossas maiores dificuldades. Por isso, é fundamental apresentá-lo de modo organizado, didático e explicativo. Caso não seja feito isso, os leitores deste livro e os futuros pesquisadores sobre o tema fatalmente terão grandes dificuldades em se orientar diante desses treze volumes escritos sobre a Índia durante o final do século XVIII e início do XIX.

Figura 1. Capa do primeiro volume da *Asiatisches Magazin*, publicada e editada em 1802, por Julius Klaproth.

2.1. Asiatisches Magazin

Essa foi, provavelmente, a primeira obra sobre a Índia a que Schopenhauer teve acesso. Essa afirmação se dá a partir da evidência histórica que comprova os empréstimos dos dois volumes da *Asiatisches Magazin* na Biblioteca Ducal da cidade de Weimar em dezembro de 1813.

Título do livro na biblioteca de Weimar	Data de retirada	Data de devolução
Asiatisches Magazin, 2 Bde.	04/12/1813	30/03/1814

Fonte: MOCKRAUER, 1928, 4 e 5; APP, 2006B, 48-51.

Antes disso, temos apenas especulações que consistem no acesso a que Schopenhauer teria tido da *Oupnek'hat*, em meados de 1813, após a indicação de Friedrich Majer (1771-1818). No entanto, a despeito do lugar-comum dessa teoria em alguns comentadores[9], ela é refutada por outros[10] pela ausência de evidências que a comprovem.

No grupo daqueles estudiosos sobre o tema que buscam fontes históricas seguras, encontramos Franz Mockrauer. Ele foi o primeiro a salientar a importância dos livros que Schopenhauer tomara de empréstimo na Biblioteca Ducal, em Weimar, nos anos de 1813 e 1814. Todavia, malgrado seu inestimável valor por inaugurar uma pesquisa longe de especulações, Mockrauer (1928) indicou, equivocadamente, outra obra também intitulada *Asiatisches Magazin*, conforme transcrito abaixo:

> O registro do formulário da biblioteca de Weimar demonstra que Schopenhauer, durante o inverno, teria tomado de empréstimo a *Asiatiches Magazin*, editada por Beck, Hänsel e Baumgärtner, vol. 1-3, 1806-1807, por quatro meses; a *Mythologie des Indous*, de Mme. de Polier, A 1-2, 1809, por três meses, e finalmente, pouco antes do fim de sua estada em Weimar e a mudança para Dresden, de 26 de março a 18 de maio de 1814, a *Oupnek'hat* (MOCKRAUER, 1928, 4 e 5).

O erro de Mockrauer nos indica para outra *Asiatisches Magazin*, editada em três volumes, por Hänsel e Baumgärtner, estudiosos que Schopenhauer desconhecia. Esse simples equívoco demonstra a dificuldade de estudar tal assunto, pois estamos diante de muitas referências desencontradas e contraditórias. O mérito do delineamento correto da *Asiatisches Magazin*, assim como

---

[9] MAGEE, 1997, 14; MEYER, 1994, 149; BATCHELOR, 1994, 255; NICHOLLS, 1999, 178.
[10] MOCKRAUER, 1928, 3-7; APP, 2006B, 40-44; CROSS, 2013, 20-36.

a constatação do erro de Mockrauer, não cabe a este livro, mas a Urs App. Seu fundamento assertivo pauta-se por um olhar minucioso do registro da biblioteca em Weimar, onde apresenta o empréstimo da *Asiatisches Magazin*, de dois volumes, não de três, conforme descrito por Mockrauer. Dessa forma, App defende a ideia de que não foi a *Oupnek'hat*, mas sim a *Asiatisches Magazin*, que colocou pela primeira vez o jovem filósofo em contato com uma obra do pensamento asiático.

Ainda corroborando a ideia de que o registro da biblioteca de Weimar se refere à *Asiatisches Magazin*, editada por Julius Klaproth em 1802, é importante relatar as visitas que Schopenhauer fez, no ano de 1813 e 1814, à residência de Goethe, lugar também frequentado, no mesmo período, por Klaproth (apud APP, 2006B, 44-46). Goethe escreveu as seguintes palavras sobre o promissor filósofo em uma carta endereçada a Knebel, datada do dia 24 de novembro de 1813:

> O jovem Schopenhauer apresentou-se a mim como um homem memorável e interessante. [...] Com certa obstinação astuta em levantar pontos importantes à filosofia moderna. É esperar para ver se as pessoas de sua profissão irão deixá-lo entrar em seu grupo; acho-o inteligente e não me preocupei com o resto (apud APP, 2006B, 46)[11].

Treze dias antes desta carta, em 11 de novembro de 1813, Goethe havia recebido em sua casa o jovem Schopenhauer e Julius Klaproth (APP, 2006B, 45). Uma especulação possível seria a de que Goethe teria sido o responsável por apresentar Klaproth a Schopenhauer. Goethe conhecia Julius Klaproth desde 1802, momento em que o famoso escritor recebeu seu auxílio em um catálogo que fazia sobre a Índia. Além disso, Schopenhauer conhecia o pai de Julius Klaproth, Martin-Heinrich Klaproth, descobridor do urânio, pois o filósofo havia sido seu aluno de química em Berlim[12]. Apesar de não possuirmos fontes seguras para afirmar tal encontro, tudo parece indicar que Schopenhauer e Klaproth se conheceram por intermédio de Goethe. Outra evidência que nos induz a essa especulação foi um evento promovido pela mãe de Schopenhauer, Johanna Schopenhauer, no dia 3 de dezembro de 1813. Nesse evento esteve presente Goethe, Schopenhauer e, possivelmente Klaproth e Friedrich Majer. Coincidência ou não, um dia depois da festa, em 4 de dezembro de 1813, Schopenhauer tomou de empréstimo os dois volumes da *Asiatisches Magazin* na biblioteca de Weimar. A cronologia desses fatos sugere que a *Asiatisches Magazin* chegou às mãos de Schopenhauer devido à sua relação com Goethe e Julius Klaproth.

---

[11] Carta de Goethe a Knebel, datada de 24 de novembro de 1813 (STEIGER, 1988, 756).
[12] Ver as anotações que Schopenhauer fez deste curso em MR II, 233; HN II, 216 (anotações do curso de química no inverno de Berlim durante os anos de 1811 a 1812).

Cronologia dos eventos que possivelmente levaram Schopenhauer ao encontro da *Asiatisches Magazin*	
11/11/1813	Goethe recebe em sua casa Schopenhauer e Julius Klaproth.
24/11/1813	Goethe escreve a carta endereçada a Knebel referindo-se positivamente ao jovem Schopenhauer.
03/12/1813	Johanna Schopenhauer promove uma festa que contou com a presença de Goethe, Arthur Schopenhauer e, possivelmente, Julius Klaproth.
04/12/1813	Schopenhauer toma de empréstimo, na biblioteca de Weimar, os dois volumes da *Asiatisches Magazin*.
30/03/1814	Schopenhauer devolve os dois volumes da *Asiatisches Magazin* à biblioteca de Weimar.

Após esses quatro meses de empréstimo da *Asiatisches Magazin*, Schopenhauer teve contato com outras duas obras sobre a Índia: *Mythologie des Indous* e *Oupnek'hat*. Curiosamente, o filósofo mencionou a *Asiatisches Magazin* uma única vez em seus *Manuscritos*[13], na seguinte passagem datada de 1817:

> Além daquilo que vai acima, vemos nas doutrinas dos hindus, como presentes nos *Vedas, Purāṇa*, mitos, lendas, máximas etc., (*Oupnek'hat, Vida de Foe* na *Asiatisches Magazine, Bhagavad Gītā, Leis de Manu, Asiatick Researches, Mythologie des Indous*, vol. 2, cap. 13ss e todas outras passagens devem ser citadas aqui); amar ao próximo com a negação do amor a si próprio; ser benevolente ao ponto de dar ao outro o pagamento do próprio trabalho; ter paciência sem limite com todos aqueles que nos insultam e ofendem; pagar todo o mal com bondade e amor; submeter-se voluntariamente a toda ignomínia; abster-se de toda comida de origem animal; ser completamente casto e renunciar a toda volúpia; abandonar toda propriedade; deixar todos os parentes e relações, assim como as próprias moradias; estar completamente sozinho; impor-se penitência voluntária e se autoflagelar a ponto de livremente morrer de fome ou enfrentar crocodilos, ou atirar-se sob as rodas dos veículos que transportam a imagem dos deuses; e assim por diante (*Asiatick Researches*). Todo aquele que se familiariza com tudo isso não negará a continuação do caminho ao qual o cristianismo nos conduz[14].

O fato de o filósofo ter mencionado apenas uma vez a *Asiatisches Magazin* nos induz a concluir uma possível irrelevância do conteúdo lá encontrado. Ainda mais por ser uma citação inserida em um local com diversas outras

---

[13] Existem mais duas outras notas sobre a *Asiatisches Magazin*, possivelmente dos anos 1813-1814, que não foram publicadas nos *Manuscritos*. Abordaremos tal problema nas páginas seguintes.
[14] MR I, 515 e 516, n. 666 (HN I, 465 e 466).

obras que o filósofo conhecia sobre a Índia até aquele momento. Tal irrelevância se acentua a partir do contexto daquilo que Schopenhauer queria exemplificar: "Amar ao próximo com a negação do amor a si próprio". Uma ideia que possui o seu valor, mas, da forma como foi exposta por Schopenhauer, se distancia dos conceitos indianos capitais que estiveram presentes durante o período da gênese de seu pensamento.

Inicialmente, deve-se suspeitar dessa possível irrelevância, pois nos *Manuscritos* schopenhauerianos há diversas passagens sobre o pensamento indiano sem a devida referência. Isso abre margem para possíveis especulações e dificulta afirmações categóricas a respeito das fontes nas quais Schopenhauer se pautou. Uma análise mais minuciosa sobre os textos, conceitos e conteúdos presente na *Asiatisches Magazin* admite grande valor entre aquilo que foi sistematicamente surgindo nos *Manuscritos* acerca do pensamento indiano.

Vale dizer que o conteúdo da *Asiatisches Magazin* foi ignorado por diversas pesquisas que apresentaram a relação do filósofo com a Índia. Poucos estudos apresentaram a *Asiatisches Magazin* para se referir ao budismo existente nesse período de gênese da filosofia de Schopenhauer. No entanto, a *Asiatisches Magazin* não se restringe ao budismo, pois existem importantes conceitos sobre o hinduísmo em seu bojo. Tal ideia também foi defendida por Stephen Cross, no livro *Encontro de Schopenhauer com pensamento indiano; Representação e Vontade e seus paralelos indianos* (2013), no qual são apresentados e debatidos os dois artigos que, para Cross, são os mais relevantes da *Asiatisches Magazin*: um sobre o budismo (*Ueber die Fo-Religion in China*) e outro sobre o hinduísmo (tradução da *Bhagavad Gītā*) (CROSS, 2013, 22 e 23). Essa tradução da *Bhagavad Gītā* também foi analisada por App (2006B) em razão do importante material nela presente que auxiliou Schopenhauer a construir a sua Índia.

A *Asiatisches Magazin*, escrita totalmente em alemão, é constituída de 62 artigos que foram escritos por diferentes autores. No primeiro volume há 32 artigos, e no segundo, 30. É importante ressaltar que a maioria dos artigos foi escrita por Julius Klaproth, que se concentrou especialmente em textos sobre a China e o budismo, e por Friedrich Majer, que se pautou em textos sobre a Índia e o hinduísmo.

Com objetivo didático e esclarecedor, aqui está a lista contendo todos os artigos que compõem os dois volumes da *Asiatisches Magazin*:

Volume 1		
Primeira parte do primeiro volume — 1802		
Artigos	Tradução e explicações	Páginas
I. Cai-Caus Zug nach Mazenderan und Kampf mit den böfen Dämonen. Aus Oufley Orient Collect	Cai-Caus treina para Mazenderan e batalha com os demônios. Da Coleção de Oufley Oriente	9-27

II.	Ueber die Theile von Mittelasien jenfeit des Mus-Tag, in sofern sie den Alten bekannt waren	Sobre as peças da Ásia Central além da Mus-Tag, na medida em que elas eram conhecidas pelos antigos	27-63
III.	Ueber die Musik der Chinesen	Sobre a música dos chineses	63-68
IV.	Ueber die Stadt Persepolis oder Istachar	Sobre a cidade Persépolis ou Istachar	69-87
V.	Erklärung der Kufischen Innschrift auf einem antiken Ringe	Declaração da inscrição de kufic em anéis antigos (kufic = caligrafia antiga de origem arábica)	88-90
VI.	Fragment einer Chineseschen Komödie	*Fragmentos de uma comédia chinesa*	91-96
VII.	Sentenzen aus verschiedenen morgenlandischen Schriftstellern	Sentenças de diferentes escritores do amanhã	97-99

Segunda parte do primeiro volume — 1802

Artigos		Tradução e explicações	Páginas
I.	Ueber die Schisfahrten der Araber in das Atlantische Meer	Sobre as viagens dos árabes no Oceano Atlântico	101-105
II.	Geschichte der Regierung Abaka Chan's	História do governo de Abaka Chan's (Abaka-Chan = líder Mongol)	106-112
III.	Beschreibung des Throns Solomon's	Descrição do Trono de Salomão	113-115
IV.	Die Verkörperungen des Wischnu — **Friedrich Majer**[15]	As encarnações (avatares) de *Viṣṇu* (Introdução, *Viṣṇu* como peixe/*Matsya*, p. 123, *Viṣṇu* como javali/*Varāha*, p. 129, *Viṣṇu* como homem-leão/*Narasimha*, p. 133)	116-138
V.	Ueber die Völker von Jagog und Magog	Sobre os povos de Gog e Magog (povos citados nos livros de Gênesis (10,2) e Ezequiel (38,2-3), Bíblia)	138-148
VI.	Ueber die Fo-Religion in China	Sobre a religião Fo na China (Fo = *Buddha*, o texto refere-se ao budismo chinês)	149-169

---

[15] Colocamos os nomes dos principais autores da *Asiatisches Magazin* em negrito: **Friedrich Majer** e **Julius Klaproth**.

| VII. | Beschreibung einer Indischen Jagd | Descrição da caça indiana | 169-174 |
| VIII. | Beschreibung des Weges von der Hauptstadt Aegyptens nach Damas | Descrição do caminho da capital egípcia para Damasco | 174-179 |

Terceira parte do primeiro volume — 1802

Artigos	Tradução e explicações	Páginas
I. Ueber die Sicks in Hindostan	Sobre os sicks no Hindustão (região peninsular da Ásia, atual Índia)	181-200
II. Eroberung von China durch die Man-tscheu im Jahre 1644 — Julius Klaproth	Conquista da China por Man-tscheu no ano de 1644	200-220
III. Die Verkorperungen des Wischnu — Friedrich Majer	As encarnações (avatares) de Viṣṇu (Viṣṇu como tartaruga/*Kurma*)	221-244
IV. Ueber die vor kurzen entdeckten babylonischen Inschriften, von Jos. Hager	Sobre as inscrições babilônicas recentemente encontradas, por Jos. Hager	245-256
V. Ueber Staatskalender und Zeitungen in Asien	Sobre anuários e jornais na Ásia	257-266

Quarta parte do primeiro volume — 1802

Artigos	Tradução e explicações	Páginas
I. Mher-ul-nissa, oder die Sonne der Frauen — Friedrich Majer	Mher-ul-nissa, ou o Sol das Mulheres	269-291
II. Ueber die vor kurzen entdeckten Babylonischen Inschriften. Erster Abschnitt	Sobre as inscrições babilônicas recentemente encontradas. Primeira seção	292-317
III. Ueber Bisnagar und Narsinga, von M. Sprengel	Sobre Bisnagar e Narsinga, de M. Sprengel (Bisnagar e Narsinga são regiões geográficas da Índia. Bisnagar fica a centro-oeste da península indiana, e Narsinga fica na região leste na Índia atual)	318-327
IV. Eroberung von China durch die Man-tscheu im Jahre 1644	Conquista da China por Man-tscheu no ano de 1644	328-342
V. Notizen über China	Notas sobre a China	342-346
VI. Ahmed Shah Durani's Feldzüge in Hindostan	Campanhas de Ahmed Shah Durani no Hindustão	347-363

Quinta parte do primeiro volume — 1802

Artigos	Tradução e explicações	Páginas
I. Kurze Nachricht von dem Marhatten-Staate. Escrito persa	Curta notícia do Estado Marhatten. Escrito persa (Marhatten = Bombaim ou Mumbai, Marata)	367-395
II. Die Verkörperungen des Vischnu — Friedrich Majer	As encarnações (avatares) de Viṣṇu (Viṣṇu como anão, Vamana, p. 395)	395-405
III. Der Bhaguat-Geeta, oder Gespräche zwischen Kreeshna und Arjoon, Vorerinnerung ... — Friedrich Majer	A Bhagavad Gītā, ou diálogo entre Kṛṣṇa e Arjuna, prefácio da versão inglesa, do 1º ao 3º diálogo	406-453

Sexta parte do primeiro volume — 1802

Artigos	Tradução e explicações	Páginas
I. Yu-Chou, der erste Teil des Chou-King	Yo-Chou, a primeira parte do Chou-King	455-477
II. Ueber die vor kurzen entdeckten Babylonischen Inschriften. Drietter Abschnitt	Sobre as inscrições babilônicas recentemente encontradas. Terceira seção	478-546
III. Kalmückische Lieder — Friedriech Majer	Canções Kalmückische [do povo calmuque]	547-554

Volume 2

Primeira parte do segundo volume — 1811

Artigos	Tradução e explicações	Páginas
I. Ueber die bisher geglaubte gemeinschaftliche Quelle der Flüsse Nerbudda und Soane, von Sprengel	Sobre o que se acreditava anteriormente nas comunidades dos rios Nerbudda e Soane, de Sprengel	3-10
II. Die Verkärperungen des Wischnu. Rama oder Shrirdma — Friedrich Majer	As encarnações (avatares) de Viṣṇu. Rama ou Shrirdma (Viṣṇu como arqueiro/Rama, p. 11)	11-70
III. Zwey Erzählungen	Duas histórias	71-75
IV. Ueber religiöse Ceremonien der Chineser	Sobre cerimônias religiosas chinesas	76-78
V. Bemerkung über die Chinesische Sprache	Observações sobre a língua chinesa	79-82
VI. Auszüge aus einem Türkischen Manuscripte	Trechos de um manuscrito turco	83-86

Segunda parte do segundo volume — 1811		
Artigos	Tradução e explicações	Páginas
I. Abhandlung über die alte Literatur der Chinesen — Julius Klaproth	Tratado sobre a literatura chinesa antiga	89-104
II. Der *Bhaguat-Geeta*, oder Gespräche zwischen Kreeshna und Arjoon. Viertes Gespräch ... — Friedrich Majer	O *Bhagavad Gītā*, ou diálogo entre Kṛṣṇa e Arjuna, do 4º ao 8º diálogo	105-135
III. Eroberung von China durch die Man-tscheu im Jahre 1644	Conquista da China por Man-tscheu no ano de 1644	137-144
IV. Beschreibung der Alterthümer des Gebirges Bi-futun — Julius Klaproth	Descrição das antiguidades na Montanha Bi-futun	145-155
V. Abel und Kain. Nach der Tradition der alten Rabbinen und der Musulmanen — Friedrich Majer	Abel e Caim, segundo a tradição dos antigos rabinos e dos mulçumanos	156-160
VI. Die Flucht und Ermordung Jezdegerd's	A fuga e assassinato de Jezdegerd	161-164
VII. Bermerkungen über einen alten Gebrauch der Juden und Griechen	Observações sobre um uso antigo dos judeus e gregos	165-172
VIII. Asiatische Lieder	Canções asiáticas	173-174
Terceira parte do segundo volume — 1811		
Artigos	Tradução e explicações	Páginas
I. Beschreibung der Alterthümer des Gebirges Bi-sutun	Descrição das antiguidades na Montanha Bi-sutun	177-191
II. Ueber die alte Literatur der Chinesen — Julius Klaproth	Sobre a literatura chinesa antiga	192-211
III. Hariri Versammlungen. Ein Arabischen Roman	Encontros Hariri. Um romance árabe	212-223
IV. Ueber die Magie bey den Chinesen	Sobre a magia dos chineses	224-228
V. Der *Bhaguat-Geeta* oder Gespräche zwischen Kreeshna und Arjoon, Neuntes Gespräch — Friedrich Majer	A *Bhagavad Gītā*, ou diálogo entre Kṛṣṇa e Arjuna, do 9º ao 10º diálogo	229-255

VI.	Ueber den Borax in China	Sobre o Boráx na China (Boráx = Borato de Sódio, um mineral alcalino derivado da mistura de um sal hidratado e ácido bórico)	256-261
VII.	Ode aus dem Persishen des Hafiz	Ode dos persas de Hafiz	262-264
VIII.	Moha Mudgava aus dem Indischen	Moha Mudgava da Índia	265-268
IX.	Persische Gedichte	Poemas Persas	268-271

Quarta parte do segundo volume — 1811		
Artigos	Tradução e explicações	Páginas
I. Der *Bhaguat-Geeta* oder Gespräche zwischen Kreeshna und Arjoon — Friedrich Majer	A *Bhagavad Gītā*, ou diálogo entre Kṛṣṇa e *Arjuna*, do 11º ao 13º diálogo	273-293
II. Gita-govinda ein Indisches Singspiel von Jajadeva — Friedrich Majer	Gita-govinda, uma canção indiana de Jajadeva	294-375

Quinta parte do segundo volume — 1811		
Artigos	Tradução e explicações	Páginas
I. Timurs Feldzug nach Hindostan	A campanha de Timurs no Hindustão	377-453
II. Der *Bhaguat-Geeta* oder Gespräche zwischen Kreeshna und Arjoon — Friedrich Majer	A *Bhagavad Gītā*, ou diálogo entre Kṛṣṇa e *Arjuna*, do 14º ao 17º diálogo	455-471

Sexta parte do segundo volume — 1811		
Artigos	Tradução e explicações	Páginas
I. Ueber das Monument de Yu	Sobre o monumento Yu	473-476
II. Der *Bhaguat-Geeta* oder Gespräche zwischen Kreeshna und Arjoon, Achtzehntes Gespräch — Friedrich Majer	A *Bhagavad Gītā*, ou diálogo entre Kṛṣṇa e *Arjuna*, 18º diálogo	477-490
III. Ueber die alte Literatur der Chinesen — Julius Klaproth	Sobre a literatura chinesa antiga	491-557

Uma primeira observação que podemos tirar dessa lista diz respeito aos quatro artigos escritos por Friedrich Majer sobre seis das dez encarnações de *Viṣṇu*. Neles foram retratados *Viṣṇu* como sendo o peixe (*Matsya*), a tartaruga

(*Kurma*), o javali (*Varāha*), o homem-leão (*Narasimha*), o anão (*Vamana*) e, por fim, o arqueiro (*Rama*)[16].

Eis os artigos de Mayer sobre os avatares de *Viṣṇu*:

Volume 1		
Artigos	Tradução e explicações	Páginas
IX. Die Verkörperungen des Wischnu — Friedrich Majer	As encarnações (avatares) de *Viṣṇu* (Introdução, *Viṣṇu* como peixe/*Matsya*, p. 123, *Viṣṇu* como javali/*Varāha*, p. 129, *Viṣṇu* como homem-leão/*Narasimha*, p. 133)	116-138
VI. Die Verkorperungen des Wischnu — Friedrich Majer	As encarnações (avatares) de *Viṣṇu* (*Viṣṇu* como tartaruga/*Kurma*)	221-244
IV. Die Verkörperungen des Vischnu — Friedrich Majer	As encarnações (avatares) de *Viṣṇu* (*Viṣṇu* como anão/*Vamana*, p. 395)	395-405

Volume 2		
Artigos	Tradução e explicações	Páginas
IX. Die Verkärperungen des Wischnu. Rama oder Shrirdma — Friedrich Majer	As encarnações (avatares) de *Viṣṇu*. *Rama* ou *Shrirdma* (*Viṣṇu* como arqueiro/*Rama*, p. 11)	11-70

De acordo com Friedrich Majer, o primeiro avatar de *Viṣṇu* é o peixe — *Matsya* (*Wischnu Fisch*)[17]. Sua história se passa no início do tempo e do espaço, momento da criação do mundo material. No texto escrito na *Asiatisches Magazin*, *Viṣṇu* enganou *Asura*, certo tipo de demônio, ao resgatar do fundo do oceano os quatro livros que compõem os *Vedas*. Sem eles, *Brahmā*, deus criador da *Trimūrti*, não conseguiria conceber os seres do mundo; por isso, *Viṣṇu* se transformou em peixe e salvou o destino de todos.

No avatar da tartaruga — *Kurma* (*Wischnu Schildkröte*), segundo avatar de *Viṣṇu*, é narrada novamente uma história na qual *Viṣṇu* salvou o destino de to-

---

[16] Nesta lista faltam quatro avatares de *Viṣṇu*: o homem com o machado (*Parashurama*), *Kṛṣṇa* (*Críxera*), o iluminado (*Buddha*) e o espadachim montado a cavalo que ainda está por vir (*Kalki*). Para o hinduísmo, Sidarta Gautama é um dos avatares/encarnações de *Viṣṇu*, e para o budismo, Sidarta Gautama é um ser humano sem característica divina que foi o primeiro dos vinte e quatro *Buddhas* existentes.

[17] Cito entre parênteses as grafias utilizadas por Majer em seus textos.

dos os seres. *Kurma* possui aspecto humano na parte superior de seu corpo, contendo quatro braços, onde cada mão segura um de seus atributos divinos: concha, disco de energia, flor de lótus e cajado. Na parte inferior, *Kurma* se assemelha a uma tartaruga. Seu surgimento deu origem ao "batimento" dos mares, que estavam paralisados por conta de ações de seres demoníacos. Na história narrada deste avatar há algumas citações de *Kurma*, a tartaruga (*Schildkröte*), sustentando elefantes (*Elephant*), que, por sua vez, sustentam a terra[18]. Essa ideia está de acordo com a compreensão de *Viṣṇu* como o deus da *Trimūrti* responsável pela conservação e manutenção do mundo. Coincidência interessante foi encontrar nos *Manuscritos* schopenhauerianos, do ano de 1814, uma instigante pergunta feita por Schopenhauer que talvez tenha tido como fonte a narrativa de Majer. Schopenhauer refletia sobre a relação que existe entre as representações e o sujeito do conhecimento. Toda representação é a representação de um sujeito, e, neste contexto de relação causal, ele escreveu a questão: "É como deixar a terra ser carregada por Atlas, Atlas por um elefante, o elefante por uma tartaruga, e a tartaruga por nada?"[19] Toda representação precisa, necessariamente, de um ponto de apoio. Não existe mundo sem quem o sustente (tartaruga e elefante), assim como não existe representação sem o sujeito do conhecimento que torna tal mundo possível.

No terceiro avatar, javali — *Varāha* (*Wischnu Eber*), *Viṣṇu* mergulhou novamente no oceano para trazer a terra para a superfície. Desse modo, *Viṣṇu* preparou a terra para a vida, modelou as montanhas, as ilhas, os continentes etc. No avatar homem-leão — *Narasimha* (*Wischnu Menschlöwe*), *Viṣṇu* representou a força e o poder da casta dos brâmanes, pois alguns de seus membros haviam sido mortos injustamente pelos xátrias, casta dos guerreiros. *Viṣṇu* impôs a ordem social diante daqueles que não a aceitavam. Nota-se como o hinduísmo criou histórias que constroem uma hierarquia entre os seres humanos por intermédio de suas castas. Na encarnação do Anão-*Vamana* (*Wamen*), primeiro avatar de *Viṣṇu* em que ele se apresenta como um homem, ele é um anão-guerreiro, destinado a restaurar a ordem e a paz entre os seres humanos.

A última encarnação de *Viṣṇu* apresentada na *Asiatisches Magazin* retrata-o como arqueiro — *Rama* (*Wischnu Rama* ou *Shrirdma*). Este é o ideal de todos os seres humanos. O arqueiro é dotado de virtudes perfeitas, sábio, amigo, fiel, amante, tudo aquilo que há de melhor no mundo reside neste avatar arqueiro. Com essa encarnação de *Viṣṇu*, o hinduísmo apresentado por Majer mostra as características do ser que aceitou a realidade natural do universo (*dharma*) e, dessa forma, encontrou-se apto à libertação do ciclo de *saṃsāra*, fluxo incessante de renascimentos nos mundos. Tal ideia hindu encontra aproximação com a negação da Vontade em Schopenhauer. O ciclo de sofrimento (*saṃsāra*),

---

[18] *Asiatisches Magazin*, vol. 1, 235-236; vol. 2, 250.
[19] MR I, 104, n. 171 (HN I, 96).

que é a marca do mundo, só é superado a partir da negação do mundo, ao aceitar as leis da Vontade que regem toda a realidade do universo (*dharma*).

Nesses quatro artigos escritos por Majer, menciona-se uma das ideias indianas mais importantes para Schopenhauer, a *Trimūrti* hindu (*Brahmā, Viṣṇu* e *Śiva*) e seus atributos (criação, conservação e destruição — *Schöpfer, Erhalter und Zerstörer*)[20]. Na introdução das encarnações de *Viṣṇu*, Friedrich Majer retratou tais divindades enquanto forças responsáveis por organizar e gerir o mundo. A *Trimūrti* pode ser pensada a partir dos atributos da Vontade de vida schopenhaueriana: *Brahmā* como criação e reprodução, *Viṣṇu* como instinto de sobrevivência e permanência, e, por fim, *Śiva* como morte e destruição. Essa interpretação da *Trimūrti* encontra aproximação e afastamento com aquilo que está presente nos *Manuscritos*. Isso porque Schopenhauer escreveu, ainda no ano de 1814[21], algumas passagens que enalteciam *Śiva* como o deus mais importante da *Trimūrti*. Ao mesmo tempo em que *Śiva* destrói, ele também cria pelo seu poder de reprodução simbolizado no *phallus* ou *liṅgaṃ*. Nesse sentido, nos primeiros registros de Schopenhauer sobre a *Trimūrti*, o valor reside em *Śiva* e não na tríade que compõe a *Trimūrti*. Essa definição de Majer sobre a *Trimūrti* presente na *Asiatisches Magazin* só foi aparecer nos apontamentos schopenhauerianos no ano de 1816, momento em que cada um (*Brahmā, Viṣṇu* e *Śiva*) foi equiparado a uma característica da Vontade de vida. Schopenhauer escreveu nos *Manuscritos* que "neste suicídio (*Śiva*) aparece a Vontade de vida, bem como no confortável sentimento de autopreservação (*Viṣṇu*) ou mesmo no intenso prazer da procriação (*Brahmā*). Este é o significado interno da unidade do *Trimūrti*"[22]. Em 1818, de modo muito semelhante, a mesma ideia se fez presente n'*O mundo*: "A Vontade de vida aparece tanto na morte autoimposta (*Śiva*), quanto no prazer da conservação pessoal (*Viṣṇu*) e na volúpia da procriação (*Brahmā*). Essa é a significação íntima da UNIDADE DA TRIMÚRTI, que cada homem é por inteiro, embora no tempo seja destacada ora uma, ora outra de suas três cabeças"[23].

Outra observação que podemos salientar nessa lista de 62 artigos da *Asiatisches Magazin* refere-se aos seis artigos escritos também por Friedrich Majer de uma tradução da famosa obra *Bhagavad Gītā* (Canção de Deus), que faz parte do *Mahābhārata*[24].

---

[20] *Asiatisches Magazin*, vol. 1, 120 e 121; vol. 2, 330.
[21] MR I, 181, n. 273 (HN I, 166).
[22] Ibidem, 449, n. 603 (HN I, 405).
[23] M I, 504 (SW II, 472).
[24] Cito aqui a explicação de Mircea Eliade e de Ioan P. Couliano presnte no *Dicionário das religiões* (São Paulo: Martins Fontes, 1999): O *Mahābhārata* ou "O grande (combate) dos Bhāratas" (descendentes de Bhārata, o ancestral dos príncipes do norte da Índia) é um poema épico de cem mil *slokas* (estrofes de dois ou quatro versos), oito vezes mais longo que a *Ilíada* e a *Odisseia* reunidas. Conta o terrível combate travado entre os cinco irmãos Pāṇḍavas e seus primos, os cem Kauravas, pelo reino de Bhārata. Kṛṣṇa, avatar do deus Viṣṇu, toma o partido dos Pāṇḍavas e dá a um deles, *Arjuna*, uma lição filosófica considerada um dos textos religiosos mais importantes da humanidade: "O Canto do Bem-aven-

Eis os artigos de Mayer referentes à tradução da *Bhagavad Gītā*:

Volume 1		
Artigos	Tradução e explicações	Páginas
V. Der *Bhaguat-Geeta*, oder Gespräche zwischen Kreeshna und Arjoon, Vorerinnerung ... — Friedrich Majer	A *Bhagavad Gītā*, ou diálogo entre Kṛṣṇa e *Arjuna*, prefácio, prefácio da versão inglesa, carta escrita por Warren Hastings presente na tradução de Charles Wilkins, do 1º ao 3º diálogo	406-453

Volume 2		
Artigos	Tradução e explicações	Páginas
IV. Der *Bhaguat-Geeta*, oder Gespräche zwischen Kreeshna und Arjoon, Viertes Gespräch ... — Friedrich Majer	A *Bhagavad Gītā*, ou diálogo entre Kṛṣṇa e *Arjuna*, do 4º ao 8º diálogo	105-135
X. Der *Bhaguat-Geeta*, oder Gespräche zwischen Kreeshna und Arjoon, Neuntes Gespräch — Friedrich Majer	A *Bhagavad Gītā*, ou diálogo entre Kṛṣṇa e *Arjuna*, do 9º ao 10º diálogo	229-255
III. Der *Bhaguat-Geeta*, oder Gespräche zwischen Kreeshna und Arjoon — Friedrich Majer	A *Bhagavad Gītā*, ou diálogo entre Kṛṣṇa e *Arjuna*, do 11º ao 13º diálogo	273-293
III. Der *Bhaguat-Geeta*, oder Gespräche zwischen Kreeshna und Arjoon — Friedrich Majer	A *Bhagavad Gītā*, ou diálogo entre Kṛṣṇa e *Arjuna*, do 14º ao 17º diálogo	455-471
IV. Der *Bhaguat-Geeta*, oder Gespräche zwischen Kreeshna und Arjoon, Achtzehntes Gespräch — Friedrich Majer	A *Bhagavad Gītā*, ou diálogo entre Kṛṣṇa e *Arjuna*, 18º diálogo	477-490

turado", *Bhagavad Gītā*, poema do século II d.C., inserido na estrutura do *Mahābhārata* (VI 25-42). O Hamlet indiano, *Arjuna* não quer travar combate contra membros de sua família. Para vencer sua resistência, Kṛṣṇa apresenta-lhe os três ramos da yoga: a yoga da ação (*karma-yoga*), a yoga da gnose (*jñānayoga*) e a yoga da devoção (*bhakti-yoga*). A via do *karma-yoga*, ou seja, da ação desinteressada que não pressupõe mais a solidão e a renúncia (*sannyāsa*), impressionou o Ocidente habituado ao ascetismo intramundano protestante, mais especialmente o calvinismo.

Assim como Schopenhauer, Friedrich Majer não lia em sânscrito. Por isso fez a tradução completa da *Bhagavad Gītā*, com seus dezoito capítulos e setecentos versos, a partir de uma versão escrita em inglês de 1785, realizada por Charles Wilkins[25]. Majer também foi o responsável pelas notas e pelo prefácio sobre o texto. Nesse prefácio, Majer informa aos leitores interessados que encontrarão uma "maravilhosa conexão" entre a sabedoria oriental elaborada em forma de contos e especulações abstratas com a filosofia de Platão, Espinosa ou Jacob Böhme[26]. A forma entusiasmada com que Majer narra a importância da descoberta da filosofia indiana encontra lugar no imaginário daquilo que se entende como "renascimento oriental". Schopenhauer se deixou influenciar por este tipo de interpretação eufórica, como se a sabedoria indiana possuísse a essência do pensamento de diversos filósofos ocidentais. Não é em vão que comentários semelhantes ao de Majer também se encontram presentes nos textos de Schopenhauer.

A tradução de Majer da *Bhagavad Gītā* retrata os dezoito diálogos entre Kṛṣṇa (*Krishna*), o oitavo avatar de Viṣṇu, e *Arjuna*, um dos heróis do *Mahābhārata*. *Arjuna* recebeu a ajuda de Kṛṣṇa para lutar não só contra os usurpadores de seu reino, mas, principalmente, contra todos os valores vãos que se relacionam com a materialidade.

A partir dessa tradução de Majer, Urs App (2006B) defende a tese de que

> o encontro inicial de Schopenhauer com o pensamento indiano não ocorreu, como quase na maioria das pesquisas anteriores, com o *Oupnek'hat*, mas sim com a tradução de Majer sobre a *Bhagavad Gītā*. Podemos afirmar ainda que o texto de Majer abordou uma série de temas que já eram, ou logo se tornariam, crucialmente importantes para a gênese da metafísica da Vontade de Schopenhauer (APP, 2006B, 76).

App sustenta essa tese a partir de notas escritas em quatro páginas encontradas no *Arquivo de Schopenhauer* (apud APP, 2006B, 59)[27]. Para o pesquisador suíço, Hübscher se equivocou ao datá-las de 1816, por não ter entendido a caligrafia de Schopenhauer. App constatou que logo no início dessas notas havia um relato, datado de 29 de julho de 1813, de alguém que morreu de fome por praticar jejum, escrito no Jornal de Nuremberg. Depois dessa nota inicial que contextualiza o escrito de Schopenhauer em um determinado tempo, App dá destaque à nota 3, que possivelmente foi produzida durante o período de empréstimo da *Asiatisches Magazin* (dezembro de 1813 — março de 1814). Nessa nota Schopenhauer citou diretamente como fonte a obra editada

---

25 Charles Wilkins (1749-1836) foi um indólogo inglês membro-fundador da *The Asiatic Society*. Foi o responsável pela primeira tradução da *Bhagavad Gītā* no Ocidente.
26 *Asiatisches Magazin*, vol. 1, 406 e 407.
27 *Schopenhauer Archiv*, caixa XXVIII, 91-94.

por Julius Klaproth: *"Aus dem Asiatischen Magazin. Theil II p. 287 Baguat-Geeta. Dialog 13"*. São dois os fragmentos históricos nos quais App pauta sua pesquisa. Eis o primeiro:

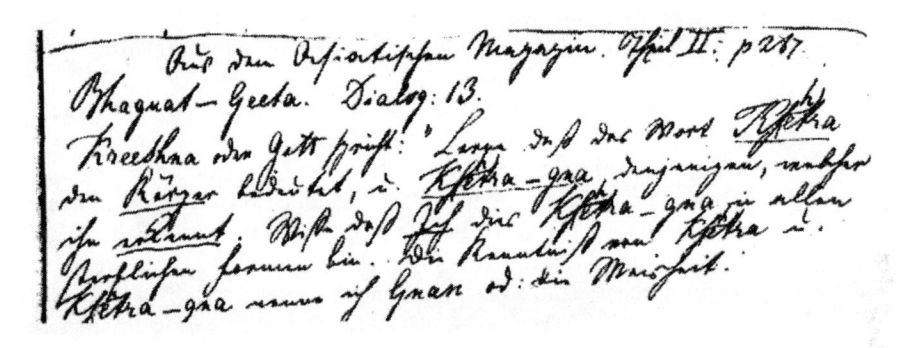

Figura 2. Arquivo de Schopenhauer, caixa XXVIII, nota 3
(apud APP, 2006B, 69).

Da *Asiatisches Magazin*. Volume II, 287, Baguat-Geeta. Diálogo 13.

Krishna ou deus diz: aprenda que a palavra Kshetra significa *corpo*, e Kshetra-gna, aqueles que o *conhecem*. Note que Eu sou esse Kshetra-gna em todas as formas mortais. O conhecimento de Kshetra e Kshetra-gna eu denomino Gnan ou a sabedoria[28].

Kṛṣṇa ensina a *Arjuna* que por intermédio do corpo (*Körper*) a verdadeira sabedoria (*Weisheit*) pode ser encontrada. Nota-se a gênese da fundamental ideia schopenhaueriana para decifrar o enigma do mundo: o corpo. Por intermédio do corpo, do conhecimento do meu corpo, do autoconhecimento (*selbsterkennt*) ensinado por Kṛṣṇa a *Arjuna*, é que se pode atingir a essência do mundo, a Vontade. "O corpo (homem corporal) não é nada mais do que a Vontade que se tornou objeto visível"[29]. Vale notar as palavras grifadas por Schopenhauer no fragmento dessa nota: *Kshetra, Körper, Kshetra-gna* e *erkennt*. Isso ocorreu em razão do conhecimento do corpo se fazer necessário para atingir a sabedoria, entendida por Schopenhauer como a constatação da Vontade agindo em nós mesmos. Essa sabedoria retira os homens da ilusão do mundo fenomênico, como o próprio Schopenhauer constata em uma passagem dos *Manuscritos* em 1816: "Kṛṣṇa coloca *Arjuna*, antes de tudo, nesta po-

---

[28] Tradução realizada pelo autor do presente trabalho (grifos de Schopenhauer). Versão alemã: Kreeshna oder Gott spricht: "Lerne daß das Wort <u>Kshetra</u> den <u>Körper</u> bedeutet, u. <u>Kshetra-gna</u> denjenigen, welcher ihn <u>erkennt</u>. Wisse daß Ich dies Kshetra-gna in allen sterblichen Formen bin. Die Kenntniß von Kshetra u. Kshetra-gna nenne ich Gan oder die Weisheit".

[29] MR I, 115, n. 191 (HN I, 108).

sição quando o último quer ceder"³⁰. A posição a que Schopenhauer se refere é o momento presente. Apenas ele existe, pautado na percepção do próprio corpo. Nessa lógica, o infinito passado e o infinito futuro não se constituem de fato, são apenas representações abstratas daqueles que ainda estão mergulhados na ilusão, envoltos pelo véu de *Māyā*³¹.

Dois anos depois, em 1818, n'*O mundo*, Schopenhauer escreveu:

> Por conseguinte, teria tão pouco temor da morte quanto o sol tem da noite. Na *Bhagavad Gītā*, Krishna (*Kṛṣṇa*) coloca seu noviço, *Arjuna*, nesse ponto de vista, quando este, cheio de desgosto (parecido com Xerxes) pela visão dos exércitos prontos para o combate, perde a coragem e quer evitar a luta, a fim de evitar o sucumbir de tantos milhares. É quando Krishna (*Kṛṣṇa*) o conduz a esse ponto de vista, e, assim, a morte daqueles milhares não o pode mais deter: dá então o sinal para a batalha³².

O medo da morte se apresenta como medo da perda do corpo, da individualidade. No entanto, para além da mera materialidade transitória, o corpo é, para Schopenhauer, manifestação da Vontade restrita em um fenômeno. Por essa perspectiva, a morte de milhares em uma batalha não muda a essência de toda a materialidade que a compõe. *Natura non contristatur*³³ ("a natureza não se entristece"). Se tudo for *Brahman*, ou utilizando a filosofia de Schopenhauer, se tudo for Vontade, inclusive os corpos dos diversos seres humanos que habitam este mundo, o fim dos mesmos não representa o fim da Vontade ou de *Brahman*, pois esses permanecem inalterados.

Por essa razão, Urs App destaca a *Asiatisches Magazin*, mais precisamente a *Bhagavad Gītā* traduzida por Majer, não apenas como a primeira fonte a que Schopenhauer teve acesso da Índia, mas também como uma das fontes de origem oriental que, possivelmente, mais contribuíram na formação de seu pensamento.

Compondo e finalizando as notas encontradas por App, segue o segundo fragmento:

> Ele, que realiza todas suas ações interpretadas por Prakriti, <u>natureza</u>, percebe simultaneamente que *Ātman* ou a <u>alma</u> não está ativa nelas. Se ele olha como todas as diferentes espécies de seres da natureza são compostas de uma única essência [da qual são espalhadas para fora e dispersas em suas inúmeras variedades], então ele reconhece *Brahma*, o ser supremo. Este espírito elevado, esta natureza imutável não age, mesmo

---

30   Ibidem, 452, n. 608 (HN I, 408 e 409).
31   Schopenhauer cita o véu de *Māyā* nessa passagem dos *Manuscritos*; logo após, ele ilustra a necessidade de viver o presente com os ensinamentos de *Kṛṣṇa* a *Arjuna*, com a história de Xerxes e com uma poesia de Prometeu escrita por Goethe.
32   M I, § 54, 368 e 369 (SW II, 335).
33   Ibidem, § 54, 360 (SW II, 326).

quando ela está no corpo, devido à sua natureza não ter nem começo, nem propriedades. Assim como Akas ou éter, em virtude da liberdade que constitui suas partes, onde cada um permeia sem ser movido: então o espírito onipresente permanece no corpo sem ser movido. Assim como um único Sol ilumina o mundo inteiro, esta alma do mundo ilumina todos os corpos. Aqueles que percebem através dos olhos da sabedoria que corpo e espírito são distintos desta maneira e aquilo que existe para o homem é uma separação definitiva da natureza animal, eles se unirão ao mais alto ser[34].

Neste fragmento, uma das ideias que surge em suas linhas se refere ao conhecimento de *Brahman*[35], essência do mundo fenomênico, que se faz e se diferencia da matéria, natureza objetiva (*Prakriti*), entendida como ilusória. Apenas aqueles que percebem tal distinção notam, também, que não existe mutabilidade dessa essência, entendida como um ser supremo, absoluto e onipresente. O corpo pode se alterar, mas como sendo Prakriti, ilusão. Na verdade, o corpo não se altera, nada muda, vida e morte são iguais, tudo permanece como *Brahman*. Por intermédio de uma busca desinteressada e necessária, alguns atingem a sabedoria para que perceba o seu *Ātman* separado de sua natureza animal. Apenas assim essa consciência humana elevada consegue se unir à essência última de todos os seres.

Muitos anos separam esse fragmento escrito pelo jovem Schopenhauer de outro trecho escrito na maturidade para os *Suplementos* ao livro quarto d'*O mundo*, de 1859:

> Decerto não conhecemos nenhum jogo de dados mais importante do que aquele em que a vida e a morte são os adversários: aguardamos

---

[34] Tradução feita a partir do original alemão e da tradução inglesa presente em App (2006B), 74 e 75 (grifos de Schopenhauer). Eis a versão alemã: "Derjenige welcher alle seine Handlungen durch Prakreetee, die Natur, vollzogen sieht, nimmt zugleich wahr, daß Atma order die Seele dabey nicht thätig ist. Sieht er wie alle die verschiedenen Gattungen von Naturwesen in einem einzigen Wesen begriffen sind [von dem sie nach außen hin verbreitet und in ihre zahllosen Varietäten ausgestreut sind;] dann erkennt er Brahma, das höchste Wesen. Dieser erhabene Geist, dies unveränderliche Wesen handelt nicht, selbst wenn es in dem Körper ist, weil seine Natur weder Anfang noch Eigenschaften hat. So wie Akas oder der Aether, durch die Freiheit seiner Theile, allenthalben hindringt, ohne bewegt zu werden: so bleibt der allenthalben gegenwärtige Geist im Körper, ohne bewegt zu werden. So wie eine einzige Sonne die ganze Welt erleuchter so erhellt diese Weltseele alle Körper. Diejenigen welche es mit den Augen der Weisheit wahrnehmen, daß Körper und Geist auf diese Art unterschieden sind, u. daß es für den Menschen eine endliche Trennung von der animalischen Natur giebt, diese gehen in das höchste Wesen über".

[35] Schopenhauer não diferencia *Brahmā* de *Brahman*, o primeiro é uma das divindades que compõem a *Trimūrti*, o segundo, ser superior, absoluto e supremo, se configura como uma realidade transcendente e imanente do mundo material. No fragmento escrito por Schopenhauer, apesar de ser grafado sem o "n" final, é necessário frisar que o filósofo faz menção a *Brahman*, relacionado ao *Ātman*, essência de cada indivíduo.

cada decisão com extrema tensão, participação e temor: pois, aos nossos olhos, ali aposta-se tudo. Ao contrário, A NATUREZA, que nunca mente, mas é aberta e sincera, fala sobre esse tema de modo bastante diferente, a saber, como Kṛṣṇa na *Bhagavad Gītā*. A declaração dela: a morte ou a vida do indivíduo não tem valor. O que a natureza o exprime abandonando a vida de cada animal bem como a de cada ser humano aos acasos mais insignificantes, sem intervir pelo seu salvamento. Considerai o inseto no vosso caminho: uma pequena, inconsciente mudança do vosso passo é decisiva para a vida ou a morte dele. Vede o caracol na floresta, sem nenhum meio para a fuga, a defesa, a dissimulação, para o ocultamento, uma presa pronta para qualquer um. Vede o peixe descuidado jogar-se na rede ainda aberta; o sapo impedido, devido a sua lentidão, da fuga poderia salvá-lo; o pássaro que não divisa o falcão que paira sobre ele; a ovelha que o lobo, na moita, fixamente observa. Todos eles vão, munidos de pouco cuidado, sem suspeita, ao encontro do perigo que os rodeia e naquele momento ameaça a sua existência. Portanto, na medida em que a natureza abandona os seus organismos tão indivisivelmente engenhosos não apenas à voracidade do mais forte mas também ao acaso mais cego, ao humor de cada louco e ao capricho de cada criança, ela exprime que o aniquilamento desses indivíduos lhe é indiferente, não a prejudica, não significa nada, e que, nesses casos, o efeito importa tão pouco quanto a causa[36].

Não sabemos ao certo à qual tradução da *Bhagavad Gītā* Schopenhauer se referia, a de Schlegel[37] ou a de Majer, mas a ideia referente à não mutabilidade da Vontade permanece semelhante entre o jovem e o maduro Schopenhauer.

Uma última observação que deve ser feita referente à lista contendo os sessenta e dois artigos que compõem a *Asiatisches Magazin* reside no artigo intitulado "Sobre a religião Fo na China" (*Ueber die Fo-Religion in China*)[38]. O caractere chinês 佛 (fó) foi o termo foneticamente traduzido do sânscrito para representar *Buddha*. Nesse sentido, esse artigo trata sobre o budismo chinês, ou melhor, é uma versão alemã de um texto do budismo chinês denominado "Os quarenta e dois capítulos do *Sūtra*"[39]. Ele é um dos mais antigos textos do budismo chinês, datado do ano de 65 a.C.[40] De acordo com Stephen Cross (2013),

---

[36] M II, capítulo 41, 567.
[37] Ver o Anexo A, presente no final deste livro. É possível encontrar na biblioteca oriental de Schopenhauer tanto a *Asiatisches Magazin*, que contém a tradução de Majer da *Bhagavad Gītā*, quanto a tradução feita por Schlegel em 1823.
[38] *Asiatisches Magazin*, vol. 1, 149-169.
[39] Cross (2013, 236) explicou que "este *Sūtra* foi o primeiro texto *Mahāyāna* traduzido na Europa. Ele foi inicialmente traduzido para o francês pelo missionário jesuíta Joseph de Guignes e publicado em 1756 como parte de sua obra intitulada *Historie générale des Huns, des Turcs, des Mongols, et des autres tartares accidentaux*. Ele foi traduzido para o alemão por Carl Dähnert, e a primeira publicação foi no ano de 1768".
[40] *Asiatisches Magazin*, vol. 1, 154.

esse artigo presente na *Asiatisches Magazin* é uma versão mais recente do *Sūtra*, feita no século XV, por monges do budismo Ch'an (Zen em japonês) (CROSS, 2013, 38). Acredita-se que esse artigo foi o primeiro texto sobre o budismo com o qual Schopenhauer tenha entrado em contato. Especula-se que o filósofo tenha realizado a sua leitura a partir do seguinte trecho presente n'*O mundo*:

> Como contrapartida indiana vemos nos preceitos de Fo ao *saṁnyāsin* (saniassi), sem habitação e sem nenhuma propriedade, não permanecer com frequência sob a mesma árvore, para assim evitar algum tipo de preferência ou inclinação por ela[41].

O conteúdo desse trecho muito se aproxima do seguinte parágrafo encontrado na *Asiatisches Magazin*:

> Um *saṁnyāsin* (samaneer), que desistiu de tudo, livre das paixões e ligado ao mais elevado ensinamento de Fo; [...] deve remover todos os bens do mundo por si só e reter-se apenas o quanto é necessário para a sobrevivência. Se ele se deita na sombra de uma árvore, ele não pode fazer o mesmo frequentemente, como se tivesse tomado gosto por ela[42].

"Sobre a religião Fo na China" prescreve vários ensinamentos de Fo (*Buddha*) aos *samaneers* (*saṁnyāsins*), que devem se desapegar da vida material para atingir a iluminação. Os *samaneers* são "aqueles que confessam a doutrina de Fo, que provavelmente devem se diferir dos brâmanes, que compõem uma determinada casta da religiosidade indiana"[43]. Em diversas passagens dos *Manuscritos*, assim como, d'*O mundo*, Schopenhauer utilizou os *saṁnyāsins* para ilustrar sua ideia de negação da Vontade. De fato, os *saṁnyāsins* receberam de *Buddha* "a doutrina do esvaziamento e do deserto"[44]. O objetivo de tal doutrina é compreender a verdade, que é possível de atingir ao ser um *saṁnyāsi*. Para isso, é necessário se desapegar de tudo aquilo que é mundano, pois "os bens e os prazeres do mundo são como uma faca que está coberta por mel"[45]. A princípio, só se enxerga a doçura de saciar os desejos, mas, depois, surgem as dores.

Em um ciclo de diversas vidas, os seres humanos buscam se livrar dos sofrimentos. Por isso, "temos nesta terra um corpo, que, após a morte, libera a alma para reviver em outro corpo humano ou de um animal [...] dados como punição ou recompensa"[46]. Para os devotos dos ensinamentos de Fo, "uma

---

41   M I, § 68, 493 (SW II, 460).
42   *Asiatisches Magazin*, vol. 1, 156.
43   Ibidem, 150.
44   Ibidem, 151.
45   Ibidem, 161.
46   Ibidem, 151 e 152.

alma passa por uma grande quantidade de corpos, purificando-se, até chegar a ser um *samaneer*"[47]. Nesse estágio, a alma busca o vazio ou o deserto para negar sua individualidade e atingir o ser supremo, que é "a substância primária de todas as coisas, que possui como características ser invisível, incompreensível, onipotente, boa, justa e compassiva"[48].

Apesar de esse artigo referente aos *Quarenta e dois capítulos do Sūtra* não possuir explicitamente o conceito *nirvāṇa*, encontra-se nele uma ideia similar, pois "a escuridão se dissipa e a iluminação reina em todos os lugares. Disse Fo: 'Minha lei é meditar para se iluminar, sem pensar, sem agir, sem falar, tudo para se iluminar. Quem está neste estado aceitou a minha lei'"[49]. O *nirvāṇa* é o estado daqueles que atingiram a iluminação. Aqueles que conseguiram romper com o ciclo das reencarnações, libertando-se do sofrimento, superando o apego dos sentidos e do mundo material, atingindo a paz interior, a verdade e a essência da vida.

Além de conter duas ideias indianas (*nirvāṇa* e *saṁnyāsi*), esse artigo cita outras duas que estiveram presentes na gênese do pensamento de Schopenhauer. A primeira refere-se ao conceito *liṅgaṃ* ou *phallus*. Fo explica aos *samaneers* sobre a origem material do mundo e, nesse contexto, é citado "o *liṅgaṃ*, da Índia, que é símbolo de poder das primeiras divindades"[50]. Sabe-se que Schopenhauer utilizou tal conceito para ilustrar, a partir de *Śiva*, possuidor do *liṅgaṃ*, a ideia da manifestação da Vontade a partir da criação, conservação e destruição dos seres fenomênicos que compõem o mundo. Na *Asiatisches Magazin*, a divindade *Śiva* é citada inúmeras vezes, mas em nenhuma delas foi citado o seu poder, a partir do *liṅgaṃ*. Nas mais de mil páginas que compõem a *Asiatisches Magazin*, apenas nesse artigo "Sobre a religião de Fo na China" o *liṅgaṃ* é citado enquanto atributo de poder. A segunda ideia se refere à associação do pensamento chinês com a filosofia pitagórica, como se algumas ideias pitagóricas estivessem já contidas nos ensinamentos dos *saṁnyāsins*[51]. Schopenhauer fez associações semelhantes nos *Manuscritos* e n'*O mundo*, mas o filósofo compara, acertadamente, Pitágoras à filosofia chinesa do I-Ching[52] (taoismo e confucionismo), e não aos ensinamentos de Fo (*Buddha*).

---

[47] Ibidem, 152.
[48] Ibidem, 152.
[49] Ibidem, 160.
[50] Ibidem, 153.
[51] Ibidem, 165.
[52] O *I-Ching*, também denominado *Livro das Mutações*, é um dos textos da China mais antigos de que se tem conhecimento. O taoismo e o confucionismo se pautaram nos ensinamentos existentes nessa obra. Baseado na matemática, assim como a filosofia pitagórica, os estudiosos do I-Ching misturavam os ensinamentos algébricos e geométricos a questões da existência do mundo e da vida humana. Por essa razão, Schopenhauer associa essas filosofias (pitagórica e do I-Ching) para explicitar certo tipo de pensamento pautado nos números.

Após essa sucinta análise de alguns artigos que compõem a *Asiatisches Magazin*, é possível concluir que Schopenhauer, ao tomar de empréstimo tal obra na biblioteca Ducal em Weimar, entrou em contato com traduções de textos originais do hinduísmo (*Bhagavad Gītā*) e do budismo (*Os quarenta e dois capítulos do Sūtra*). Esse primeiro contato permitiu que o filósofo tivesse acesso a conceitos indianos que seriam fundamentais no período da gênese de sua filosofia.

2.2. *Mythologie des Indous*

Em março de 1814, na biblioteca de Weimar, quatro dias antes da devolução dos dois volumes da *Asiatisches Magazin*, Schopenhauer tomou de empréstimo outras duas obras sobre a Índia:

Título do livro na biblioteca de Weimar	Data de retirada	Data de devolução
Ouphnekat[53] Auct. Anquetil Dupperon T. I. II.	26/03/1814	18/05/1814
Polier sur la Mythologie des Indous, 2 vol.	26/03/1814	03/06/1814

Fonte: MOCKRAUER, 1928, 4 e 5, e APP, 2006B, 38-40
(Biblioteca de Weimar) e APP, 1998A, 11-33.

Nota-se que os dois volumes que compõem a obra *Mythologie des Indous* foram retirados juntamente com a *Oupnek'hat*, dando a entender que Schopenhauer tenha realizado suas leituras em um mesmo período. É curioso observar que as devoluções ocorreram em momentos distintos. O filósofo ficou dezesseis dias a mais com a obra de Mme. Polier. Aparentemente, isso pouco ou nada nos diz sobre a importância dessa obra francesa na construção da "Índia schopenhaueriana". Entretanto, ao analisar o conteúdo nela presente e compará-lo a *Oupnek'hat*, é possível assegurar uma importante convergência. Este estudo enfatiza as contribuições que Anquetil-Duperron e Mme. Polier podem ter dado na compreensão de Schopenhauer sobre a Índia. Longe de serem leituras antagônicas, muito daquilo que foi encontrado nas páginas da *Mythologie des Indous* também está presente, em maior ou menor grau, na *Oupnek'hat*. Se as *Upaniṣads* são, como assegurou Schopenhauer, fundamentais para compreender a sua filosofia[54], de modo semelhante, para compreender a sabedoria indiana expressa na *Oupnek'hat*, é fundamental compreender o conteúdo presente na obra *Mythologie des Indous*.

---

[53] Respeitamos a forma escrita no cartão da biblioteca de Weimar.
[54] M I, prefácio, 23 (SW II, XII e XIII).

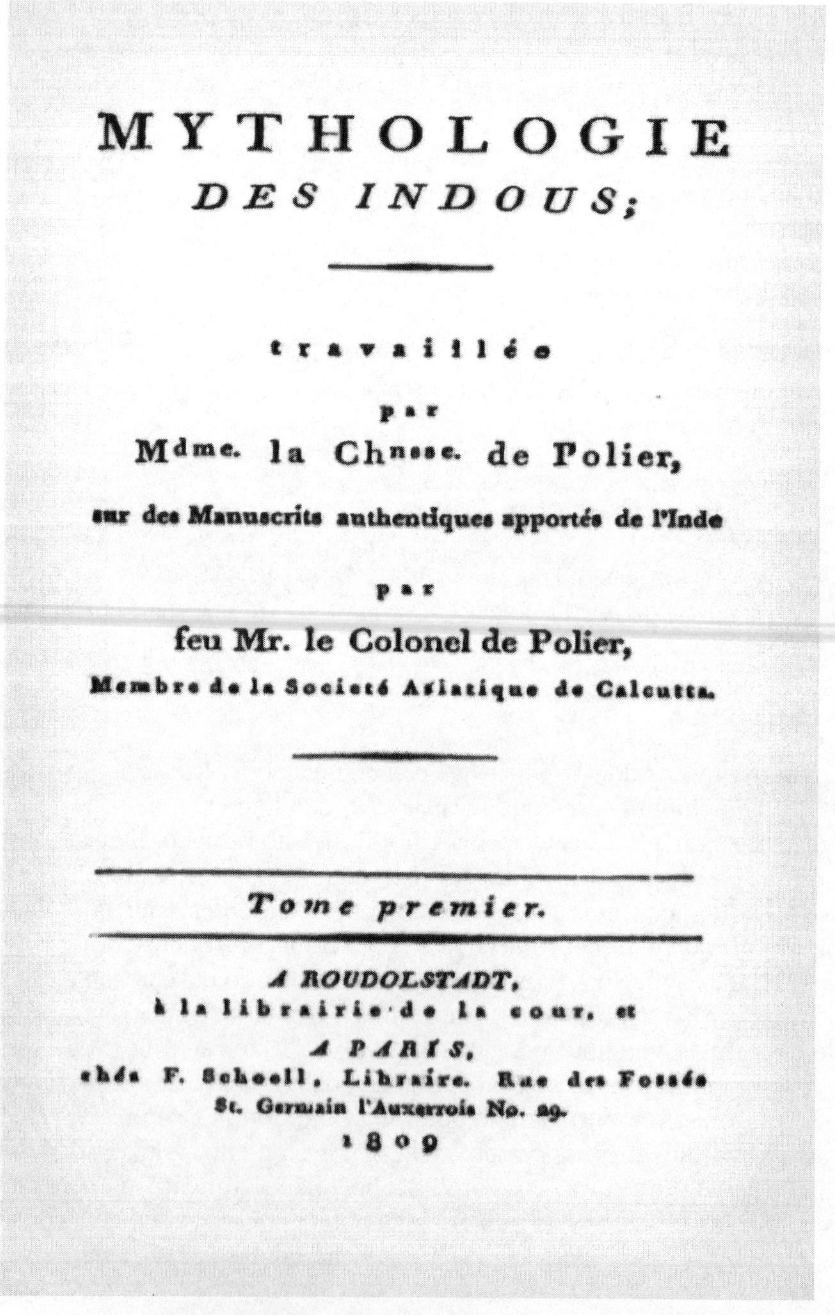

MYTHOLOGIE
DES INDOUS;

travaillée

par

M^{dme}. la Ch^{nsse}. de Polier,

sur des Manuscrits authentiques apportés de l'Inde

par

feu Mr. le Colonel de Polier,

Membre de la Societé Asiatique de Calcutta.

Tome premier.

A ROUDOLSTADT,
à la librairie de la cour, et
A PARIS,
chés F. Schoell, Libraire. Rue des Fossés
St. Germain l'Auxerrois No. 29.
1809

Figura 3. Capa do primeiro volume da *Mythologie des Indous* (1809). Trabalho realizado por Mme. de Polier sobre os manuscritos autênticos trazidos da Índia pelo falecido Monsieur Coronel de Polier, membro d'*A Sociedade Asiática* de Calcutá (*The Asiatic Society*).

Um exemplo se faz necessário para ilustrar o valor da *Mythologie des Indous*. Na *Oupnek'hat*, encontramos as seguintes frases destinadas a *Māyā*:

> Maīa[55] é [...] ilusão[56].
>
> Pura imaginação, fantasia, é simplesmente *Maīa*[57].
>
> Tudo é ilusão, *Maīa*[58].

De modo semelhante, na *Mythologie des Indous* encontram-se os seguintes trechos:

> Maya[59], nuvem que cobre o entendimento dos mortais[60].
>
> Maya ou névoa [...] é, segundo a explicação abstrata e metafísica dos brâmanes, a intervenção dos sentidos sobre as faculdades intelectuais[61].
>
> A divindade (*Brahman*) foi escondida e subtraída do homem por Maya ou a escuridão que se espalha como paixões sobre o entendimento[62].

As interpretações de Mme. Polier e a tradução de Anquetil-Duperron sobre *Māyā* são similares em alguns pontos. A *Oupnek'hat* descreve *Māyā* como "ilusão", uma visão deturpada que gera uma realidade fantasiosa e imaginativa, oriunda dos sentidos alterados ou controlados por terceiros. De modo semelhante, na *Mythologie des Indous*, *Māyā* é uma "névoa", uma visão comprometida, não nítida, que ofusca o entendimento humano por intermédio de enganos gerados nos sentidos e nas paixões. Apesar das distinções, tais interpretações estão longe de serem opostas.

É importante constatar que essas explicações de *Māyā* ecoaram, de alguma forma, nos textos schopenhauerianos redigidos poucos meses ou anos depois. Nos *Manuscritos* está presente a primeira citação de *Māyā*[63], escrita em 1814, no mesmo período do empréstimo dos livros na biblioteca em Weimar. Eis a citação:

> Para compartilhar a paz de deus (ou seja, para o aparecimento da melhor consciência), é necessário que o homem, esse ser frágil, finito e transitório, seja algo bem diferente, que ele se torne consciente de si mesmo

---

55 A palavra *Māyā* teve sua grafia original preservada: *Maīa* — forma encontrada na *Oupnek'hat*.
56 *Oupnek'hat*, 1801, vol. I, 420.
57 Ibidem, 589.
58 Ibidem, 673.
59 Preservamos a grafia encontrada na *Mythologie des Indous*: Maya.
60 *Mythologie des Indous*, vol. 1, 413 e 414.
61 Ibidem, 130 e 131.
62 *Mythologie des Indous*, vol. 2, 581.
63 Não existe nenhum conceito indiano descrito nos *Manuscritos* de Schopenhauer antes desse.

como um ser humano. Pois, na medida em que ele está vivo e é um ser humano, ele está condenado não apenas ao pecado e à morte, mas também à ilusão, e essa ilusão é tão real como a vida, tão real quanto o mundo dos próprios sentidos, na verdade é idêntico a estes (*Māyā* dos indianos — *die Maja der Indier*). Baseia-se em todos os nossos desejos e ânsias, que são novamente apenas a expressão da vida, assim como a vida é apenas a expressão da ilusão. Na medida em que vivemos e somos seres humanos, a ilusão é a verdade; somente em referência à melhor consciência é a ilusão. Se a paz, a quietude e a felicidade forem encontradas, a ilusão deve ser abandonada e, se for abandonada, a vida deve ser abandonada. Este é o passo sério, o problema insolúvel na vida e que deve ser resolvido apenas com a ajuda da morte, que por si só não dissolve a ilusão, mas apenas a sua aparência, ou seja, o corpo; esta é a santificação[64].

A "melhor consciência" percebe a névoa que cobre a realidade, a ilusão que é a vida; por isso encontra a paz e a tranquilidade. Ela constata que o corpo é engano, pura transitoriedade, negando assim, os apelos dos sentidos e das paixões. *Māyā* é perceptível a ela; por isso consegue retirar o véu que encobre seus olhos. Nesse primeiro momento em que Schopenhauer citou o conceito indiano, ele o comparou ao próprio mundo, que é ilusão, ao mundo dos fenômenos (mundo como representação). Nota-se que Schopenhauer citou "*Māyā* dos indianos" e não *Māyā* da *Oupnek'hat*, *Upaniṣad* ou *Vedas*. Não se pode ter certeza de qual fonte sobre a Índia Schopenhauer utilizou para associar *Māyā* à ilusão. Por isso, é possível especular que a *Mythologie des Indous* seja, em parte, responsável pela construção de tal ideia em sua filosofia.

Deixa, porém, de ser especulação quando se analisa uma nota escrita por Schopenhauer n'*O mundo*, mais especificamente no apêndice, "Crítica da filosofia kantiana". Essa nota é prova cabal dessa corresponsabilidade da obra de Mme. Polier na formação da ideia de *Māyā* na filosofia de Schopenhauer:

> Que a assunção de limite do mundo no tempo de maneira alguma é um pensamento necessário da razão, isto pode ser demonstrado até historicamente, visto que os hindus não ensinam uma vez sequer tal coisa, sequer na religião popular, quanto mais nos *Vedas*; mas procuram expressar mitologicamente a infinitude deste mundo que aparece, este tecido sem consistência e insubstancial de Maja (*Māyā*), por meio de uma monstruosa cronologia, destacando ao mesmo tempo, de modo engenhoso, o relativo de todos os períodos de tempo, no seguinte mito (POLIER, *Mythologie des Indous*, v. 2, 585). As quatro idades, na última das quais nós vivemos, compreendem juntas 4.320.000 anos. Cada ida do criador *Brahmā* tem 1.000 de tais períodos das quatro idades, e sua noite, por sua

---

[64] MR I, 113 e 114, n. 189 (HN I, 104 e 105).

vez, tem 1.000 períodos. O ano de Brahma (*Brahmā*) tem 365 dias e igual número de noites. Ele vive, sempre criando, 100 dos seus dias: e, quando morre, de imediato nasce um outro *Brahmā*, e assim de eternidade em eternidade. A mesma relatividade do tempo é expressa também pelo mito especial narrado por Polier (*Werk*, 2) a partir dos Puranas (*Purāṇas*), no qual um Rajah (Radscha), após uma visita de alguns instantes a Wischnu (*Viṣṇu*) no céu, descobre no seu retorno à terra que muitos milhões de anos transcorreram, e um novo período apareceu, porque cada dia de Wischnu (*Viṣṇu*) é igual a 100 retornos dos quatro períodos[65].

No segundo volume da *Mythologie des Indous*, poucas páginas antes à da citada por Schopenhauer para explicar a relatividade do tempo presente no deus *Brahmā* e na cronologia humana, encontra-se uma citação explicita à *Māyā*: "Oculto e subtraído aos homens por *Māyā* ou a escuridão, que pelas paixões encobre o entendimento"[66]. Ora, Schopenhauer citou n'*O mundo* a obra de Mme. Polier, relacionando-a com *Brahmā*, *Māyā* e *Viṣṇu*, que são conceitos indianos presentes no período da gênese de sua filosofia. Isso deixa claro que existe um real valor da *Mythologie des Indous* na construção do pensamento indiano na filosofia de Schopenhauer.

Outro exemplo que pode ser utilizado para elevar esse valor é a primeira vez em que *Māyā* é citada n'*O mundo*, especificamente, no final do terceiro parágrafo, escrito quatro anos depois dos empréstimos da *Oupnek'hat* e da *Mythologie des Indous* na Biblioteca de Ducal, em Weimar. O filósofo escreveu que

> a sabedoria milenar dos indianos diz: "Trata-se de Maja (*Māyā*), o véu da ilusão (*der Schleier des Truges*), que envolve os olhos dos mortais, deixando-lhes ver um mundo do qual não se pode falar o que é nem o que não é, pois se assemelha ao sonho ou ao reflexo do sol sobre a areia tomado à distância pelo andarilho como água, ou ao pedaço de corda no chão que ele toma como uma serpente" [tais comparações são encontradas, repetidas, em inúmeras passagens dos *Vedas* e dos *Purāṇas*][67].

É inegável a semelhança existente entre a frase da *Mythologie des Indous* que descreveu *Māyā* como uma "nuvem que cobre o entendimento dos mortais"[68] e o início desse fragmento d'*O mundo* que concebeu *Māyā* como "o véu da ilusão, que envolve os olhos dos mortais". Tanto em um quanto em outro, o entendimento, capacidade abstrata de representar o mundo, ou os olhos, faculdade sensorial para representar os fenômenos, estão comprometidos por *Māyā*, que teceu seu véu para deturpar a realidade.

---

65 M I, apêndice, 616 e 617 (SW II, 587).
66 *Mythologie des Indous*, vol. 2, 581.
67 M I, § 3, 49 (SW II, 9).
68 *Mythologie des Indous*, vol. 1, 413 e 414.

As fontes apresentadas por Schopenhauer ao leitor nesse trecho d'*O mundo* são os *Vedas* e os *Purāṇas*, e não a *Oupnek'hat* ou a *Mythologie des Indous*. No entanto, vale dizer que o material presente na obra de Mme. Polier são interpretações de diversas obras de origem indiana, a partir dos diálogos entre Coronel Polier e o sikh Ramtchund[69]. Algumas das obras citadas na *Mythologie des Indous* são: os *Vedas*, as *Upaniṣads* (*Oupnek'hat*), o *Mahābhārata* (*Mahabarat*), a *Bhagavad Gītā* (*Geeta*), os *Purāṇas* (*Bhagavat* — *18º Purāṇa*) e o *Rāmāyaṇa* (*Ramayan, Ramein* ou *Ramein-Purby*)[70]. Schopenhauer tinha ciência disso, como ficou evidente na nota já citada, presente no apêndice "Crítica da filosofia kantiana", d'*O mundo*, na qual o filósofo mencionou duas vezes a obra de Polier e dois textos orientais: *Vedas* e *Purāṇas*.

Assim como realizado com a *Asiatisches Magazin*, apresenta-se com fins didáticos e esclarecedores a estrutura[71] que compõe a obra *Mythologie des Indous*:

Volume 1		
Partes	Descrição e comentários	Páginas
Prefácio	Escrito por Mme. Polier, nesta parte ela apresentou: a contextualização da obra *Mythologie des Indous*; a história do M. Coronel de Polier; a apresentação de Ramtchund, que realizou os diálogos com Coronel de Polier (XV e XVI); os *Purāṇas*, que contém o sistema mitológico hindu; a carta escrita por Coronel de Polier a Joseph Banek (XVII-XXIV) descrevendo a autenticidade da obra *Vedas* adquirida por ele; a narrativa de fatos históricos da França, Inglaterra e Índia; a explicação sobre a divisão dos dezoito capítulos que compõem a obra *Mythologie des Indous* a partir das anotações dos diálogos entre o Coronel de Polier e Ramtchund (XLIII-L); o sumário dos oito capítulos que compõem o primeiro volume (LI-LX).	I-LX
Introdução	Escrita por Mme. Polier, nesta parte ela apresentou: a interpretação que tinha sobre a Índia e as anotações encontradas de Coronel de Polier. É importante dizer	1-148

---

69   Sikhismo ou siquismo é uma religião monoteísta fundada no final do século XV pelo Guru Nanak (1469-1539) no noroeste da Índia atual, divisa com Paquistão (DAVIES, 1996, 197).
70   Entre parênteses são as formas grafadas na *Mythologie des Indous*.
71   As traduções dos conceitos de cada capítulo foram feitas por mim. A principal preocupação foi facilitar a compreensão daqueles que desconhecem por completo a *Mythologie des Indous*. Nas traduções e explicações, tentei elucidar algumas palavras que não nos são familiares. É possível encontrar os dois volumes da *Mythologie des Indous* no link já citado anteriormente, mas, aqui, reapresentado: <https://fabiomesquita.wordpress.com/2017/01/12/mythologie-des-indous-1809>.

Introdução (continuação)	que essa introdução apresenta o universo cultural de Mme. Polier, as diversas relações que ela faz entre Ocidente e Oriente, entre Europa e Índia, suas leituras das *Asiatick Researches,* que são citadas inúmeras vezes, assim como a importância de William Jones na construção de seu conhecimento sobre a Índia (10, 11, dentre outras). Mme. Polier explicou: as castas indianas (p. 4); a tradução *Oupnek'hat* publicada por Anquetil-Duperron (12, 106); o confucionismo (p. 15); a religião do Fo-*Buddha* (15-17, 78-79); os *Vedas* (17-18); a mitologia dos hindus (21-38); a *Trimūrti: Brahmā, Viṣṇu* e *Śiva* (32, 145-148); os *Purāṇas,* o *Bhagavat,* o *Rāmāyaṇa* (*Ramayan, Ramein* ou *Ramein-Purby*) e o *Mahābhārata* (*Mahabarat*) (38-51); a metempsicose (p. 51); o *liṅgaṃ* (52 e 56); a história e textos sagrados hindus (80-127); Kant e os *Vedas* (p. 107); os avatares de *Viṣṇu* (123-134); *Bhagavad Gītā* e *Kṛṣṇa* (125-131); *Māyā* (130 e 131). Pode-se dizer que nessa introdução Mme. Polier tentou elaborar uma síntese de todo o material que seria apresentado nos dezoito capítulos seguintes.	1-148
Cap. 1	"Ideias gerais da mitologia dos hindus; base fundamental; um ser supremo, três divindades (*Brahmā, Viṣṇu* e *Śiva*), que se cooperam na criação, conservação e destruição do mundo visível; diversos deuses intermediários, agentes dos quatro primeiros. [...] *Śiva,* suas qualidade e atributos, sua superioridade em relação a *Brahmā* e sua inferioridade em relação a *Viṣṇu*"[72]; *Māyā* (223).	149-228
Cap. 2	"*Viṣṇu,* sua superioridade em relação a seus dois colegas; o *18º Purāṇas* (*Bhagavat*)[73]; diferenças entre as encarnações de *Viṣṇu*"[74].	229-270
Cap. 3	"Continuação sobre as encarnações de *Viṣṇu*"[75] e as histórias do *Rāmāyaṇa.*	271-320

---

72 *Mythologie des Indous,* vol. I, 149 e 150.
73 Conceito presente na *Mythologie des Indous* que ora é utilizado em referência ao ser supremo *Brahman,* ora utilizado em referência aos *Purāṇas.* "O *18º Purāṇas* está entre os livros ensinados nas escolas públicas, intitulado *Bhagavat,* que contém a vida de *Kṛṣṇa,* a principal encarnação de *Viṣṇu* descrito pelos *Vedas,* a regeneração de *Brahma,* que também foi o autor do *Mahābhārata*" (*Mythologie des Indous,* vol. 1, 240). "Um ser supremo não criado, denominado *Brehm, Puratma, Ram* ou *Bhagavat,* nomes diversos, sob os quais as ideias de sua unidade, de sua eternidade, de sua invisibilidade e de sua imaterialidade são todas estabelecidas" (*Mythologie des Indous,* vol. 1, 144).
74 *Mythologie des Indous,* vol. I, 229.
75 Ibidem, 271.

Cap. 4	"Continuação do (Ramein-Parby) Rāmāyaṇa"[76] e outras histórias de encarnações de Viṣṇu.	321-394
Cap. 5	"Oitava encarnação de Viṣṇu, denominado Kṛṣṇa"[77], e suas histórias presentes no Bhagavat (18º Purāṇas) e Mahābhārata.	395-447
Cap. 6	"Continuação da infância de Kṛṣṇa"[78].	448-513
Cap. 7	Continuação das histórias de Kṛṣṇa presentes no Bhagavat (18º Purāṇas) e Mahābhārata[79].	514-565
Cap. 8	Continuação das histórias de Kṛṣṇa presentes no Bhagavat (18º Purāṇas) e Mahābhārata[80].	566-628

Volume 2		
Partes	Descrição e comentários	Páginas
Cap. 9	Continuação das histórias de Kṛṣṇa presentes no Bhagavat (18º Purāṇas) e Mahābhārata[81].	1-73
Cap. 10	Continuação das histórias de Kṛṣṇa presentes no Bhagavat (18º Purāṇas) e Mahābhārata[82].	74-135
Cap. 11	Delegação de poderes divinos a Kṛṣṇa para convencê-lo a voltar a Baikunt. "Conclusão das fábulas sobre os avatares ou encarnações de Viṣṇu. Resumo dos dogmas sobre o ser supremo e as três grandes divindades"[83].	136-182
Cap. 12	"Origem dos deuses, as primeiras criações do mundo visível. [...] Criação dos seres materiais por Brahmā"[84].	183-256
Cap. 13	"Continuação das divindades subalternas, a terra, seus oito jardins, o mar dividido em regiões"[85].	257-336
Cap. 14	"Resumo de dois sistemas principais dos brâmanes sobre os seres intermediários. [...] Culto espiritual: purificações, penitências, mortificações, caridades e sacrifícios"[86].	337-415
Cap. 15	"A origem da alma, de sua natureza, de sua partida após a morte. Sistema da metempsicose"[87].	416-482

---

[76] Ibidem, 321.
[77] Ibidem, 395.
[78] Ibidem, 448.
[79] Ibidem, 514.
[80] Ibidem, 566.
[81] Mythologie des Indous, vol. II, 1.
[82] Ibidem, 74.
[83] Ibidem, 136.
[84] Ibidem, 183.
[85] Ibidem, 257.
[86] Ibidem, 337.
[87] Ibidem, 416.

Cap. 16	"Natureza das diferenças da alma e do corpo, indicações de fábulas a esse respeito"[88]. *Bhagavad Gītā*. Sistemas morais que abordam a humildade, a paciência e a resignação.	483-558
Cap. 17	Continuação dos sistemas morais. *Bhagavad Gītā*[89].	559-640
Cap. 18	Linhas gerais do sistema mitológico que remonta à origem dos hindus, sua constituição religiosa e civil[90].	641-712

A *Mythologie des Indous* possui dezoito capítulos, todos eles constituídos em forma de diálogo entre Coronel Polier e o sikh Ramtchund, que em muito se assemelha ao formato de alguns textos indianos, em que ocorre o diálogo entre o mestre e o discípulo. No início da obra, ocupando pouco mais do que duzentas páginas, estão o prefácio e a introdução, ambos escritos por Mme. Polier. O prefácio da *Mythologie des Indous* explica, em detalhes, a história de tal obra e a de seus dois principais "personagens": Coronel de Polier e Ramtchund. O texto é ilustrado por cartas e/ou diálogos organizados por Mme. Polier. Logo de início, os conteúdos das cartas vão construindo, semelhante a uma colcha de retalhos, a biografia do Coronel Polier. Na primeira delas[91], endereçada ao cavalheiro Barão Joseph Banek, Antoine-Louis Polier (Coronel Polier) escreveu que nasceu em 1741, em Lausanne, Suíça. Informou que tinha, desde a mais tenra idade, o desejo de conhecer a Ásia. Relata ainda que, em 1757, aos 17 anos[92], viajou à Índia para encontrar um tio, comandante do serviço inglês em Calcutá, que morreu antes de sua chegada. Na Índia, Antoine-Louis Polier se viu obrigado a trabalhar para sobreviver. Ele se alistou no exército britânico e começou seus serviços como simples cadete; aos vinte e um anos já era engenheiro-chefe com patente de capitão; em 1761, comandou um corpo militar de sete mil homens; ao longo de sua vida na Índia ocupou diversos cargos na *British East India Company* até 1788, momento em que retornou para a Europa[93].

Antoine-Louis Polier trouxe consigo uma vasta coleção de manuscritos indianos, além de uma raríssima versão original dos *Vedas*, de onze volumes, que doou para o Museu Britânico. Nesse período de trinta anos em que ficou na Índia, ele fez um estudo aprofundado sobre sistema religioso hindu[94]. Em suas investigações para adquirir conhecimento, obteve o auxílio de Ramt-

---

[88] Ibidem, 483.
[89] Ibidem, 559.
[90] Ibidem, 641.
[91] *Mythologie des Indous*, vol. I, III-XXIV.
[92] M. de Polier chegou à Índia em junho de 1758.
[93] *Mythologie des Indous*, vol. I, IVss.
[94] Ibidem, XIV.

chund[95], o mesmo professor do renomado indianista inglês William Jones[96]. Esse professor não era hindu, mas sikh, e pertencia "à nobre tribo dos Kàttris"[97]. Vale a pena, aqui, transcrever as palavras utilizadas pelo Coronel a respeito de Ramtchund:

> Este homem, chamado Ramtchund, foi o professor do famoso Sir Jones, meu amigo. Ele viveu em Sultanpour, perto de Lahor. Tinha viajado muito e percorrido todas as províncias do norte e do oeste da Índia. Era da religião sikh e da nobre tribo dos Kàttris; e, se ele não teve, como os brâmanes, o direito exclusivo à educação pública, no entanto, ele teve como Kàttris, o de ouvir a leitura dos livros sagrados. Dotado de uma memória prodigiosa, muita inteligência, ordem, clareza na mente/espírito, era bem versado em poesia e nos *Pouram* (*Purāṇas*) que contêm o sistema mitológico. Ramtchund tinha mais de dois brâmanes, constantemente ligados à sua suíte, os quais ele consultava sobre questões difíceis e que, pelas suas explicações, colocava-os à disposição para responderem a todas as minhas perguntas e instruírem-me completamente, não só na religião e na história dos sikhs, mas ainda na mitologia dos hindus, que detêm este povo por tantos laços. Eu estava satisfeito com a ideia de ter um professor capaz de me dar o auxílio exigido pelas várias pesquisas que pretendia fazer. Levei Ramtchund comigo; ele não me deixou em nenhum momento. Eu comecei a trabalhar e escrevi o que ele ditava: a história precisa dos três poemas épicos, o *Marconday*, o *Purby Ramein* (*Rāmāyaṇa*) e o *Mahabarat* (*Mahābhārata*); os avatares ou encarnações de Vichnou (*Viṣṇu*); a história de Chrisnen (*Kṛṣṇa*); todas as fábulas e lendas relativas aos deuses ou seres intermediários; os *Bhagts* ou santos; os personagens famosos da mitologia; em suma, todo o sistema completo como era em sua origem, como era em suas variações e o que considerou em sua verdadeira perspectiva. Isso tudo era muito diferente daquilo que eu tinha visto antes de conhecê-lo. Essas ideias irão moldar a Europa. Nosso trabalho terminado, eu os submeti à revisão dos brâmanes e dos especialistas de meu conhecimento ou de meus amigos. Eles, por unanimidade, confirmaram-me a precisão e a fidelidade das instruções de Ramtchund[98].

---

95 Ibidem, XV.
96 William Jones (1746-1794) foi um indólogo e jurista britânico. Ocupou o cargo de Juiz da Suprema Corte de Calcutá entre 1783 e 1794. Ficou conhecido por seus textos publicados nas *Asiatick Researches* e, especificamente, por seu trabalho com as línguas indo-europeias, ao criar a hipótese de que elas teriam uma origem comum. Em 1784, Jones fundou a *Asiatic Society of Bengal* e cuidou das primeiras publicações dos periódicos intitulados *Asiatick Researches*. Os artigos do indólogo inglês não se restringiam apenas às línguas, mas a um conjunto de temas ecléticos sobre a Índia. Arthur Schopenhauer refere-se a uma publicação de William Jones no primeiro parágrafo d'*O mundo*.
97 *Mythologie des Indous*, vol. I, XV.
98 Ibidem, XV e XVI.

Todas as anotações de Mr. Polier sobre as aulas de Ramtchund, redigidas em forma de diálogo, foram levadas para a Europa em 1788. Na Suíça, Antoine-Louis Polier retomou esses estudos orientais, organizou o material produzido durante todos esses anos, sem se focar em um documento final e único, pois não era, até então, de seu interesse publicar um livro.

Em 1795, em decorrência dos desdobramentos de acontecimentos políticos franceses[99], Antoine-Louis Polier foi assassinado em sua casa por extremistas revolucionários. Nos anos que se seguiram à sua morte, sua prima Maria-Elisabeth Polier, mais conhecida como Mme. Polier, reuniu e reorganizou todas as notas e os diálogos entre Antoine e Ramtchund e os publicou, em 1809, sob o nome de *Mythologie des Indous*, em dois volumes.

Toda essa história sobre a *Mythologie des Indous* está presente no prefácio da obra. Na sequência, encontra-se a introdução, escrita por Mme. Polier em quase 150 páginas, que se traduz como uma síntese dos 18 capítulos a partir da interpretação da própria Mme. Polier. Em seu texto, foram citados diversos conceitos indianos que também estiveram presentes no período da gênese da filosofia de Schopenhauer.

A possível contribuição dessa introdução de Mme. Polier a Schopenhauer se fez de duas formas: a primeira se refere a uma síntese do pensamento indiano; a segunda, às explicações, também resumidas, de diversos textos orientais.

De acordo com a interpretação de Mme. Polier, no princípio de tudo existe *Brahman* (Brähm)[100], "a luz divina incriada, original, ser supremo, que de acordo com o texto indiano ilumina tudo, de onde todos emanam e para onde todos devem retornar"[101]. Para Mme. Polier, tal ser transcendental se assemelha ao das demais religiões, existindo uma forte igualdade e, concomitantemente, distinção entre a essência de tudo que é *Brahman* e o mundo visível. Ou seja, malgrado tudo ser uma única e mesma coisa (*Brahman*), as manifestações fenomênicas ocorrem de formas diferentes. De um lado, existe a transcendentalidade do ser primordial, sua pureza e imutabilidade; de outro, existe a imanência de tal ser em todos os seres visíveis, corpóreos e materiais. Para Mme. Polier, *Brahman* é

> de fato, aquilo que todas as nações antigas tinham como ideia de deus supremo, luz incriada original, origem de várias hierarquias de inteligências que residem no mundo celestial. Ele é invisível, antes do mundo corporal e composto por regiões luminosas que não são planetas, mas esferas habitadas por inteligências espirituais medianas[102].

---

99   Revolução francesa, 1789.
100   Ver também *Mythologie des Indous*, vol. I, cap. 1.
101   *Mythologie des Indous*, vol. I, 113 e 114.
102   Ibidem, 21 e 22.

Algumas das divindades inferiores a *Brahman*, que habitam uma dessas regiões luminosas, seriam as responsáveis em criar, conservar e destruir todos os seres que existem no mundo visível. Nesse momento, Mme. Polier analisa uma das ideias de grande valor para Schopenhauer, a dos três deuses que compõem a *Trimūrti* hindu: *Brahmā*, *Viṣṇu* e *Śiva* (Birmah, Vichnou e Mhadaio ou Schiven)[103]. Segundo ela, antes das criações do mundo físico a partir de *Brahmā*[104] existiu as criações de *Brahman*:

> Brehm, Pouratma, Ram ou Bhagavat, nomes diferentes que significam a eternidade, a unidade, a invisibilidade do ser primeiro: existem inteligências que habitam um dos mundos celestes, e algumas delas se revoltaram contra o ser supremo; Bhavani, a primeira produção deste ser, lutou e combateu essas inteligências rebeldes, guerra descrita na *Marconday*, o mais antigo dos poemas épicos hindus, que narra por completo a história desse evento e da vitória de Bhavani, não na terra, mas nas regiões celestes[105].

Após esse conflito épico, o devido relato das forças que regem as três divindades que compõem a *Trimūrti*: criação, conservação e destruição, foram descritas por Mme. Polier.

Um dos principais pontos a serem mencionados nessa introdução são as citações ao atributo *liṅgaṃ* relacionado à divindade *Śiva*, que compõe a *Trimūrti*. Mme. Polier, em oposição a Schopenhauer, acreditava que a divindade mais importante da *Trimūrti* indiana era *Viṣṇu*. Tal ideia não está apenas expressa na introdução, mas também nos primeiros capítulos que compõem a obra *Mythologie des Indous*[106]. Todavia, para Mme. Polier, *Śiva* é o segundo deus mais importante e poderoso da *Trimūrti*, e ela citou (elevando a importância de tal obra para compreender a presença do pensamento indiano no período da gênese da filosofia schopenhauriana) o *liṅgaṃ* "como o seu símbolo distintivo"[107]. Ora, é de fundamental importância relatar que as primeiras citações que Schopenhauer fez da *Trimūrti* nos *Manuscritos* se referem exclusivamente a *Śiva* e ao seu poder de destruição (morte), assim como ao seu poder de criação (vida) pelo *liṅgaṃ* ou *phallus*[108]. Em 1814, Schopenhauer escreveu nos *Manuscritos* que "a vida é encontrada em dois polos (geração e vida, ou viver e morrer). Então, querer-viver também é querer-morrer. Assim, ao lado da morte, os indianos colocam o Lingam (*liṅgaṃ*) como atributo de Schiwa (*Śiva*), que significa

---

103 *Mythologie des Indous*, vol. I, 145. Ver também *Mythologie des Indous*, vol. I, capítulos, 1, 2 e 3.
104 Em uma nota (página 69), Mme. Polie fez a devida distinção entre *Brahmā* e Brahmam.
105 *Mythologie des Indous*, vol. I, 32 e 33.
106 Ver, especificamente, vol. I, cap. II, 229-272.
107 *Mythologie des Indous*, vol. I, 55.
108 Lingam é a grafia utilizada para o *liṅgaṃ* na *Mythologie des Indous*.

morte, mas que transforma tudo em vida"[109]. É importante frisar que tal citação é a primeira sobre a *Trimūrti* hindu nos *Manuscritos* schopenhauerianos e esta se fez ainda em 1814, momento em que Schopenhauer havia tido contato apenas com a *Asiatisches Magazin*, a *Mythologie des Indous* e a *Oupnek'hat*.

Como já descrito no início deste subcapítulo, um dos problemas cruciais do hinduísmo se faz com o distanciamento que é gerado entre os homens e a verdade que compõe o mundo em sua essência. Tal distanciamento está relacionado a um entorpecimento das faculdades sensoriais e intelectuais. Habituados a viverem no mundo visível, os seres humanos se afastam de *Brahman* e não conseguem mais enxergá-lo, senti-lo. Imersos na ignorância, envoltos pelo véu de *Māyā*, a humanidade padece. Aqui, novamente, uma das ideias indianas que foram fundamentais para Schopenhauer e que também se fizeram presentes na introdução escrita por Mme. Polier, assim como em diversos outros momentos de tal obra[110]. A única outra fonte de acesso para o conhecimento de Schopenhauer sobre *Māyā* residia nas páginas da *Oupnek'hat*. De certo, é impossível escrever aqui qual seria a primeira ou mais importante. Acredita-se que ambas tenham auxiliado Schopenhauer a construir, aos poucos, o seu conhecimento sobre a Índia.

Vale ainda relatar outra ideia[111] presente nesta síntese indiana criada por Mme. Polier, que depois foi desenvolvida no capítulo 15 do segundo volume: a metempsicose[112]. Tal ideia, também compreendida como a transmigração da alma, é uma doutrina que está em diversas filosofias (Platão e Pitágoras) e religiões (hinduísmo e budismo). Ela é entendida como um movimento cíclico entre todos os seres que compõem o mundo, por meio do qual um mesmo ser, após a morte do corpo em que vivia, retorna à existência material, animando sucessivamente a estrutura física dos vegetais, animais ou seres humanos. A metempsicose acredita que as reencarnações se dão não apenas em seres de uma mesma espécie, mas também de espécies distintas. Mme. Polier cita a metempsicose dentro de um conjunto de outras ideais que já estiveram presentes entre os gregos, egípcios e indianos. A importância da metempsicose na Índia presente na filosofia schopenhaueriana se faz a partir de duas citações[113] desse conceito nos *Manuscritos*, apesar de ser nítido que a maior influência de tal ideia teria sido a partir do Ocidente, como o próprio filósofo assegurou: "Pitágoras e Platão, portanto, fizeram uso da metempsicose"[114]. Vale dizer que em alguns es-

---

[109] MR I, 181, n. 273 (HN I, 166).
[110] Momentos em que o conceito *Māyā* é mencionado na *Mythologie des Indous*, vol. 1, 130, 131, 223, 413, 414, 423, 426, 427, 428, 446, 447, 428, 446, 447, 460, 465, 495, 496, 548, 549 e 598; vol. 2, 32, 56, 106, 111, 157, 158, 204, 401, 484, 485, 581 e 660.
[111] *Mythologie des Indous*, vol. I, 51.
[112] *Mythologie des Indous*, vol. II, 416-482.
[113] MR I, 487, n. 646, e 531, n. 686 (HN I, 440 e 480).
[114] Ibidem, 531, n. 686 (HN I, 480).

critos posteriores a 1818 Schopenhauer também relacionou a metempsicose, ou melhor, a palingenesia[115], com os pensamentos oriundos da Índia[116].

A outra contribuição dessa introdução de Mme. Polier ao conhecimento de Schopenhauer sobre a Índia se fez por intermédio das diversas explicações sobre textos indianos. Apesar de não haver rigor e didática, encontram-se, nessas páginas da introdução, valorosas explicações sobre os *Vedas*[117], *Oupnek'hat*[118], *Purāṇa*[119], *Mahābhārata*[120], *Bhagavad Gītā*[121], *Rāmāyaṇa*[122], Filosofia do Fo (budismo)[123]. Vale mencionar também que ela se utiliza de diversas passagens das *Asiatick Researches* para confirmar seus argumentos.

Depois dessa introdução, seguem-se os 18 capítulos, escritos em forma de diálogo por Coronel Polier. É importante ficar evidente que estamos diante de um documento histórico com ideias de três pessoas diferentes. Na *Mythologie des Indous*, encontra-se o material produzido por Mme. de Polier, Antoine-Louis Polier e Ramtchund.

A partir desse breve mapeamento das ideias presentes no prefácio e na introdução de Mme. Polier e de alguns trechos escritos por Schopenhauer sobre a Índia principalmente até 1818, é possível afirmar que a leitura que o filósofo fez, em 1814, de Anquetil-Duperron e de Polier, gerou consequências em seus próprios escritos. Seu pensamento exclusivamente ocidental foi, aos poucos, incorporando e apropriando-se de algumas ideias indianas.

Para além de uma relação superficial, o que torna possível a hipótese de uma maior participação da *Mythologie des Indous* na filosofia de Schopenhauer é o fato de que o filósofo, na maioria das vezes, ter citado as ideias indianas,

---

115 Doutrina da transmigração das almas; retorno à vida; renascimento; regeneração.
116 Como mostra essa passagem do capítulo 41 d'*O mundo*, tomo 2, intitulado "Sobre a morte e sua relação com a indestrutibilidade de nosso ser-em-si", escrito em 1844: "Com esta concepção se recorda também a autêntica e, por assim dizer, esotérica doutrina do buddhismo, como tomamos conhecimento por meio das mais novas investigações, na medida em que essa doutrina não ensina a metempsicose, mas uma particular palingenesia, assentada em uma base moral, a qual ela expõe e desenvolve com grande sentido de profundeza, como se pode ver na interessantíssima e notável exposição do assunto no *Manual of Buddhism* de Spence Hardy, 394-396 (para comparar-se com 429 e 445 do mesmo livro), cuja confirmação se encontra em *Prabodh Chandro Daya* de Taylor, Londres, 1812, 35; igualmente em *Burmese Empire* de Sangermano, 6; bem como em *Asiatick Researches*, vol. 6, 179, e vol. 9, 256. Também o bastante útil compêndio alemão do budismo, de Köppen, fornece o correto sobre esse ponto. Para a grande massa dos budistas, todavia, essa doutrina é demasiado sutil. Daí, como sucedâneo compreensível, é pregada a metempsicose".
117 *Mythologie des Indous*, vol. I, 17, 18, 91, 92, 96-98, 102-108.
118 Ibidem, 12, 106-109.
119 Ibidem, 46, 98, 110 e 120.
120 Ibidem, 46, 120-131.
121 Ibidem, 122-131.
122 Ibidem, 46 e 116.
123 Ibidem, 15-17 e 78.

sem, contudo, informar a referência. Isso faz com que os conceitos indianos possam ter sido formados a partir de várias leituras e não apenas tomando como referência uma obra específica, no caso a *Oupnek'hat*. Por isso, como já descrito, quando o filósofo se refere a *Māyā* e não informa a referência, talvez o significado que esse conceito possui na obra de Schopenhauer tenha sido constituído a partir de um conjunto de obras e talvez neste conjunto esteja incluída a *Mythologie des Indous*, sendo isso também valeria para as demais obras consultadas pelo filósofo no mesmo período.

Nos *Manuscritos de Juventude*, tanto a *Oupnek'hat* quanto a *Mythologie des Indous* são citadas explicitamente por Schopenhauer, reforçando a possibilidade de elas terem contribuído na formação de alguns conceitos orientais utilizados pelo filósofo. Entretanto, enquanto a *Oupnek'hat* foi mencionada em sete momentos dos *Manuscritos* desde 1814[124], a *Mythologie des Indous* foi citada apenas uma única vez, em 1817, na mesma passagem em que cita a *Asiatisches Magazin*[125].

Como é possível evidenciar, a *Mythologie des Indous* surgiu nos *Manuscritos* juntamente com outras referências indianas. Não houve destaque para essa obra. Tampouco Schopenhauer descreveu o seu conteúdo em particular. Deu até maior importância às *Asiatick Researches* como referência de atos de negação da Vontade, pois as cita outra vez no final do parágrafo. Com essa citação sobre o livro de Mme. de Polier, podemos apenas saber que nos capítulos referidos encontram-se atos de benevolência, amor, negação da Vontade e compaixão ao próximo. Em 1818, n'*O mundo*, o livro de Polier é citado mais uma vez na seguinte forma:

> Assim, minha descrição acima feita da negação da Vontade de vida, ou da conduta da bela alma, da conduta de um santo resignado que voluntariamente penitencia, é meramente abstrata, geral, e, por conseguinte, fria. Como o conhecimento do qual procede a negação da Vontade é intuitivo e não abstrato, ele encontra a sua expressão perfeita não em conceitos abstratos, mas apenas nos atos e na conduta. Nesses moldes, a fim de compreender por completo o que expressamos filosoficamente como a negação da Vontade, é preciso conhecer os exemplos da experiência e da realidade. Decerto não cruzaremos com eles na experiência cotidiana: "tudo o que é excelente é tão difícil quanto raro", diz Espinosa de maneira admirável. Portanto, a não ser que tenhamos a sorte especial e favorável de testemunhá-los, temos de nos contentar com as biografias de tais pessoas. A mitologia indiana, a julgar pelo pouco que podemos conhecer do até agora traduzido, é bastante rica em descri-

---

[124] MR I, 116, n. 191; 213, n. 213; 456, n. 612; 467, n. 623; 470, em nota, n. 627; 474, n. 630; e 515, n. 666 (HN I, 106, 120, 412, 422, 424, 428 e 465).
[125] Ibidem, 515 e 516, n. 666 (HN I, 465 e 466).

ções da vida dos santos e penitentes, chamados samanas, saniasis etc. Até mesmo a conhecida *Mythologie des Indous par Mad. de Polier*, indigna de elogios em outros aspectos, contém muitos excelentes exemplos desse tipo (em especial no cap. 13 do segundo tomo)[126].

Schopenhauer novamente destacou o capítulo 13 e os que se seguem do segundo volume da *Mythologie des Indous* para referir-se à negação da Vontade[127]. Se tomarmos apenas essas poucas informações como referência, poderíamos afirmar que a obra de Mme. de Polier pouco contribuiu na construção das ideias indianas que Schopenhauer utilizou para ilustrar sua própria filosofia. De acordo com o apresentado nessa citação, o único foco de aproximação entre Schopenhauer e Mme. de Polier seriam os exemplos de negação da Vontade vistos pelo autor nas ações dos ascetas hindus, samanas e *saṁnyāsins*, seres humanos que renunciaram riquezas, abandonaram bens materiais e desvincularam-se da vida carnal, para que solitariamente encontrassem uma conexão com o transcendente.

Como já escrito, Schopenhauer teceu n'*O mundo* um comentário negativo à obra de Polier: "Indigna de elogios em outros aspectos". Isso nos faz crer em um possível afastamento do filósofo a partir do conteúdo teórico que compõe o livro de Polier. A interpretação de Schopenhauer vai ao encontro das críticas realizadas a esse livro por vários indianistas da segunda metade do século XIX. Com efeito, durante o século XIX e parte do século XX, a *Mythologie des Indous* foi dada como uma obra contaminada pela fantasiosa interpretação e pobreza de conhecimento de Mme. Marie Elizabeth Polier. Os comentadores criticam, especificamente, o prefácio e, principalmente, as 148 páginas da introdução. Nelas, superabundam expressões anacrônicas, relações descabidas com o mundo ocidental, análises superficiais e problemáticas. Nessas páginas, encontramos, junto com as interpretações de Mme. Polier sobre a Índia, comparações com Noé, Jesus Cristo, Moisés, Pitágoras, Platão, Kant, dentre outros. Muitas vezes, as aproximações feitas por Mme. de Polier entre esses ícones ocidentais e outros de origem asiática não fazem o menor sentido ou não respeitam minimamente as profundas distinções existentes entre eles. No entanto, justiça seja feita, o mesmo ocorreu em diversos outros artigos escritos nas *Asiatick Researches* e *Asiatisches Magazin*. A ausência de rigor e comparações descabidas sobre as quais se baseiam as críticas a Mme. de Polier

---

[126] M I, § 68, 487 (SW II, 453 e 454).
[127] Apenas a título de explicação, o capítulo XIII do volume dois da *Mythologie des Indous* trata, especificamente, de relatos de divindades subalternas relacionadas a elementos naturais como a terra, seus oito jardins, o mar dividido em regiões etc. São fábulas, contos e ritos que possuem exemplos de abluição (limpeza corporal), purificação, caridade, compaixão, penitência e mortificação. O capítulo XIV da *Mythologie des Indous* possui foco semelhante ao analisar cultos espirituais que tratam de exemplos de negação da Vontade.

também foram encontradas nos artigos escritos por diversos indólogos ocidentais do início do século XIX. Talvez seja necessário repensar os textos escritos por Mme. de Polier, negando os preconceitos de gênero típicos dos séculos passados, que ainda persistem em nossos tempos.

Apesar disso, é notório que o texto de Polier não possui rigor acadêmico nem preocupação em ser extremamente fidedigno ao pensamento indiano. Como afirmou Georges Dumézil, renomado filólogo e linguista francês do século XX,

> na segunda metade do século XIX, os indólogos que se comprometeram a fazer o histórico dos estudos consagrados ao *Mahābhārata* decretaram que o resumo que a *Mythologie des Indous* oferece desse poema é insignificante em volume, e, quanto ao conteúdo, sem interesse, dadas as faculdades criativas da cônega de Polier (DUMÉZIL, 1986, 9 e 10).

No entanto, é importante fazer justiça também ao Coronel de Polier. Grande parte do valor da *Mythologie des Indous* para os estudos indianos deve-se aos próprios manuscritos do Coronel e não, especificamente, aos comentários de Mme. de Polier. Foi essa a tese defendida no livro de Dumézil *O Mahābhārata e o Bhagavat do Coronel de Polier*[128], publicado na década de 1980. Apenas após o trabalho de Dumézil, que reorganizou as anotações, resumos e manuscritos do Coronel de Polier e do diálogo feito com o sikh Ramtchund, é que a obra de Mme. de Polier voltou a ter certo interesse acadêmico.

Seja como for, é nítida a existência de uma contradição entre, de um lado, o possível interesse que Schopenhauer teria demonstrado pelo livro de Mme. Polier, em 1814, ao ter tomado de empréstimo na biblioteca de Weimar e ao ter ficado com ele alguns dias a mais em relação à *Oupnek'hat*, e, do outro, as palavras que ele escreveu sobre o mesmo livro n'*O mundo* em 1818.

Uma primeira hipótese que justificaria essa contradição seria a possível indicação de Friedrich Majer, indólogo responsável por introduzir Schopenhauer ao pensamento indiano, conforme o próprio filósofo afirmou em uma carta escrita em 1851 e endereçada a Johann Erdmann: "O indianista Friedrich Majer introduziu-me, sem solicitação, na antiguidade indiana, e isto teve uma influência essencial sobre mim"[129]. Schopenhauer se referia ao inverno de 1813/1814, momento em que conheceu Majer e tomou de empréstimo as obras indianas na biblioteca de Weimar. Tal hipótese se sustenta na possibilidade de Majer ter indicado o livro de Mme. Polier a Schopenhauer e de tal indicação ter produzido, em um primeiro momento, um efeito positivo sobre

---

[128] DUMÉZIL, 1986.
[129] Carta para Johann Eduard Erdmann de 9 de abril de 1851 (HÜBSCHER, 1987, 261, carta n. 251).

o filósofo, despertando o seu interesse pela leitura da obra. Seguindo com a mesma hipótese, teria sido apenas anos depois, quando Schopenhauer constatou os problemas que Mme. Polier gerou com suas interpretações e comentários sobre a Índia e sobre os manuscritos de seu primo, que o filósofo demonstrou decepção com a obra, levando-o a escrever que ela era "indigna de elogios em outros aspectos".

Por outro lado, e malgrado essa crítica do autor ao livro de Mme. Polier, é bem pouco provável que algumas das ideias presentes na introdução da *Mythologie des Indous* não tenham causado impacto significativo sobre Schopenhauer nem o tenham auxiliado na compreensão do pensamento indiano.

Na introdução escrita por Mme. Polier há uma comparação entre as *Upaniṣads* e a filosofia de Kant. Apesar das críticas, ela fez algo inédito e ousado para a época e de grande valor à filosofia de Schopenhauer. O trecho é curto e não possui maior desenvolvimento teórico. Ela fez uma comparação explícita entre as ideias metafísicas de Kant e a tradução das *Upaniṣads* (*Oupnek'hat*) realizada por Anquetil-Duperron, entendida por Mme. Polier, assim como por Schopenhauer, como parte dos *Vedas*. Eis o trecho:

> Embora não tenhamos ainda a tradução inteira dos *Vedas*, temos, no entanto, uma parte feita a partir do idioma persa, intitulada *Oupnek'hat*. Esse livro sânscrito foi enviado em 1775 pelo falecido Mr. Gentil[130], residente na França, em Fetzabd, para o famoso Mr. Anquetil, que o traduziu; e, pelos cuidados de Mr. de Sacy, ele foi publicado pouco antes da morte do tradutor[131]. Essa obra, que é uma parte dos *Vedas*, foi traduzida por alguns brâmanes, a pedido de *Dārāṣekoh*, filho mais velho do imperador *Shāhjahān*, que teve a curiosidade de querer conhecer esses livros sagrados; e, se os princípios, tanto abstratos quanto obscuros, dessa obra tornam-na pouco atraentes para o mero amante da leitura, é curioso, no entanto, comparar as ideias metafísicas nela expostas com aquelas que são o substrato da nova filosofia, colocada em voga pelo famoso Kant e seus numerosos comentadores[132].

Mme. Polier demostrou curiosidade em comparar as ideias metafísicas presentes na *Oupnek'hat* com a filosofia kantiana, apesar de não demonstrar e desenvolver isso em seu livro. Como confirma Urs App,

> estas reflexões seminais sobre a ligação entre a filosofia kantiana e indiana influenciaram Madame *la Chanoinesse* de Polier, que, nos comentá-

---

[130] Mme. Polier se refere a Jean-Baptiste-Joseph Gentil, o enviado ministerial francês em Oudh, ou melhor, Faizābād (por nossa nota).
[131] Apenas como esclarecimento, Anquetil-Duperron faleceu em 1805, e os dois tomos que compõem a *Oupnek'hat* foram publicados em 1801 e 1802 (por nossa nota).
[132] *Mythologie des Indous*, vol. I, 106 e 107.

rios incluídos na *Mythologie des Indous* (cuja editora era ela) de seu primo assassinado, também queria que a *Oupnek'hat* fosse comparada com as ideias metafísicas de Kant (APP, 2006B, 57).

Pode ser que tal referência tenha atraído a atenção de Schopenhauer para o livro de Mme. Polier. Com efeito, uma simples menção de Kant em um livro que se destina a explicar a Índia poderia ser insuficiente para encantá-lo. No entanto, é claro que ainda nos faltam evidências suficientes para comprovar tal hipótese. Todavia, a indicação de Mme. Polier foi certamente refletida pelo filósofo, que, em 1816, fez o seguinte quadro comparativo[133]:

	Universal	Particular
Metafísica	Ideia platônica	Aquilo que se torna, mas nunca é
	Coisa-em-si de Kant	Fenômeno
	Sabedoria dos *Vedas* (*Weisheit der Vedas*)	Maja (Māyā)

Essa tabela comparativa presente nos *Manuscritos* possui uma continuação, com informações de estética e de moral. No entanto, Schopenhauer utilizou conceitos indianos apenas na parte da "metafísica". Coincidência ou não, sugestionado por Mme. Polier ou não, Schopenhauer fez exatamente aquilo que Mme. Polier havia descrito na introdução da *Mythologie des Indous*. Tal comparação também é lugar-comum nas análises de alguns indianistas contemporâneos, por exemplo, Halbfass (1990): "Qualquer um que examina cuidadosamente as linhas do pensamento de Immanuel Kant, seus princípios e seus resultados, reconhecerá que ele não se afasta dos ensinamentos dos brâmanes, que levam o homem de volta para si mesmo, compreendendo-o e focalizando-o dentro dele próprio" (HALBFASS, 1990, 67).

O mais importante que se defende aqui é que talvez exista uma importância real do livro editado por Mme. Polier sobre a construção da Índia de Schopenhauer. Apesar da opinião negativa que o filósofo explicitou anos depois de sua leitura, salienta-se que o conteúdo indiano existente na *Mythologie des Indous* possui valor comparativo, tanto entre os livros indianos, aos quais Schopenhauer teve acesso, quanto em sua própria filosofia.

O valor dessa obra reside, como demonstrou Dumézil, nas interpretações e comentários feitos por Antoine-Louis sobre os seguintes textos indianos: *Mahābhārata*, *Rāmāyaṇa*, os *Purāṇas* (*Bhāgavatam*) e *Bhagavad Gītā*. Todavia, os escritos por Mme. Polier, especialmente o prefácio e a introdução, dado seu

---

[133] MR I, 434, n. 578 (HN I, 392).

conteúdo, também possuem grande valor para a presente pesquisa, pois se referem a diversos temas indianos que também estão presentes nos textos de Schopenhauer.

De fato, muitas das ideias indianas que ele utilizou nos *Manuscritos*, assim como n'*O mundo*, também estão presentes na *Mythologie des Indous*. Como visto, há semelhança entre as interpretações dos conceitos *Māyā* (Maya ou *Nuage — Nuvem*)[134], *Brahman* (Brähm ou *Le Dieu Suprême, l'invisible, être suprême incréé*), *Brahmā* (Birmah ou Bhahma — *création*), *Viṣṇu* (Wischnu ou Vichnou — *conservation*), *Śiva* (Madhaio, Schiven ou Chiven — *destruction*), *liṅgaṃ* (lingam ou *phallus*), *saṃnyāsins* (saniassis), *Buddha* (Budh), metempsicose (*Métempsycose*), *Vedas* (*Les Baids* ou *Veds, livres sacrés des Indous*), *Upaniṣads* (Upnekat ou Upna-Khut) e a filosofia chinesa do Fo (*Fo des Chinois*). Todos esses conceitos pensados e interpretados por Maria-Elisabeth Polier (Mme. de Polier), Antoine-Louis Polier (Coronel Polier) e Ramtchund se aproximam daqueles usados por Schopenhauer em seus escritos entre os anos de 1814 a 1818.

2.3. Schopenhauer e as *Asiatick Researches*

Analisa-se agora uma das fontes sobre a Índia de maior impacto na Europa durante o período denominado como o "renascimento oriental". Um possível início para narrar a história dessa fonte é o ano de 1757, momento em que foi conquistada a província de Bengala (atual região noroeste da Índia e Bangladesh) pela Companhia Britânica das Índias Orientais. Durante os primeiros anos da década de 1780, a Companhia enviou a Calcutá, diversos funcionários públicos britânicos que tinham como objetivo compreender e governar a região. Uma das figuras mais importantes dessa história foi o jurista e indólogo William Jones (1746-1794), que chegou à Índia em 1783 para ocupar o cargo de juiz da Suprema Corte de Calcutá, função que exerceu até sua morte. No ano seguinte ao de sua chegada, exatamente no dia 15 de janeiro de 1784, ele fundou *A Sociedade Asiática* (*The Asiatic Society*), que tinha o propósito de realizar pesquisas sobre diversos temas relacionados ao Oriente. O *Memorando de Artigos da Sociedade Asiática*, escrito por Jones, apresentou de modo evidente tal intuito: "Os limites das investigações serão os limites geográficos da Ásia, e dentro desses limites, suas investigações serão estendidas a qualquer coisa que seja realizada pelo homem ou produzida pela natureza" (apud CHAKRABARTY, 2008, 5). Nos três primeiros anos (1785-1787), a ideia de William Jones foi a de publicar anualmente as pesquisas em volumes denominados *Miscelânea Asiática* (*Asiatick Miscellany*), que não tiveram êxito em razões da ausência de verba e talvez pela qualidade dos trabalhos. No final da década

---

[134] Entre parênteses está(ão) a(s) forma(s) grafada(s) na *Mythologie des Indous*.

ASIATICK RESEARCHES:

OR,

TRANSACTIONS

OF THE

SOCIETY,

INSTITUTED IN BENGAL,

FOR INQUIRING INTO THE

HISTORY AND ANTIQUITIES, THE ARTS, SCIENCES, AND LITERATURE,

OF

ASIA.

VOLUME THE FIRST.

CALCUTTA:

PRINTED AND SOLD BY MANUEL CANTOPHER,
AT THE HONOURABLE THE COMPANY'S PRINTING-OFFICE;
AND SOLD AT LONDON BY P. ELMSLY,
M.DCC.LXXXVIII.

Figura 4. Capa do primeiro volume das *Asiatick Researches: or, Transactions of the Society Instituted in Bengal, for Inquiring, into the History and Antiquities, the Arts, Sciences, and Literature of Asia*, publicado em 1788 pela *Sociedade Asiática* de Calcutá (*The Asiatic Society*).

de 80, precisamente em 1788, com financiamento privado e com apoio de outros britânicos, foi publicado o primeiro volume das *Pesquisas Asiáticas (Asiatick Researches)*[135], que seriam de grande valor aos intelectuais europeus, em especial da Alemanha, como observado por Schwab: "As publicações dos estudos indianos em Calcutá inflamaram um tipo de intensidade fervorosa em certos jovens alemães. Na filosofia, estão incluídos Schelling, Fichte e Hegel, sem mencionar Schopenhauer e Schleiermacher. Na poesia, incluíam Goethe, Schiller, Novalis, Tieck e Bretano" (SCHWAB, 1984, 53).

Diversos volumes das *Asiatick Researches* foram publicados com esse mesmo título até 1829, momento em que o indólogo James Prinsep (1799-1840) sugeriu a mudança de nome de *Pesquisas Asiáticas (Asiatick Researches)* para *O Jornal da Sociedade Asiática (The Journal of the Asiatic Society)*[136].

A princípio, o "renascimento oriental", impulsionado pela publicação das *Asiatick Researches*, apresentou apenas aspectos positivos para os estudos indianos. No entanto, contrário a essa visão acrítica, é importante compreender o estudo realizado por Edward Said, em sua obra *Orientalismo: o Oriente como invenção do Ocidente*, publicada em 1978, que apresentou a postura ocidental de dominação diante daquilo que era compreendido como oriental. Para Said, William Jones teve papel fundamental na criação desse "orientalismo", ao enquadrar a vasta cultura indiana em códigos, tabulações e comparações (SAID, 2015, 120). Em suas palavras,

> em janeiro de 1784, Jones convocou a reunião inaugural da *Sociedade Asiática* de Bengala, que devia ser para a Índia o que a *Royal Society* era para a Inglaterra. Como primeiro presidente da sociedade e como magistrado, Jones adquiriu um conhecimento efetivo do Oriente e dos orientais, que mais tarde deveria torná-lo o fundador indiscutível (a expressão é de A. J. Arberry) do Orientalismo. Governar e conhecer, depois comparar o Oriente com o Ocidente: essas eram as metas de Jones que, com seu impulso irresistível para sempre codificar, para submeter a infinita variedade do Oriente a um "digesto completo" de leis, figuras, costumes e obras, acredita-se, ele teria realizado. Seu pronunciamento mais famoso indica até que ponto o Orientalismo moderno, mesmo nos seus primórdios filosóficos, era uma disciplina comparada tendo

---

[135] O nome completo de tal periódico é *Pesquisas Asiáticas, ou, Anais da Sociedade Instituída em Bengala para Investigações sobre a História e Antiguidades, Artes, Ciências e Literatura da Ásia (Asiatick Researches, or, Transactions of the Society Instituted in Bengal, for Inquiring into the History and Antiquities, the Arts, Sciences, and Literature of Asia)*.

[136] Ver <https://www.asiaticsocietycal.com/publications/index.htm> (consultado em 10/02/2017). Até hoje, a Sociedade Asiática permanece com sua sede em Calcutá, e seus *Jornais* são publicados anualmente. Foram encontrados na biblioteca oriental de Schopenhauer diversos volumes das *Asiatick Researches* e do *The Journal of the Asiatic Society*, conforme apresentado no Anexo A do presente livro.

por principal objetivo indicar os fundamentos das línguas europeias em uma fonte oriental distante e inofensiva (SAID, 2015, 121).

Nessa tentativa de europeizar o Oriente, Said também mencionou Schopenhauer, que fez da Europa e da Ásia "a *nossa* Europa e a *nossa* Ásia — a nossa *Vontade e Representação*" (SAID, 2015, 169). De fato, aqui não se pretende encontrar uma suposta verdade daquilo que foi pensado pelos sábios brâmanes compiladores dos *Vedas* e das *Upaniṣads*, ou então criticar os problemas presentes na interpretação de Jones ou de Schopenhauer sobre a Índia. Apesar disso, deve-se compreender a valiosa crítica que fez Said a certo tipo de pensamento ocidental que objetiva compreender e dominar, negando, assim, a igualdade nos diálogos e interlocuções, cegando-se para a pluralidade das Índias existentes. A importante contribuição feita pelo intelectual palestino reside na compreensão do Oriente como invenção do Ocidente. Nesse sentido, pela interpretação de Said, tudo aquilo que Jones e Schopenhauer escreveram sobre a Índia deve ser entendido como parte de uma invenção ocidental. De fato, o projeto britânico de colonização visava à compreensão da cultura asiática, principalmente, para fins econômicos e políticos. Muitos intelectuais britânicos que dedicaram suas vidas em estudos sobre a Ásia, o Oriente próximo ou extremo, a cultura milenar indiana, chinesa ou japonesa, talvez não tenham percebido essa construção ideológica que poderia ter influenciado suas pesquisas.

De qualquer forma, William Jones pode ser inocente por sua ingenuidade ou culpado, como acusado por Said, por sua interpretação generalizadora. William Jones foi dado como um dos pioneiros desse Orientalismo; apesar disso, aqui não será lugar para desenvolver os pertinentes problemas levantados por Said. Frisamos, mais uma vez, que o foco desta investigação é restrito à Índia schopenhaueriana, que, certamente, foi ocidentalizada a partir dos diversos intelectuais e indianistas europeus que auxiliaram Schopenhauer. Por isso, damos a devida importância aos trabalhos realizados por William Jones que objetivaram aproximar duas culturas até então desconectadas. Há enorme valor em suas traduções realizadas diretamente do sânscrito da *Gītā Govinda*, que foi publicada em 1792, e do código legal hindu *Manusmṛti*, mais conhecido como *Código de Manu*, publicado em 1794, e em suas interpretações sobre o hinduísmo e o budismo presentes nas *Asiatick Researches*, especificamente o artigo "Sobre a filosofia dos asiáticos" (*On the Philosophy of the Asiatics*), publicado no quarto volume[137]. Em suas pesquisas em Calcutá, Jones desenvolveu a teoria de que o sânscrito possuía uma raiz comum com o latim e com o grego, inaugurando uma vasta discussão sobre as línguas indo-europeias.

---

[137] JONES, William. On the Philosophy of the Asiatics. In: *Asiatick Researches*, vol. 4, edição de 1799, 165-185 (primeira edição de 1795). Comentários desse artigo são encontrados nos *Manuscritos* de Schopenhauer (MR II, 459; HN, 395), assim como n'*O mundo* (§ 1, 44; SW II, 4).

Além de William Jones, é importante lembrar mais dois indólogos ingleses que estiveram presentes na história das *Asiatick Researches* e do "renascimento oriental". No livro *Oriental Enlightenment*, John James Clarke frisou o valor desses outros dois funcionários da *Companhia Britânica das Índias Orientais*, que são:

> Charles Wilkins (1749-1836), que em 1785 produziu a primeira tradução para o inglês a partir do sânscrito da grande epopeia hindu, a *Bhagavad Gītā*, uma obra que foi re-traduzida para muitas línguas [...]; e Thomas Colebrooke (1765-1837), cujos *Ensaios sobre a religião e a filosofia dos hindus* [*Essays on the Religion and Philosophy of the Hindus*] apresentaram ao público muitas facetas até então desconhecidas da cultura indiana e que foram amplamente lidas durante o século XIX (CLARKE, 1997, 58 e 59).

Após essa sucinta exposição da história das *Asiatick Researches*, chega o momento de apresentar como tais periódicos chegaram às mãos de Schopenhauer.

Em 1811, Schopenhauer, então com 23 anos, fez um curso de Etnografia Indiana na Universidade de Göttingen[138], ministrado por Arnold Heeren (1760-1842). Durante as aulas, Schopenhauer fez algumas anotações sobre a cultura asiática a partir dos ensinamentos de Heeren, o qual pautou grande parte da bibliografia do curso nas *Asiatick Researches*. Por isso, é possível afirmar que o primeiro contato que Schopenhauer teve com a filosofia indiana foi a partir do conteúdo ministrado nessas aulas, mais especificamente a partir das interpretações das *Asiatick Researches* realizadas por Arnold Heeren. Não há prova suficiente que assegure que o filósofo tenha lido as *Asiatick Researches* em 1811, pois, de acordo com diversas pesquisas históricas, isto só veio a ocorrer nos anos de 1815 e 1816, momento em que fez os empréstimos dos volumes na biblioteca de Dresden.

As anotações[139] desse curso constituem uma evidência histórica dos ensinamentos indianos de que Schopenhauer foi, aos poucos, se apropriando. Independentemente de ser a interpretação indiana de Heeren, há grande valor nesse material, pois ele explica algumas questões cruciais nessa investigação, por exemplo, o início da presença das *Asiatick Researches* na construção da "Índia schopenhaueriana".

O foco principal desse curso foi estudar a "raça humana" indiana que se desenvolveu no Oriente Extremo e que possuía peculiaridades e característi-

---

[138] MR II, XIII (HN, II, XII).
[139] No texto "Notas Schopenhauerianas sobre a Índia em 1811 (*Schopenhauer's Índia Notes of 1811*)", de Urs App, em *Schopenhauer Jahrbuch*, 2006A, 15-31, o leitor poderá conferir a tradução bilíngue (alemão-inglês) de dez páginas das quarenta e oito existentes, sobre as anotações schopenhauerianas do curso ministrado pelo Prof. Heeren. Essas páginas tratam especificamente sobre "Índia e etnografia própria da Índia" e foram obtidas nos arquivos de Schopenhauer. Sobre esse assunto, ver APP, 2006B, 38-40, notas 13-19.

cas próprias. Para alcançar esse objetivo, Heeren abordou de modo introdutório a história, a geografia e o comércio da Ásia, que foram descritos em diversos artigos das *Asiatick Researches*. Apenas duas anotações escritas por Schopenhauer citaram explicitamente as *Asiatick Researches*:

(1) A Sociedade Asiática que investiga a literatura e os antigos monumentos da Índia está sitiada em Calcutá: uma Universidade Indiana também foi construída, sendo excelente para os europeus estudarem a língua dos indianos (apud APP, 2006A, 22).

(2) Etnografia própria da Índia. As *Asiatick Researches* e a dissertação de Jones (Presidente da Sociedade em Calcutá) fornecem as melhores informações para este curso (apud APP, 2006A, 28).

A primeira anotação demonstra o conhecimento de Schopenhauer sobre a Sociedade Asiática em Calcutá. Certamente, os estudiosos britânicos que estavam em tal região tinham acesso direto ao pensamento indiano, sendo isso de grande valia para os europeus que quisessem adquirir maior conhecimento sobre o assunto. A segunda anotação apresenta que as *Asiatick Researches* e William Jones são a fonte dos ensinamentos ministrados por Heeren no curso de "etnografia própria da Índia". Dessa forma, pode-se afirmar que, em 1811, o filósofo já sabia da existência das *Asiatick Researches*, de William Jones e da *Sociedade Asiática* de Calcutá. É provável que, sem essas indicações de Heeren, Schopenhauer não tivesse tomado de empréstimo, nos anos de 1815 e 1816, os primeiros nove volumes das *Asiatick Researches* na biblioteca de Dresden.

Título do livro na biblioteca de Dresden	Data de retirada	Data de devolução
Asiatick Researches, vol. 1	11/07/1815	21/11/1815
Asiatick Researches, vol. 2	21/11/1815	16/01/1816
Asiatick Researches, vol. 3	sem registro	sem registro
Asiatick Researches, vol. 4	16/01/1816	14/03/1816
Asiatick Researches, vol. 5	14/03/1816	13/04/1816
Asiatick Researches, vol. 6	02/04/1816	13/04/1816
Asiatick Researches, vol. 7	22/04/1816	26/04/1816
Asiatick Researches, vol. 8	26/04/1816	16/05/1816
Asiatick Researches, vol. 9	14/05/1816	20/05/1816

Fonte: apud, APP, 1998A, 11-33.

Os registros bibliotecários são a primeira evidência histórica a demonstrar que Schopenhauer entrou em contato diretamente com os nove primeiros volumes das *Asiatick Researches*. Mais importante ainda é destacar as quarenta e cinco páginas redigidas pelo filósofo, quase em sua totalidade em inglês, em *Notas e Trechos de Leituras das Asiatick Researches*[140], que foram apresentadas, sumamente, nos *Manuscritos*[141]. Schopenhauer fez comentários específicos em mais do que setenta páginas desses nove volumes das *Asiatick Researches*, mas apenas quatro foram transcritas para os *Manuscritos*. Urs App, no artigo "Notes and Excerpts by Schopenhauer Related to Volumes 1-9 of the *Asiatick Researches*", criticou Hübscher, que demonstrou pouco interesse em publicar esse valioso material que está presente no Arquivo de Schopenhauer em Berlim, na pasta 29, páginas 205-250 (apud APP, 1998, 11-33)[142]. Para App, essas anotações não poderiam ser desprezadas, pois com elas podem-se compreender as ideias indianas fundamentais que se destacaram durante a leitura realizada por Schopenhauer das *Asiatick Researches*. Hübscher, contudo, não enxergou valor nelas. Ele até escreveu que essas notas "não provam nada" sobre a influência do pensamento indiano na filosofia de Schopenhauer. Como um dos principais objetivos desta tese é defender categoricamente uma influência, preocupou-se inicialmente em descrever a presença da Índia durante o período de gênese da filosofia de Schopenhauer, para depois examinar cada conceito e confirmar assertivamente qual ideia indiana influenciou o filósofo.

Sendo assim, essas notas e trechos, em sua totalidade, são de fundamental importância para saber quais artigos das *Asiatick Researches* foram lidos por Schopenhauer, assim como para compreender aquilo que o filósofo conhecia sobre a filosofia indiana até 1818.

Logo de início, a primeira nota escrita em 1815 por Schopenhauer já deixa evidente o valor desse material. Ela é referente a *Māyā*, nota da página 223, do primeiro volume das *Asiatick Researches*:

> Página 223. Máyá: esta palavra explicada por estudiosos hindus significa "a primeira inclinação da divindade para se diferenciar ao criar os mundos". Imagina-se que ela seja a mãe-natureza universal de todos os deuses inferiores; de acordo com o que uma pessoa da Caxemira me respondeu quando eu lhe perguntei por que Cama ou Amor era representado como sendo seu filho: mas a palavra *Máyá* (*Māyā*) ou *ilusão* tem *um significado mais sutil e mais obscuro na filosofia* Vedanta, *na qual ela significa o sistema de* percepções[143].

---

[140] Com o objetivo de auxiliar as futuras pesquisas sobre este assunto em língua portuguesa, foi realizada a tradução das notas e dos trechos escritos por Schopenhauer durante a leitura dos nove primeiros volumes das *Asiatick Researches*. O leitor encontra essa tradução no Anexo B deste livro.
[141] MR II, 459-461 (HN II, 395-397).
[142] A crítica feita a Hübscher e a localização desse material apresentado por App estão na página 12 do artigo.
[143] Anexo B deste livro (grifos de Schopenhauer).

Nesse fragmento dos *Manuscritos* schopenhauerianos, *Māyā* é apresentada possuindo quatro características fundamentais para a filosofia de Schopenhauer: a primeira é sua identificação com a ilusão; a segunda se faz ao contextualizá-la dentro da filosofia *vedānta*, que analisa as *Upaniṣads*; a terceira é associá-la às percepções do mundo fenomênico; e, por fim, a quarta é compreendê-la como a mãe criadora da natureza e de diversos deuses. Todos esses elementos colaboram com aquilo que o filósofo já havia encontrado sobre *Māyā* na *Oupnek'hat* e na *Mythologie des Indous*, de Mme. Polier.

Schopenhauer pautou-se por essa compreensão no artigo intitulado "Sobre os deuses da Grécia, Itália e Índia" (*On the Gods of Greece, Italy and India*), escrito em 1784 por William Jones e publicado somente em 1788, no volume 1 das *Asiatick Researches*[144]. É necessário fazer um estudo minucioso sobre esse artigo, pois, apenas nele, estão presentes inúmeras ideias que encontram semelhanças com aquilo que Schopenhauer escreveu sobre a Índia em seus apontamentos e livros. A passagem sobre *Māyā* foi escrita da seguinte forma por William Jones:

> Daí também a Máyá indiana, ou, como a palavra é explicada por alguns estudiosos hindus, "a primeira inclinação da divindade a se diversificar" (como é a frase deles) "ao criar mundos", finge ser a mãe da natureza universal e de todos os deuses inferiores; como um caxemiriano me informou, quando lhe perguntei por que Cáma ou o Amor era representado como seu Filho: mas a palavra Máyá ou ilusão tem um sentido mais sutil e recôndito na filosofia Vedanta, onde significa o sistema de percepções. [...] Divindade que foi dada como verdadeira por Epicarmo, Platão e muitos homens autenticamente piedosos, para — por meio de seu espírito onipresente na mente de suas criaturas — criar; mas que não tinha, em sua opinião, existência independente da mente[145].

A continuação não transcrita por Schopenhauer associou o pensamento indiano expresso em *Māyā* com a Grécia antiga, especificamente com a poesia de Epicarmo e a filosofia de Platão. Ora, é relevante dizer que Schopenhauer fez, no período da leitura desse volume das *Asiatick Researches*, algo muito semelhante e incluiu, nessa comparação, sua própria filosofia. Isso é possível constatar nos *Manuscritos*, nas aproximações entre o mundo sensível de Platão, a *Māyā* do pensamento hindu e o mundo como representação schopenhaueriano, assim como correlações entre o mundo das ideias de Platão, a *Trimūrti* e *Brahman* da "sabedoria dos *Vedas*" e o mundo como Vontade schopenhaueriano[146].

---

[144] *Asiatick Researches*, vol. 1, 221-275.
[145] Ibidem, 223.
[146] MR I, 434, n. 578 (HN I, 392). Confira a tabela comparativa criada por Schopenhauer entre o pensamento de Platão, Kant e indiano, presente nos *Manuscritos* do filósofo.

Em suas notas sobre a leitura das *Asiatick Researches*, Schopenhauer basicamente copia os trechos que lhe eram interessantes. Todavia, ao analisar minuciosamente os artigos, encontra-se um vasto conteúdo sobre a Índia, que possui diversos aspectos de similaridades com aquilo que foi escrito por Schopenhauer sobre a cultura asiática.

Como já dito, apenas neste artigo de Jones, "Sobre os deuses da Grécia, Itália e Índia" (*On the Gods of Greece, Italy and India*), do primeiro volume das *Asiatick Researches*, estão presentes diversos conceitos indianos que foram notórios no período da gênese da filosofia de Schopenhauer. As principais ideias nele presentes são: *Brahman*, *Māyā*, *Trimūrti*, *Śiva* representado como destruição e como geração, os avatares de *Viṣṇu* (*Rama*-arqueiro, *Varāha*-javali, *Kurma*-tartaruga, *Narasimha*-homem-leão, *Kṛṣṇa*, *Buddha*), dentre outros.

Jones comparou explicitamente diversas divindades das mitologias ocidentais, especificamente a grega, a romana e a cristã, com os deuses hindus. Um de seus objetivos era explicar o Oriente a partir de referências ocidentais. No entanto, Jones almejava algo maior. Ele apresentou pontos comuns entre os deuses ocidentais e os deuses orientais em busca de indícios para provar a sua tese de uma língua comum entre europeus e indianos. Nesse artigo de Jones existem diversos parágrafos narrando histórias sobre o cristianismo, Gaia, Apolo, Dioniso, Baco, Ártemis, Diana, Ceres, Cibele, Zeus, Júpiter, Cronos, Saturno, Poseidon, Netuno, dentre outros; e, logo em seguida, existem parágrafos apresentando as características de ideias ou de deuses hindus, por exemplo, *Brahman*, *Brahmā*[147], *Viṣṇu*[148], *Śiva*[149], *Māyā*[150], *Kṛṣṇa*[151], *Sūrya*[152], *Durgā*[153], *Varuṇa*[154], *Nārada*[155], *Kāma*[156], *Gaṅgā*[157], dentre outros.

De modo semelhante ao proposto por William Jones, é comum encontrar, nos exemplos de Schopenhauer, comparações entre as divindades gregas, hin-

---

[147] Como deus criador da *Trimūrti*, *Brahmā* é associado, por Jones, aos deuses Zeus e Júpiter.
[148] *Viṣṇu* é comparado a Gaia, Júpiter e Zeus.
[149] Isawara, Mahádéva, Mahésa, Rudra, Hara e Sambhu são os outros nomes que Jones utilizou para se referir a *Śiva* (*Asiatick Researches*, vol. 1, 243). Jones comparou essa divindade com diversos deuses gregos e romanos, por exemplo, Zeus, Júpiter, Hades, Plutão, Poseidon, Netuno etc.
[150] *Māyā* e *Kāma* são comparadas a Eros, Vênus, Júpiter, Zeus, Urano etc.
[151] *Kṛṣṇa*, entendido como um dos avatares de *Viṣṇu*, é associado a Dioniso e Apolo.
[152] *Sūrya* é o deus do Sol, citado por Jones como correlato de Apolo e de Hélio, além de outras divindades ocidentais que representam o Sol.
[153] *Durgā* é a esposa *Śiva* e representa a maternidade, o feminino e a energia da criação. Jones aproxima *Durgā* das divindades Hera, Minerva e Atenas.
[154] *Varuṇa* é o deus responsável por organizar o Universo, associado aos Céus e às Águas.
[155] *Nārada* (Nareda), filho de *Brahmā*, é associado a Hermes, deus mensageiro.
[156] *Kāma* ou *Cáma* é a divindade hindu do amor, responsável por aproximar os apaixonados, semelhante a Eros, o Cupido.
[157] Associada ao rio Ganges, *Gaṅgā* é a água sagrada que purifica, que limpa os pecados. Jones associa *Gaṅgā* às divindades que representam a água no Ocidente: Poseidon, Netuno, Pontes, Oceno etc.

dus, romanas e cristãs. Em um momento dos *Manuscritos*, datado de 1816, ele comentou sobre as oferendas destinadas aos deuses dessas diferentes culturas:

> Os piedosos hindus, os gregos e os cristãos de tempos antigos sempre dedicaram sua atenção aos deuses e santos, a quem sacrifícios, orações, decoração dos templos, votos e sua realização, comidas, sacramentos, saudações e adornos de imagens e peregrinações e assim por diante foram oferecidos[158].

No momento em que Schopenhauer escreveu essas palavras, ele estava lendo as *Asiatick Researches*. Essa forma de agir diante da cultura indiana, que gera comparações entre Ocidente e Oriente, foi adquirida, em parte, com a leitura dessas revistas asiáticas, mais especificamente a partir dos artigos de William Jones.

O indólogo britânico e o filósofo alemão possuem uma característica em comum: utilizaram a cultura ocidental para explicar o pensamento oriental. No entanto, de modo diferente ao de Jones, as comparações realizadas por Schopenhauer também geraram maior grau de autenticidade em sua própria filosofia. Isso ficou evidente quando o filósofo escreveu este trecho na obra *Sobre a Vontade na natureza*, em 1836:

> Eu me consolo, portanto, com o fato de minha ética ser totalmente ortodoxa em relação às *Upanischad* (*Upanişads*) dos *Vedas* sagrados, assim como em relação à religião de *Buddha*, que conta entre as principais religiões do mundo, tampouco estando em contradição com o antigo e autêntico cristianismo. Contra todas as outras acusações de heresia, porém, encontro-me blindado e revestido de uma armadura triplamente reforçada[159].

Os textos de Jones auxiliaram Schopenhauer a construir a parte oriental dessa blindagem em sua filosofia. Como é possível constatar, referindo-se apenas a esse artigo "Sobre os deuses da Grécia, Itália e Índia" (*On the Gods of Greece, Italy and India*). É necessário apresentar outros trechos, pois eles evidenciam que as interpretações que Jones fez sobre a Índia também estão na filosofia de Schopenhauer.

A seguinte passagem escrita por William Jones ratifica a intertextualidade:

> Os Vedantas, incapazes de formar uma ideia distinta da matéria bruta independente do pensamento ou de conceber que o trabalho da Suprema Bondade tenha sido deixado por si mesmo, imaginam que a Divin-

---

[158] MR I, 408 e 409, n. 551 (HN I, 370).
[159] SVN, 214 (SW IV, 144).

dade está sempre presente no seu trabalho e, constantemente, apoiam uma série de percepções que, em certo sentido, eles chamam de ilusórias, embora eles não possam senão admitir a realidade de todas as formas criadas, na medida em que a felicidade das criaturas possa ser afetada por elas[160].

Māyā não é citada aqui, mas a ideia da filosofia *vedānta*, que engloba o pensamento expresso nas *Upaniṣads*, compreende que há uma dependência entre a mente ou o sujeito do conhecimento em relação à matéria bruta ou aos objetos percebidos. Esse mundo criado pela "Suprema Bondade" ou, utilizando o vocabulário schopenhaueriano, o mundo como representação mostra-se, em certo sentido, ilusório. Todavia, esse mundo dado, que é a realidade percebida, e que é impossível de ser negado em um primeiro momento, também será posto em dúvida, para que assim se encontre a verdade manifesta nos próprios indivíduos por intermédio de *Ātman*, que é o vínculo dos seres humanos com a essência superior constituída por *Brahman*.

É tentador associar tal ideia hindu com o pensamento schopenhaueriano referente ao corpo, que é a chave para o enigma do mundo. Isso porque existem aproximações possíveis entre a filosofia de Schopenhauer e conceitos do hinduísmo. Por intermédio do próprio corpo percebido pelo sujeito do conhecimento (*Ātman-Brahman*), o mundo pode ser de uma forma distinta à das representações ilusórias (*Māyā*), atingindo, assim, a compreensão da verdade que constitui a essência de todas as coisas, a Vontade (*Brahman* e *Trimūrti*). Algo semelhante também pode ser feito entre o pensamento de Schopenhauer e conceitos budistas. Pela compreensão imediata do corpo, que para a religião de *Buddha* se alcança por intermédio de profunda meditação e de um modo de vida que concebe o corpo em conexão com a essência do mundo que habita o indivíduo, é possível gerar uma compreensão distinta da realidade, não apenas como representação, mas também como Vontade, que é o sofrimento do mundo, suas mazelas, desejos, dores. Para alguns seres humanos, em razão de seu caráter moralmente elevado, é possível livrar-se do ciclo infinito de sofrimento (*saṃsāra*), atingindo, por intermédio da ação moral, a negação da Vontade e o nada (*nirvāṇa*).

Independentemente de essas associações serem plausíveis, muitas delas não foram feitas pelo próprio filósofo até 1818, como é o caso da associação entre *Ātman-Brahman* e o corpo como manifestação da Vontade. Nessa perspectiva, podem-se apenas especular aproximações desprovidas de referências para muitos dos vínculos que foram criados. No entanto, tais especulações são de natureza completamente distinta daquelas expostas no primeiro capí-

---

[160] *Asiatick Researches*, vol. 1, 242 e 243.

tulo deste trabalho, pois enquanto estas ainda possuem certo rigor diante dos conceitos e obras lidas por Schopenhauer, as outras criam conjecturas de uma Índia, China, Japão, Ásia, Oriente que o filósofo sequer mencionou.

Retornando ao artigo de William Jones, vale citar uma tradução feita pelo indianista sobre alguns versos do texto *Bhagavat*, especificamente em certa parte sobre o pronunciamento do ser supremo, *Brahman*, intitulado onipresente, imutável, criador etc., assim como a citação sobre *Māyā*, que mais uma vez se fez como um ser que entorpece a mente dos seres humanos. Jones, novamente, apresentou a ideia do caráter ilusório do mundo presente na mente e a necessidade de romper com o engano, que é fruto de erros da percepção e do entendimento. É necessário superar *Māyā*, para que, assim, se atinja a compreensão de *Brahman*:

> Até no princípio eu era, não qualquer coisa;
> era aquele que existe, imperceptível;
> Supremo: depois, Eu sou o que é, e o que deve permanecer, sou Eu.
> Exceto a primeira causa,
> o que quer que possa aparecer e não aparecer, na mente,
> saiba que é a Maya da mente ou ilusão,
> como luz, como escuridão[161].

Todas essas passagens escritas ou traduzidas por Jones apresentam aquilo que o indólogo compreendia a respeito da Índia e é inegável que tal compreensão esteja de alguma forma contida na interpretação que Schopenhauer fez do pensamento indiano no período da gênese de sua filosofia. Esse trecho do *Bhagavat* traduzido por Jones, diretamente do sânscrito, assim como tantos outros trechos escritos pelo indólogo deram a Schopenhauer a confirmação de muito daquilo que ele já havia encontrado em 1813-1814 com a *Asiatisches Magazin*, a *Oupnek'hat* e a *Mythologie des Indous*. Além disso, todas essas ideias ampliaram o entendimento de Schopenhauer sobre conceitos orientais que não eram, de modo algum, familiares a ele.

No artigo de Jones, há ainda uma última ideia que vale a pena ser destacada, refere-se à *Trimūrti* hindu (*Brahmā*, *Viṣṇu* e *Śiva*) e aos atributos de *Śiva* (geração e destruição). Existem ilustrações no artigo de Jones que valem a pena ser apresentadas neste estudo, pois nelas estão expressas algumas características desses três deuses que compõem a *Trimūrti*.

A primeira imagem (Figura 5) ilustrada no artigo de Jones mostra *Brahmā*, primeiro deus da *Trimūrti* e criador do universo material, sentado em uma flor de lótus, com suas quatro faces, cada uma delas voltada para uma direção, dando-lhe o poder de tudo enxergar. O mito das diversas faces de *Brahmā* está re-

---

[161] Ibidem, 245.

Figura 5. Imagem de *Brahmā* (*Brahma*) e *Viṣṇu* (*Vishnu*) presente no artigo "Sobre os deuses da Grécia, Itália e Índia", escrito por William Jones (*Asiatick Researches*, vol. 1, 245). O artigo foi lido e comentado por Schopenhauer (ver Anexo B deste livro).

lacionado a uma de suas criações, uma deusa chamada *Sarasvatī*[162], por quem ele ficou profundamente apaixonado. *Sarasvatī* tentava se esquivar dos olhares de *Brahmā*, que resolveu criar outras cabeças, a fim de contemplar a deusa onde quer que ela fosse. Na segunda imagem, *Viṣṇu*, segundo deus da *Trimūrti* e responsável por conservar tudo aquilo que é criado por *Brahmā*, é retratado com seus quatro braços. À direita, é possível identificar um disco de energia, responsável por controlar os sentimentos e servir de arma contra os inimigos. Em outra mão, nota-se que ele segura, pelo caule, uma flor de lótus, que repousa sob seu ombro. Essa flor é símbolo da pureza e da verdade que está para além da ilusão gerada por *Māyā*. Em outra mão, ele segura um cajado, que demostra o seu poder. Por fim, na última mão, apesar da dificuldade de distinguir, em razão da qualidade da imagem, é provável que ele carregue uma concha, que possui os elementos naturais que compõem a matéria (fogo, terra, água, ar e éter). De dentro dela emana o som *Oṃ* ou *Aum* (ॐ), do ser absoluto, *Brahman*.

Em outra página (Figura 6), *Gaṇeśa* (Ganexa), deus da sabedoria e inteligência, é representado juntamente com seu pai, *Śiva* (*Īśvara* — Iswara). Jones associou o tridente de *Śiva* com o deus Netuno dos romanos ou Poseidon dos gregos[163]. No entanto, o deus hindu é muito distinto das divindades ocidentais controladoras das águas. O tridente de *Śiva* é uma arma de destruição e, ele próprio, representa esse poder. A serpente sobre seu ombro esquerdo é símbolo da morte, assim como o seu colar de caveiras, demonstrando que *Śiva* domina essa energia e, por isso, é imortal. De sua cabeça jorra água, que representa o rio sagrado Ganges (*Gaṅgā*), responsável por purificar todos aqueles que se banham nele. Em sua testa está a lua crescente, que simboliza as mudanças do mundo material. *Śiva* representa as transformações do universo, apesar de não ser dominado por elas.

É importante apresentar e descrever essas imagens (Figuras 5 e 6), pois com elas Schopenhauer pôde ver, talvez pela primeira vez, representações em forma de imagens dos deuses que compõem a *Trimūrti*. Essas gravuras, assim como diversas ideias sobre a *Trimūrti* presentes nas *Asiatick Researches*, podem ter contribuído para o filósofo ter escrito a seguinte passagem n'*O mundo*:

> A mais sábia de todas as mitologias, a indiana, exprime isso dando ao deus que simboliza a destruição e a morte (como Brahma [*Brahmā*], o deus mais pecaminoso e menos elevado da Trimurti [*Trimūrti*], simboliza a geração e o nascimento, e Wischnu [*Viṣṇu*] a conservação), Schiwa [*Śiva*], o atributo do colar de caveiras e, ao mesmo tempo, o Lingam [*liṅgaṃ*], símbolo da geração, que aparece como contrapartida da morte.

---

162 Deusa da sabedoria, da cultura, protetora dos professores e estudantes, de todos aqueles que buscam conhecimento.
163 *Asiatick Researches*, vol. 1, 251.

Figura 6. Imagem de Śiva (*Iswara* — *Īśvara*) e *Gaṇēśa* (*Ganesha* ou *Ganexa*), presente no artigo "Sobre os Deuses da Grécia, Itália e Índia", escrito por William Jones (*Asiatick Researches*, vol. 1, 248).

Dessa forma indica-se que geração e morte são correlatas essenciais que reciprocamente se neutralizam e suprimem. O mesmo sentimento levava os gregos e romanos a adornar seus preciosos sarcófagos, como ainda hoje em dia os vemos, com festas, danças, núpcias, caçadas, lutas de animais, bacanais, portanto com representações do ímpeto violento da vida, o qual tratam não apenas nesses divertimentos, mas também em grupos voluptuosos, indo até mesmo ao ponto de exibir o intercurso sexual entre sátiros e cabras. O objetivo, manifestamente, era, por ocasião da morte do indivíduo chorado, apontar com grande ênfase para a vida imortal da natureza e, assim, embora sem conhecimento abstrato, aludir ao fato de toda a natureza ser o fenômeno e também o preenchimento da Vontade de vida[164].

Brahmā, em Jones, é um deus voltado aos caprichos das paixões, encantado por *Sarasvatī*. *Brahmā*, em Schopenhauer, é o "mais pecaminoso" da *Trimūrti*, o "menos elevado". Há semelhança entre as interpretações de Jones e de Schopenhauer sobre o primeiro deus da *Trimūrti*, desqualificando-o se comparado aos demais deuses.

Outra semelhança refere-se ao propósito do artigo de Jones e ao propósito desse parágrafo escrito por Schopenhauer n'*O mundo*. Em ambos existe menção às três mitologias: grega, romana e indiana. O entusiasmo do filósofo colocou a mitologia indiana como a mais sábia de todas e isso se deu pelo fato de Schopenhauer entender *Śiva* como a síntese dos poderes que compõem a *Trimūrti*. *Śiva* é o deus mais importante em razão de seu duplo poder: criar e destruir, nascer e morrer, gerar e corromper. O colar de caveiras representado no texto de Jones também foi citado pelo filósofo. Não se pretende assegurar, veementemente, que Schopenhauer tenha obtido exclusivamente tais informações nas *Asiatick Researches*, mas é possível afirmar que nelas o filósofo pôde encontrar informações sobre a Índia e elas também se manifestaram em seus escritos.

Jones deu a Schopenhauer informação necessária para a construção de uma hierarquia entre as mitologias. Uma das ideias fundamentais para o filósofo é a característica de vida e morte nos deuses primordiais. Para o indólogo inglês, as mitologias europeias não possuíam essa característica, como se evidencia na seguinte passagem:

> A fábula de Saturno tem sido assim analisada, a partir de seus descendentes; é quando ela começa; como os poetas aconselham, com Júpiter, cuja supremacia, trovão e libertinagem, todo menino aprende de Ovídio, ainda que suas características de criar, preservar e destruir não sejam geralmente consideradas nos sistemas de mitologias europeias[165].

---

[164] M I, § 54, 358 e 359 (SW II, 324 e 325).
[165] *Asiatick Researches*, vol. 1, 240 e 241.

Jones refere-se a Zeus e a Cronos (Grécia), a Júpiter e a Saturno (Roma), como divindades que não possuem a mesma complexidade presente nos deuses indianos. Apesar dos diversos poderes de Júpiter, nele não estão contidos os valores que seriam fundamentais para Schopenhauer associá-lo à Vontade que se manifesta no nascimento, conservação e morte. Apenas com o pensamento indiano, o filósofo pôde encontrar essas três forças reunidas em um único exemplo mítico. Como Jones escreveu, *Brahmā*, *Viṣṇu* e *Śiva* são "os três poderes, criação, conservação e destruição"[166]. Vale ainda dizer que a semelhança entre o pensamento do indólogo e a interpretação que fez Schopenhauer da filosofia indiana não se restringiu apenas a essas características dos deuses da *Trimūrti*. Jones apresentou *Śiva* como possuidor do poder de destruição, assim como de geração, como se evidencia no seguinte trecho:

> Há ainda outro atributo de Mhádéva (outro nome dado ao deus *Śiva*), pelo qual ele está muito visivelmente destacado nas representações e templos de Bengala. Ele destroi, de acordo com os Vedanta da Índia, os Súfis da Pérsia e muitos outros filósofos de nossas escolas europeias, mas apenas para gerar e reproduzir em outra forma. Por isso, o deus da destruição é mantido neste país para presidir a geração, com um símbolo do qual ele monta em um touro branco[167].

De fato, existem várias representações de *Śiva* montado em um touro branco (*Nandi*), que simboliza a virilidade e o poder reprodutor desse deus. Como é sabido, Schopenhauer associou diversas vezes *Śiva* ao *liṅgaṃ*, que de modo explícito, demostra o poder de criação de uma divindade destinada à destruição. Não há menção nos escritos schopenhauerianos de *Śiva* montado em um touro, mas há em diversas passagens a associação de *Śiva* aos poderes de vida e morte, fazendo com que ele se transforme, para Schopenhauer, no mais importante deus da *Trimūrti* e aquele que consegue significar, de modo alegórico, a Vontade manifesta no mundo.

Em um único artigo escrito por William Jones, ficou evidente o valor que as *Asiatick Researches* possuem na compreensão da Índia manifesta no período de gênese da filosofia de Schopenhauer. Em diversos outros artigos existem explicações de conceitos indianos que foram importantes para Schopenhauer, por exemplo: *Śiva* associado ao *liṅgaṃ*[168], *Māyā* relacionado à ilusão[169], explicações dos *Vedas* e das *Upaniṣads*[170], a *Trimūrti* composta das forças da cria-

---

[166] Ibidem, 273.
[167] Ibidem, 249 e 250.
[168] *Asiatick Researches* — *Śiva* associado ao *liṅgaṃ* — vol. 1, 352; vol. 2, 274 e 319; vol. 4, 381, 382, 388, 393, 428, 431 e 433; vol. 5, 72 e 313; vol. 6, 510; vol. 7, 73 e 282.
[169] *Asiatick Researches* — *Māyā* (Maya) — vol. 1, 39, 223, 234, 245; vol. 3, 372, 373 e 414; vol. 4, 383.
[170] *Asiatick Researches* — *Vedas* e *Upaniṣads* — vol. 1, 244, 346 e 429; vol. 3, 412.

ção, conservação e destruição[171], saṁnyāsins[172], Tat tvam asi (Isto és tu)[173], saṃsāra e nirvāṇa[174].

Cabe, aqui, para fins didáticos e, semelhante ao que foi feito ao analisar a *Asiatisches Magazin* e a *Mythologie des Indous*, apresentar uma tabela contendo os principais artigos publicados nesses nove volumes das *Asiatick Researches*, assim como os principais conceitos indianos neles contidos[175].

Asiatick Researches, volume 1
Edição consultada 1798, primeira edição 1788

Título do artigo e autor		Tradução e conceitos importantes	Páginas
I.	A Dissertation on the Orthography of Asiatick Words in Roman Letters — William Jones	Uma dissertação sobre a ortografia de palavras asiáticas no alfabeto latino (*Máyá, Véda, Vishnu, Brahmán* e *Budd'há*)	1-56
IX.	On the Gods of Greece, Italy and India — William Jones	Sobre os deuses da Grécia, Itália e Índia (*Máyá, Siva, Vishnu, Brahmá, Brahme, Creation, Conservation* e *Destruction*)	221-275
XVII.	The Process of Making Attar, or Essential Oil of Roses — Coronel Polier	O processo de fazer Attar, ou óleo essencial de Rosas	332-335
XVIII.	Literature of Hindus, from the Sanskrit — Goverdhan Caul	Literatura dos hindus, do sânscrito (*Véda, Upanishat, Brahme, Brahmánda, Creation, Vishnu Perserver, Siva* e *Linga*)	340-356

Asiatick Researches, volume 2
Edição consultada 1790, primeira edição 1790

Título do artigo e autor		Tradução e conceitos importantes	Páginas
VII.	On the Chronology of the Hindus — William Jones	Sobre a cronologia dos hindus (*Vedas, Brahma, Vishnu, Buddha, avatares*)	111-148

---

171 *Asiatick Researches* — deuses da Trimūrti — vol. 1, 241, 242, 245, 251, 255, 262, 272, 352; vol. 2, 384, 386, 369; vol. 3, 358, 259, 278, 370; vol. 4, 433; vol. 5, 261 e 312.
172 *Asiatick Researches* — Saṁnyāsins — vol. 3, 47, 259, 330, 345 e 414.
173 *Asiatick Researches* — Thou art that — vol. 1, 232, 285 e 382; vol. 5, 355 e 356; vol. 7, 291 e 305.
174 *Asiatick Researches* — Saṃsāra e Nirvāṇa (Nieban) — vol. 6, 180, 186, 218, 224, 248, 265, 266, 267, 268, 271, 289; vol. 7, 399-417.
175 Na coluna "Tradução e conceitos importantes" estão entre parênteses os principais conceitos indianos. Os mesmos foram transcritos para a tabela da mesma maneira em que foram grafados nas *Asiatick Researches*.

Asiatick Researches, volume 3
Edição consultada 1805, primeira edição 1793

Título do artigo e autor	Tradução e conceitos importantes	Páginas
I. The Eighth Anniversary Discourse — William Jones	O discurso do oitavo aniversário	1-16
III. A Royal Grant of Land in Carnata — John Eliot	Uma concessão real de terra em Carnáta (*Véda, Sannyasi, Brahma, Vishnu* e *Siva*)	39-54
IV. On the Musical Modes of the Hindus — William Jones	Sobre os modos musicais dos hindus (*Véda, Īśvara, Osiris*)	55-90
VIII. On the Mystical Poetry of the East — William Jones	Sobre a poesia mística do Oriente (*Siva, Mahadeva*)	165-208
XII. The Lunar Year of the Hindus — William Jones	O ano lunar dos hindus (*Siva, Linga* e *Phallus*)	257-294
XIII. On Egypt and the Nile from the Sanskrit — Francis Wilford	Sobre o Egito e o Nilo a partir do sânscrito (*Shiva, Mahadeva, Máyá* e *Sannyasi*)	295-468

Asiatick Researches, volume 4
Edição consultada 1798, primeira edição 1795

Título do artigo e autor	Tradução e conceitos importantes	Páginas
I. Discourse the Tenth. On Asiatic History, civil and natural — William Jones	Décimo discurso. Sobre a história civil e natural asiática	xi-xxxi
XI. Discourse the Eleventh. On the Philosophy of the Asiatics — William Jones	Décimo primeiro discurso. Sobre a filosofia dos asiáticos (*Véda, Upanishad, Buddha, O'm* e *Confucius*)	165-184
XIV. On the Duties of Faithful Hindu Widow — Henri Thomas Colebrooke	Sobre os deveres da fiel viúva hindu (*OM, Brahme* e *Purana*)	215-225
XXVI. A Dissertation on Semiramis, &c. from the Hindu Sacred Book — Francis Wilford	Uma dissertação sobre Semiramis, &c. a partir do livro sagrado hindu (*Linga, Ma'ya, Mahá-Déva*)	376-400

XXXI. Some Account of the Cave in the Island of Elephanta — John Goldingham	Alguns cômputos da caverna na Ilha de Elephanta (*Siva, Lingam, Brahma* e *Visnhu*)	424-433

***Asiatick Researches*, volume 5**
Edição consultada 1799, primeira edição 1797

Título do artigo e autor	Tradução e conceitos importantes	Páginas
Advertisement	Nota ao leitor	iii-xi
IV. Some Account of the Sculptures at Mahabalipoorum; usually called the Seven Pagodas — John Goldingham	Algumas referências das esculturas em Mahabalipuram; geralmente chamado de Sete Pagodes (*Siva, Lingam, Brahma* e *Visnhu*)	69-80
XVIII. On the Chronology of the Hindus — Francis Wilford	Sobre a cronologia dos hindus (*Ling, Phallus, Linga, Siva, Maha-deva, Visnhu, Bráhma, Trimurti* e *Hindu Triad*)	241-296
XXII. On the Religious Ceremonies of the Hindus and the Bráhmens Especially. Essay I — Henri Thomas Colebrooke	Sobre as cerimônias religiosas dos hindus e, especialmente, os *Bráhmens*. Ensaio I (*Védas, óm, Brahme, Brahma, That art, Purána, Rigveda, Yajurveda, Samaveda* e *Atharvaveda*)	345-370

***Asiatick Researches*, volume 6**
Edição consultada 1801, primeira edição 1799

Título do artigo e autor	Tradução e conceitos importantes	Páginas
VIII. On Religion and Literature of the Burmas — Francis Buchanan	Sobre a religião e a literatura da Birmânia (*Nieban, Gotama, Plato, Bouddha* e *Confucius*)	163-308
XII. On Mount Caucasus — Francis Wilford	No monte Cáucaso (*Buddha, Védas, Vya'sa, Purána, Noah, Brahma, Iswara, Maha'deva, Vishnu, Linga, Siva, Linga, Phallus, Sannyási* e *Bauddhists*)	455-536
XIII. On the Antiquity of Surya Siddhanta, and the Formation of Astronomical Cycles therein contained — John Bentley	Sobre a antiguidade de *Surya Siddhanta* e a formação de ciclos astronômicos nela contidos (Tempo de *Brahma* e Astronomia dos hindus)	537-588

Asiatick Researches, volume 7
Edição consultada 1803, primeira edição 1802

Título do artigo e autor	Tradução e conceitos importantes	Páginas
II. On Singhala, or Ceylon, and Doctrines of Bhooddha, from the Books of the Singhalais — Captain Mahony	Em Singhala, ou Ceilão, e Doutrinas de *Buddha*, a partir dos Livros dos Singhalais (*Bhooddha, Maha Brachma, Pooraans, Vedas, Gautemeh, Seva* e *Lingum*)	32-56
VII. On the Sanskrit and Pra'crit Languages — Henri Thomas Colebrooke	Sobre o idioma sânscrito e o prakrit (*Vedas* e *Mahábkaskya*)	199-231
VIII. On the Religious Ceremonies of the Hindus and of the Bra'mens Especially. Essay II — Henri Thomas Colebrooke	Sobre as cerimônias religiosas dos hindus e, especialmente, os *Bráhmens*. Ensaio II (*Véda, Brahma, Vishnu, Siva* e *Puránas*)	232-287
IX. On the Religious Ceremonies of the Hindus and of the Bra'mens Especially. Essay III — Henri Thomas Colebrooke	Sobre as cerimônias religiosas dos hindus e, especialmente, os *Bráhmens*. Ensaio III (*Siva, Phallus, Mahádéva, Vishnu, Ganésá* e *Lingís*)	288-311
XV. On the Religion and Manners of the People of Ceylon — Mr. Joinville	Sobre a religião e as maneiras do povo do Ceilão (*Boudhou, Brahma, Nivani, Nirgwani, Foe, Boudhists* e *Brahmins*)	397-443

Asiatick Researches, volume 8
Edição consultada 1805, primeira edição 1805

Título do artigo e autor	Tradução e conceitos importantes	Páginas
III. Of the Origin of the Hindu Religion — John David Paterson	Da origem da religião hindu (*MAYA*)	44-87
VIII. On the Ve'das, or Sacred Writings of the Hindus — Henry Thomas Colebrooke	Sobre os Vedas, ou sagrados escritos dos hindus (*Védas*, Coronel Polier, *Vyása*, William Jones, *Puránas, Upanishads,* Budha, Gótama, Linga, Brahme, Brahma, thou art that e Arjuna)	377-498

App.	Introductory Remarks, Intended to Have Accompanied Captain Mahony's Paper on Ceylon, and the Doctrines of *Buddha*, Published in the Seventh Volume of the *Asiatick Researches*, but Inadvertently Omitted in Publishing that Volume — John Herbert Harington	Observações introdutórias, destinadas a acompanhar o documento do Capitão Mahony sobre o Ceilão e as doutrinas de *Buddha*, publicado no sétimo volume das *Asiatick Researches*, mas inadvertidamente omitido na publicação desse volume (*Buddha, Goutama, Vishnu* e *Máhádéva*)	529-534

Asiatick Researches, volume 9
Edição consultada 1809, primeira edição 1807

	Título do artigo e autor	Tradução e conceitos importantes	Páginas
IV.	Account of the Jains, Collected from a Priest of this Sect., at Mudgeri — Major Colin Mackenzie e Francis Buchanan	Cômputo dos Jains, coletado de um sacerdote desta seita, em Mudgeri (*Nirvána, Buddha, Gómat Iswara, Lingam, Crishna, Védas, Puránas, Vyasa, Vishnu, Siva, Brahma* e *Sannyásí*)	244-286
V.	Observations on the Sect of Jains — Henri Thomas Colebrooke	Observações sobre a seita dos Jains (*Védas, Védánta, Buddha, Gautama, Siva, Sannyásis, Vishnu* e *Puránas*)	287-322

Dos 182 artigos que compõem esses nove primeiros volumes das *Asiatick Researches*, os que apresentaram maior valor para essa pesquisa são os descritos na tabela acima. Nos quatro primeiros volumes, sete artigos foram escritos por William Jones. Suas pesquisas em forma de traduções ou de comentários sobre os textos originais hindus tornaram-se referência para todos aqueles que estavam interessados em compreender a Índia durante o final do século XVIII e início do XIX. Foi possível constatar que a sua interpretação peculiar sobre alguns conceitos orientais também se manifestou nos *Manuscritos* e n'*O mundo* de Schopenhauer. Na maioria das vezes, o indólogo baseou-se em textos escritos em sânscrito, conferindo maior autenticidade e confiabilidade em suas pesquisas. Foram diversas às vezes em que ele citou os *Vedas*, as *Upaniṣads*, os *Purāṇa*, dentre outros. Schopenhauer fez o mesmo, sem saber muitas vezes o que seriam essas três obras orientais. Ele pôde encontrar na interpretação de Jones ideias sobre o hinduísmo que foram de grande valia para o seu sistema filosófico.

Francis Wilford (1761-1822) foi outro importante indólogo membro da *Asiatic Society* e colaborador de diversos artigos das *Asiatick Researches*. Ele partilhava da tese de Jones sobre as várias aproximações entre Ocidente e Oriente, levando a crer na existência de uma língua comum indo-europeia. Mais eloquente do que Jones, Wilford chegou a algumas conclusões descabidas, como afirmar ter encontrado um texto escrito por Noé em sânscrito ou identificar o Cristo judaico-cristão com um imperador hindu, Śālivāhana. Apesar disso, seus artigos lidos e comentados por Schopenhauer, conforme anotações realizadas durante a leitura das *Asiatick Researches*, foram de valor significativo, pois apresentaram os deuses da *Trimūrti* de uma maneira muito próxima à interpretada por Schopenhauer. Nos artigos de Wilford, *Śiva* é o deus mais importante da *Trimūrti* e é retratado com seu atributo *liṅgaṃ* ou *phallus*, responsável pela vida, reprodução e criação do deus da destruição[176].

Outro indólogo de grande destaque nesses nove primeiros volumes das *Asiatick Researches* é Henri Thomas Colebrooke (1765-1837). Após a morte de William Jones, Colebrooke assumiu o papel de principal colaborador das pesquisas publicadas pela *Asiatick Society*. Do quarto ao nono volume, foram destacados sete artigos escritos pelo indólogo, os quais possuem inestimável valor na interpretação dos *Vedas* e das *Upaniṣads*. Em um deles podemos encontrar novamente a superioridade de *Śiva* em razão de seu atributo de *liṅgaṃ* ou *phallus*[177]. Schopenhauer pôde encontrar nesses artigos de Colebrooke grande auxílio para a interpretação da *Oupnek'hat*.

Por fim, e não menos importante, vale citar os artigos referentes ao budismo: "Sobre a religião e a literatura da Birmânia", sexto volume, escrito por Francis Buchanan-Hamilton (1762-1829) e "Sobre a religião e as maneiras do povo do Ceilão", sétimo volume, escrito por Mr. Joinville. Nesses artigos apareceu, pela primeira vez, a ideia budista mais importante no período da gênese da filosofia de Schopenhauer: *nirvāṇa* (nieban, nivani, nirgwani). Nas anotações durante a leitura das *Asiatick Researches*, Schopenhauer transcreveu tal ideia[178]. Vale ainda lembrar que ela serviu de conclusão para *O Mundo*, pois, após a plena negação da Vontade, o que resta é o vazio, o nada. O filósofo pôde encontrar no *nirvāṇa* um correlato para aquilo que queria expressar, enquanto negação da Vontade, e mais ainda, a sua completa supressão. Para Stephen Cross (2013), a leitura sobre o budismo nas *Asiatick Researches* foi fundamental para Schopenhauer por algumas razões: "O budismo é ateu e não admite deus Criador; seu código moral é admirável; e o *nirvāṇa* é uma espécie de aniquilação, a natureza positiva da qual se encontra além da possibilidade de descrição"

---

[176] *Asiatick Researches*, vol. 4, XXVI – A dissertation on Semiramis, &c. from the Hindu sacred book, 382-384.
[177] *Asiatick Researches*, vol. 7, 279-282.
[178] Anexo B do presente livro.

(CROSS, 2013, 40). Em nenhuma outra obra consultada por Schopenhauer sobre a Índia, durante o período de gênese de sua filosofia, há tantas informações sobre o budismo, em especial sobre o *nirvāṇa*.

Dessa forma, os nove primeiros volumes das *Asiatick Researches* constituem a última coletânea de textos sobre o pensamento indiano consultado por Schopenhauer antes de 1818. Como visto, o filósofo encontrou diversos artigos sobre o hinduísmo e o budismo que contribuíram na construção de sua Índia. Em parte, a partir das páginas escritas por Jones, Colebrooke, Wilford, Buchanan, Joinville, dentre outros, Schopenhauer conseguiu adquirir conhecimento suficiente sobre a Índia, para depois poder compará-la à sua própria filosofia e também se deixar influenciar por ela. Junto à *Oupnek'hat, Asiatisches Magazin* e *Mythologie des Indous*, as *Asiatick Researches* possuem todo o conteúdo indiano utilizado pelo filósofo até a publicação de sua obra capital.

CAPÍTULO 3
Apropriações e influências

❖ ❖ ❖

A FILOSOFIA DE Schopenhauer foi concebida ao mesmo tempo em que o filósofo entrou em contato com diversas ideias indianas e que de alguma forma se fizeram presentes em seus *Manuscritos* e n'*O mundo como vontade e como representação*.

Os conceitos indianos utilizados pelo filósofo possuem sentidos e usos diferentes. Schopenhauer apropriou-se de algumas ideias indianas e as aproximou de suas próprias teorias filosóficas. Sendo assim, é possível assegurar categoricamente a "presença" da Índia durante o período de gênese da filosofia de Schopenhauer. No entanto, após um estudo mais cuidadoso sobre essa "presença", é possível constatar a "influência" de algumas ideias indianas em Schopenhauer.

A influência deve ser compreendida como a ação que uma pessoa ou pensamento exerce sobre outra, criando alterações que delimitam momentos diferentes de um mesmo ser. Apenas a partir dos conceitos indianos utilizados pelo filósofo e tomando como referência os livros sobre a Índia consultados por ele até 1818 é possível afirmar, negar ou suspender o juízo referente a uma possível "influência". Por isso, faz-se necessário analisar isoladamente cada um desses conceitos indianos, mensurar suas contribuições na construção das ideias schopenhauerianas, comparar seus diferentes usos, confirmar suas fontes, problematizar as interpretações do filósofo e assegurar os graus de importância que tais ideias exerceram. Talvez não tenha sido em vão Schopenhauer ter colocado as *Upaniṣads*, ao lado da filosofia kantiana e platônica, como um dos mais relevantes pensamentos para compreender a sua própria filosofia.

Vale ainda relembrar que os *Vedas* e as *Upaniṣads*, dados, na maioria das vezes, como únicas referências indianas, devem ser alargados para que se compreenda como se deu a relação entre Schopenhauer e a Índia. De fato, como já dito, as *Upaniṣads* e os *Vedas*, quando citadas pelo filósofo, devem ser entendidos como sendo a *Oupnek'hat*, a *Asiatisches Magazin*, a *Mythologie des Indous* e as *Asiatick Researches*.

Com o objetivo de compreender quais os conceitos indianos foram apropriados por Schopenhauer e quais foram aqueles que geraram uma influência em seu pensamento, este capítulo foi devidamente dividido em três momentos.

No primeiro, analisaremos diversos conceitos indianos que estiveram presentes no período de gênese na filosofia de Schopenhauer, mas que não foram capazes de influenciar o filósofo. São apenas apropriações que exemplificam teorias já desenvolvidas. Esses conceitos serviram como um espelho para as ideias que Schopenhauer queria exemplificar. No entanto, vale relembrar Hübscher (1979) que alertou para as "resistências internas e externas" de ambos os lados nas aproximações entre Schopenhauer e a Índia. Desse modo, as principais ideias que analisaremos são: Brahman, Ātman, Tat tvam asi, saṁnyāsi, nirvāṇa e Buddha.

Nos dois momentos finais, analisaremos os conceitos Trimūrti, Brahmā, Viṣṇu, Śiva, liṅgaṃ e Māyā. Esses conceitos constituíram as influências indianas na filosofia de Schopenhauer. Alguns dos atributos dessas ideias indianas foram incorporados em algumas teorias schopenhauerianas, adicionando ou alterando seus sentidos.

3.1. Brahman, Ātman, Nirvāṇa e Tat tvam asi, saṁnyāsi, nirvāṇa e Buddha

Tanto na filosofia schopenhaueriana quanto no pensamento indiano existe uma característica fundamental, uma força metafísica que sustenta o mundo aparente e que dá base para todas as transformações e movimentos da matéria.

No hinduísmo, essa ideia se faz presente em *Brahman*, que representa o absoluto, a totalidade, a infinitude e o ilimitado. Ele é o princípio divino transcendente e imanente responsável pela imutabilidade da essência do universo e, simultaneamente, delega a divindades menores a gestão de toda a mutabilidade que compõe o mundo fenomênico. Ou seja, a partir de seus atributos, é possível concebê-lo como um ser que está para além da materialidade mundana, transcendendo-a, assim como é parte intrínseca de tudo aquilo que pode ser percebido sensorialmente, inseparável da própria natureza de cada objeto.

Logo de início, é fundamental distinguir o *Brahman* superior em relação a um deus menor, responsável pela criação na *Trimūrti*, *Brahmā*. Na introdução da *Mythologie des Indous*, redigida por Mme. de Polier, há uma nota de rodapé, já citada anteriormente, que faz referência ao primeiro volume das *Asiatick Researches*[1]. Nela, Mme. de Polier salienta, acertadamente, essa distinção entre esses seres: "*Birmah* ou *Brahma* (*Brahmā*) é a derivação masculina e o genitivo da palavra *Brähm* (*Brahman*), que é neutra. Os europeus têm variado a palavra, mas nos *Vedas* nunca se vê *Birmas* ou *Brehm* para o agente criador (absoluto),

---

[1] Vale destacar aqui o uso constante dos volumes das *Asiatick Researches* que fez Mme. Polier na introdução de sua obra *Mythologie des Indous*. São diversas menções a William Jones (1746-1794). É nítido que os volumes que compõem as *Asiatick Researches* ajudaram Mme. de Polier a compreender o pensamento indiano.

e *Brähm* significa sempre o ser supremo"². Tal distinção também é frequente nos estudos dos indólogos contemporâneos. Heinrich Zimmer, por exemplo, salienta esta distinção: "*Brahman* (neutro) e *Brahmā* (masculino) não devem ser confundidos. O primeiro refere-se ao absoluto transcendente e imanente; o segundo é uma personificação antropomórfica do criador demiurgo. *Brahman* é, de fato, um termo metafísico, e *Brahmā* uma designação mitológica" (ZIMMER, 2002, 146). De acordo com Zimmer, *Brahman* é a força metafísica responsável por sustentar todo o mundo fenomênico. Nessa lógica, todos os seres, inclusive o ser humano, podem ser entendidos como parte manifesta desse ser supremo. Não será em vão que um dos ensinamentos dos sábios brâmanes do *Advaita Vedānta*³ aos seus filhos é o grande pronunciamento *Mahāvākya*: *Tat tvam asi* (Isto és tu). Ideia originalmente presente na *Chāndogy upaniṣad* (*Upaniṣad*) ou *Tschehandouk* (*Oupnek'hat*)⁴, e também expressa em alguns artigos das *Asiatick Researches*⁵.

Para os pensadores do *Advaita Vedānta*, existe uma igualdade absoluta entre *tat* (isto), a verdade suprema exposta por detrás do aparente, e *tvam* (tu), o verdadeiro eu. Essa escola do pensamento indiano conecta o ser absoluto, o sopro vital, toda a realidade, que é *Brahman* (*Tat* — Isto), à alma individual, essência íntima que rege o verdadeiro eu, que é *Ātman* (*tvam* — tu). Dessa forma, objetiva-se atingir a libertação da ilusão do mundo fenomênico (*Māyā*), a partir da aquisição do autoconhecimento e da percepção da essência íntima que rege o próprio ser individualizado (*Ātman*). Todo esse processo culmina com a identificação do verdadeiro eu (*Ātman*) com a verdadeira realidade (*Brahman*). Para essa escola monista *Vedānta*, *Ātman* se associa a *Brahman*, portanto *Ātman* e *Brahman* são o mesmo ser. Tudo é um, tudo é a mesma coisa ou possui a mesma essência, a mesma realidade metafísica: *Brahman*, *Ātman* ou *Brahman-Ātman* (MARTINS, 2008).

No texto "A Bhagavad Gītā, ou diálogo entre Kṛṣṇa e Arjuna (do 4º ao 8º diálogo)", presente no segundo volume da *Asiatisches Magazin*, escrito por Friedrich Majer, há também uma equiparação entre *Brahman* e *Ātman*. Nas pa-

---

2   *Mythologie des Indous*, vol. I, 69. A grafia e a forma itálica utilizadas por Mme. De Polier, em referência a *Brahman* e *Brahmā*, foram preservadas.
3   Escola do pensamento hindu. Novamente, vale explicar que *Advaita* significa literalmente "não dois", ou seja, não existem dois mundos, duas realidades diferentes. Isso porque tudo é um, tudo possui a mesma essência, tudo é *Brahman*. *Advaita* é uma das três escolas *Vedāntas*, que possuem o monismo como característica central. Como é sabido, a escola *Vedānta* provém dos *Vedas*. No entanto, ela também é uma união com o conceito *"anta"*, ou seja, finais, últimos e posteriores. Nesse sentido, escrever que essa é uma teoria do pensamento *Advaita Vedānta* quer dizer literalmente que é um pensamento não dual realizado no período final dos *Vedas* ou posterior aos mesmos.
4   *Oupnek'hat*, vol. 1, 60ss.
5   *Asiatick Researches*, vol. 1, 232, 285 e 382; vol. 5, 355 e 356; vol. 7, 291 e 305; vol. 8, 434 e 456.

lavras de Majer: *"Brahman* é o que é sublime e sem corrupção; *Ātman* é o particular, a propriedade ou a natureza"[6]. *Ātman*, para Majer, é a manifestação individual dos seres humanos que fazem parte da totalidade que é *Brahman*; por essa razão, semelhante à frase *Mahāvākya*, na *Bhagavad Gītā* os ensinamentos de *Kṛṣṇa* ao jovem herói *Arjuna* objetivam o entendimento dessa essência que habita todo o universo e o próprio ser de seu interlocutor.

Uma teoria sobre *Brahman* e *Ātman* pode ser encontrada nas páginas da *Bṛhadāraṇyakopaniṣad* (*Oupnek'hat Brehdarang*) e da *Chāndogy upaniṣad* (*Oupnek'hat Tschehandouk*), que foram lidas e muito valorizadas por Schopenhauer. Apenas com o objetivo de ilustrar aquilo que é defendido, seguem três trechos da *Upaniṣad* (*Oupnek'hat*):

> Esse *Ātman* (eu, alma) é de fato *Brahman*. Ele também é identificado com o intelecto, o *Manas* (mente), e com o sopro vital, com os olhos e os ouvidos, com a terra, a água, o ar e *ākāśa* (céu), com o fogo e com o que é diferente do fogo (*Bṛhadāraṇyakopaniṣad*, 4.4.5, 712, e *Oupnek'hat Brehdarang*, 98-294)[7].
>
> *Brahman* era isso antes; portanto, sabia até mesmo o *Ātman* (alma, ele mesmo). Eu sou *Brahman*, então ele se tornou tudo. E quem dentre os deuses tinha essa iluminação também se tornou isso. E o mesmo ocorreu com os sábios, o mesmo ocorreu com os homens. Quem conhece a si próprio como "Eu sou *Brahman*" torna-se todo este universo (*Bṛhadāraṇyakopaniṣad*, 1.4.10, 146, e *Oupnek'hat Brehdarang*, 98-294).
>
> O inteligente, aquele cujo corpo é espírito, cuja forma é luz, cujos pensamentos são verdades, cuja natureza é como o éter, por quem tudo move, que tudo deseja, de quem todos os perfumes e sabores procedem; Ele, o que tudo envolve, e nunca fala, e nunca se surpreende. Ele é o meu ser dentro do coração, menor que um grão de arroz, menor que um grão de cevada, menor que uma semente de mostarda, menor que um grão de alpiste ou que o cerne de um grão de alpiste. Ele é também meu ser dentro do coração, maior que a terra, maior que o céu, maior que o paraíso, maior que todos os mundos. Ele, por quem tudo se move, tudo deseja, de quem todos os perfumes e sabores procedem, que tudo envolve, e nunca fala, e nunca se surpreende. Ele, meu ser dentro do coração, é esse *Brahman* (apud YUTANG, 1966, 45 e 46).

A *Oupnek'hat* apresenta a identificação de *Brahman* e *Ātman*. Desse modo, a frase *Mahāvākya* "*Tat tvam asi*" objetiva a mesma identificação. Semelhante inter-

---

6   *Asiatisches Magazin*, vol. II, 131.
7   As páginas indicadas (146 e 712) referem-se à tradução realizada por Mādhavānanda, de 1950 (MĀDHAVĀNANDA, Swāmi – *THE BRHADARANYAKA UPANISAD*, Advaita Ashrama, Mayavati, Almora, Himalayas, 1950). A *Oupnek'hat Brehdarang* faz referência a diversas passagens sobre *Brahman* e *Ātman* (178, 179, 259 e 260).

pretação também foi encontrada nos apontamentos realizados por Schopenhauer a partir da leitura dos nove primeiros volumes das *Asiatick Researches*. Sobre a página 349, do quinto volume, Schopenhauer escreveu o seguinte parágrafo:

> Sobre aquele poder resplandecente, que é o <u>próprio *Brahman*</u> e é chamado de luz do sol radiante, que eu medito: governado pela misteriosa luz que reside <u>dentro de mim</u>, com o propósito do pensamento, essa mesma luz é a terra, o éter sutil e tudo o que existe nessa esfera que foi criada; é o mundo triplo que contém tudo o que é fixo ou móvel; <u>ele existe internamente em meu coração e externamente na órbita do sol, sendo um e o mesmo com esse poder refulgente. Eu mesmo sou uma manifestação irradiada do *Brahman* supremo</u>[8].

Ainda em referência às *Asiatick Researches*, vale mencionar outro apontamento acerca da página 289 do nono volume:

> Os seguidores dos <u>*Vedas*</u>, de acordo com a teologia explicada no <u>Vedanta</u>, que consideram a alma humana como uma porção do pensamento universal e divino, acreditam que ela é capaz de uma perfeita união com a essência divina; e os escritores do <u>Vedanta</u> não apenas afirmam que essa união e identidade estão ligadas a uma sabedoria, que eles ensinam, mas também avisaram que por esses meios a alma particular torna-se o próprio Deus atingindo a verdadeira supremacia[9].

Os trechos transcritos pelo filósofo nos *Manuscritos* não apenas confirmam que ele entrou em contato com essas ideias durante a gênese de sua filosofia por intermédio das *Asiatick Researches*, mas também mostram quais principais teorias indianas foram preteridas por Schopenhauer. Os textos lidos pelo filósofo são de artigos escritos por Colebrooke que abordam importantes conceitos indianos: *Ātman*, *Brahman*, *Oṃ*, *Brahmā*, *Viṣṇu*, *Śiva*, *Trimūrti* e *Tat tvam asi*. Colebrooke apresentou a escola *Vedānta* (depois dos *Vedas*), que inclui as *Upaniṣads* e que traz a ideia da união entre o ser supremo e todos os seres do mundo fenomênico. O indólogo ainda mencionou o conhecimento presente na particularidade humana expressa em *Ātman*. Com esse conhecimento, é possível atingir a conexão e a identificação com *Brahman*.

David Lorenzen, importante indólogo contemporâneo, ratifica tal tese ao escrever em um de seus textos: "As escolas *Advaita* e *Nirguni*, por outro lado, enfatizam um misticismo interior no qual o devoto procura descobrir a identidade da alma individual (*Ātman*) com o fundamento universal do ser (*Brah-*

---

[8] Artigo escrito por H. T. Colebrooke intitulado "Sobre as Cerimônias Religiosas dos Hindus e, especialmente, os Bráhmens — Ensaio I" (Anexo B deste livro — grifos de Schopenhauer).

[9] Artigo escrito por H. T. Colebrooke intitulado "Observações sobre a seita dos Jains" (Anexo B deste livro — grifos de Schopenhauer).

man) ou encontrar o ser dentro de si mesmo" (LORENZEN, 2004, 208 e 209). Richard E. King, outro renomado indólogo contemporâneo, chegou às mesmas conclusões ao conceber "*Ātman* como a essência mais íntima ou a alma do homem e *Brahman* como a essência mais íntima e apoio do universo [...]. Assim, podemos ver nas *Upaniṣads* uma tendência para uma convergência entre microcosmo e macrocosmo, culminando na equiparação de *Ātman* com *Brahman*" (KING, 1995, 64). Na mesma perspectiva, Roberto de Andrade Martins escreveu a seguinte frase, ao analisar os problemas em traduzir os *Vedas*: "Ao ser associado a todas as pessoas e todos os seres, ele (*Brahman*) também assume um papel semelhante ao desempenhado pelo *Ātman*, no *Vedānta*. Com seu simbolismo peculiar, o *Ṛg-Veda* já apresenta uma forma da identidade *Ātman* = *Brahman*" (MARTINS, 2011, 120).

Todos esses pesquisadores convergem para a mesma proposta ao conceber o hinduísmo, especificamente o *Advaita Vedānta*, como possuidor de certos pontos de igualdade entre a essência metafísica do universo e a essência particular individualizada no eu.

De modo diferente, mas ao mesmo tempo análogo, a metafísica de Schopenhauer apresenta um possível correlato para *Brahman*, que é o conceito "Vontade". É provável dizer que a seguinte frase escrita por Schopenhauer poderia ser destinada tanto para explicar o conceito Vontade presente em sua filosofia quanto para explicar o absoluto indiano *Brahman*: "Em nós ela habita, não apenas no mundo subterrâneo, tampouco apenas nas estrelas celestes: o espírito, que em nós vive, a tudo isso anima"[10].

Nesse sentido, esse ser que é a essência metafísica do mundo entendido como Vontade, também habita o corpo do sujeito puro do conhecimento. O corpo, para além de ser compreendido como objeto imediato, é também compreendido como "objetidade da Vontade". A ideia indiana *Ātman* se aproxima da filosofia de Schopenhauer a partir da ideia de corpo imediatamente percebido pelo sujeito puro do conhecimento, ou melhor, a partir da compreensão do corpo que é "objetidade da Vontade". Por isso, a igualdade gerada pelos hindus entre *Ātman* e *Brahman* também pode ser encontrada em Schopenhauer a partir das ideias de corpo e Vontade. Isso porque o "meu corpo e a minha Vontade são uma coisa só [*mein Leib und mein Wille sind eines*]; [...] ou, meu corpo é OBJETIDADE da minha vontade [*die Objektität meines Willens*]; ou, abstraindo-se o fato de que meu corpo é minha representação, ele é apenas minha Vontade etc."[11].

Para o filósofo, o caminho percorrido por todos os filósofos que o precederam gerou explicações filosóficas sobre a essência última de todas as coisas a partir "de fora". Como descrito por ele: "Assemelhamo-nos a alguém gi-

---

10   M I, § 16, 149 (SW II, 111).
11   Ibidem, § 18, 160 (SW II, 122 e 123).

rando em torno de um castelo, debalde procurando sua entrada, e que de vez em quando desenha as fachadas"[12]. Schopenhauer escolheu um percurso diferente. De modo inverso, ele parte de dentro para decifrar o enigma do mundo, definindo a coisa-em-si kantiana como Vontade a partir da experiência própria do corpo. Essa não é apenas uma representação intuitiva ou abstrata, um objeto dentre todos os objetos, mas também é aquilo que se pode conhecer de imediato: "A Vontade é o conhecimento a *priori* do corpo, e o corpo é o conhecimento a *posteriori* da Vontade"[13]. Por essa razão, o corpo se faz como a chave para abrir a porta do mundo para além da "mera" representação. Ao conceber a Vontade como força que controla o próprio corpo, por analogia o sujeito puro do conhecimento nota também que tal força rege os demais corpos, todos os demais seres. Essa "energia" é a base metafísica da filosofia schopenhaueriana e, por sua vez, também a base de todo o mundo representado. Compreender a filosofia schopenhaueriana passa necessariamente pela compreensão do significado metafísico da palavra Vontade e como ela é alcançada por intermédio da compreensão do próprio corpo. De modo semelhante, compreender o hinduísmo passa necessariamente pela compreensão do significado metafísico de *Brahman* e como ele é alcançado por intermédio da compreensão do Ātman.

Apesar dessas comparações entre Schopenhauer e a Índia, especificamente, entre os conceitos Vontade/corpo e *Brahman/Ātman*, é importante dizer que o filósofo não fez, constantemente, tais aproximações durante o período de gênese de sua filosofia. Vale ainda constatar que, em raros momentos dos *Manuscritos* até 1818, Schopenhauer fez uso do conceito Ātman.

A primeira vez em que o filósofo citou explicitamente Ātman foi no ano de 1814, no seguinte trecho dos *Manuscritos*:

> Na infantil e tola teoria dogmática, tentou-se explicar tudo por intermédio das relações de objetos, especialmente através do princípio de razão suficiente; representou-se um Deus construindo o mundo, decidindo o destino dos homens, e assim por diante. Entretanto, os sábios indianos começam do sujeito, de Atma (*Ātman*), Djiw-Atma (*Jīvātman*). O ponto essencial é o sujeito que possui representações ou imagens mentais. Não se trata da conexão entre representações. Se, após a maneira dos indianos, começarmos a partir do sujeito, o mundo, juntamente com o princípio de razão suficiente que o governa, de repente está diante de nós, sendo irrelevante de que lado iniciarmos a considerá-lo[14].

---

[12] Ibidem, § 17, 156 (SW II, 118).
[13] Ibidem, § 18, 157 (SW II, 119).
[14] MR I, 116, n. 192 (HN I, 107). Tomamos como referência a forma como foram escritos os conceitos indianos por Schopenhauer na versão alemã. A outra citação de *Ātman* refere-se a uma nota do tradutor inglês, que inclui esse conceito ao lado do "*Tat tvam asi*" (MR I, 470 — versão em inglês).

Schopenhauer equipara a sua filosofia com a sabedoria indiana, precisamente, em relação ao conceito *Ātman* e ao sujeito do conhecimento. Ambos, Schopenhauer e a Índia, constroem suas filosofias a partir do sujeito, ou seja, a partir percepção de si mesmo que é feita pelo sujeito do conhecimento ou *Ātman*.

É importante dizer que Schopenhauer se apropriou de *Brahman* de um modo muito diferente do até então apresentado. Uma das raras vezes em que o filósofo utilizou o ser supremo hindu foi identificando-o com a supressão da Vontade, como foi expresso nesse trecho d'*O mundo*:

> Esta consideração é a única que nos pode consolar duradouramente, quando, de um lado, reconhecemos que sofrimento incurável e tormento sem fim são essenciais ao fenômeno da Vontade, ao mundo, e, de outro, vemos, pela Vontade suprimida, o mundo desaparecer, e pairar diante de nós apenas o nada. Dessa forma, todavia, pela consideração da vida e da conduta dos santos, cujo encontro nos é raras vezes permitido em nossa experiência, mas que nos são noticiadas em suas histórias narradas e trazidas diante dos olhos pela arte com o selo da verdade interior, devemos dissipar a lúgubre impressão daquele nada, que como o último fim paira atrás de toda virtude e santidade e que tememos como as crianças temem a escuridão. E isso é preferível a escapar-lhe, como fazem os indianos através de mitos e palavras vazias de sentido, como reabsorção no *Brahm* (*Brahman*) ou no *Nirwana* (*nirvāṇa*) dos budistas. Antes, reconhecemos: para todos aqueles que ainda estão cheios de Vontade, o que resta após a completa supressão da Vontade é, de fato, o nada. Mas, inversamente, para aqueles nos quais a Vontade virou e se negou, este nosso mundo tão real com todos os seus sóis e vias lácteas é — Nada[15].

Muito semelhante a esse trecho que finaliza *O mundo*, existe uma passagem nos *Manuscritos* em que Schopenhauer apresenta explicitamente a fonte utilizada na construção dessas ideias indianas: *Asiatick Researches* e *Oupnek'hat*[16]. De fato, Schopenhauer pôde encontrar o conceito *nirvāṇa* apenas em alguns dos artigos presentes nas *Asiatick Researches*, principalmente nos volumes seis e sete. No entanto, como já analisado, o conceito *Brahman* se fez presente em diversas obras sobre a Índia consultadas pelo filósofo até 1818: *Oupnek'hat, Asiatisches Magazin, Mythologie des Indous* e *Asiatick Researches*. Em todas elas, *Brahman* se mostrou como o ser supremo, que transcende o mundo e, simultaneamente, emana sua natureza em todos os objetos. *Brahman* é tudo, pleno em todas as formas de existência e para além delas.

---

15   M I, § 71, 519 (SW II, 487). Alteramos a grafia de Brahman e Nirvāṇa em respeito às regras internacionais para termos sânscritos (IAST).
16   MR I, 456, n. 612 (HN, 411 e 412).

APROPRIAÇÕES E INFLUÊNCIAS

Apesar do que foi exposto em todas essas obras a respeito da Índia, Schopenhauer não associou *Brahman* à plenitude da Vontade; pelo contrário, o filósofo comparou esse conceito hindu com a supressão da Vontade. Ou seja, em vez de o filósofo associar a mais importante ideia do hinduísmo à Vontade, que seria uma equiparação possível, ele fez exatamente o oposto, colocando-o como exemplo alegórico para se referir ao nada, para a completa abolição da Vontade. Nesse caso, Hübscher (1979) tem razão quando chama a atenção para as resistências que geraram as apropriações indianas por Schopenhauer.

Para o indólogo alemão Wilhelm Halbfass (1990), *Brahman* constitui o mais importante conceito indiano presente na filosofia de Schopenhauer, ora sendo compreendido como afirmação da Vontade, ora como negação da Vontade. Em suas palavras:

> O conceito *Brahman*, para o qual Schopenhauer postula um significado etimológico, "força, vontade, desejo", é o ponto de referência indiano mais importante em Schopenhauer. Em particular, ilustra a relação profundamente problemática entre a afirmação e a negação da Vontade [...]. Assim como somos a Vontade, então *Brahman* é finalmente idêntico a nós mesmos (HALBFASS, 1990, 119).

Halbfass concebe uma tensão existente em *Brahman*, assim como na Vontade, pois ambos, um na religião hindu, outro na filosofia alemã, são compreendidos como a essência metafísica do mundo. No entanto, tal essência em Schopenhauer pode ser afirmada, negada e suprida pelos seres humanos. Por sua vez, *Brahman*, a partir do entendimento schopenhaueriano, é concebido de quatro formas diferentes: é o mundo aparente criado por *Māyā*; é a identificação do sujeito com a Vontade (*Ātman-Brahman*); é o mundo negado por intermédio das ações dos brâmanes, *saṁnyāsins* e ascetas hindus; e, por fim, dilui-se no nada, reabsorve-se no vazio, na ausência de si mesmo (*Brahman-nirvāṇa*). Todavia, somos contrários a essa ampla interpretação de Halbfass se nos restringirmos às citações sobre o ser supremo indiano até 1818. As poucas vezes em que *Brahman* é citado por Schopenhauer nos *Manuscritos* ou n'*O mundo* não abrangem, claramente, as quatro formas concebidas por Halbfass. O que notamos é a apropriação de *Brahman*, principalmente, como semelhante à supressão completa da Vontade.

Como já apresentado, no último parágrafo que compõe o quarto livro d'*O mundo*, o filósofo igualou *Brahman* ao *nirvāṇa*. No entanto, tais conceitos indianos não são sinônimos e foram utilizados de modos muito distintos pelas diferentes religiões orientais e por suas diversas vertentes. De modo geral, no hinduísmo, *Brahman* simboliza o absoluto, o princípio de tudo, antes da própria materialidade, a infinitude no tempo, o ilimitado no espaço, enquanto, no budismo, *nirvāṇa* é "o mais perfeito de todos os estados, consistindo em um tipo de aniquilação, em que os seres estão livres da mudança, miséria, morte, doença e velhice"[17].

Nesse sentido, a apropriação que Schopenhauer fez do conceito *nirvāṇa* possui maior fidelidade com a ideia concebida pelo budismo e pelas obras consultadas pelo filósofo até a publicação d'*O mundo*. O filósofo encontrou nas *Asiatick Researches* outros artigos que faziam referência direta a essa ideia oriental. Em alguns momentos o filósofo chegou até a transcrever parágrafos completos em seus *Manuscritos*. Eis dois deles:

> Página 180. Os discípulos de Buddha alegam que os seres estão evoluindo continuamente, revolvendo-se nas mudanças de transmigração, até que tenham realizado as ações que os qualifiquem para o Nieban (*nirvāṇa*)[18], o mais perfeito dos estados, sendo uma espécie de anulação.
>
> Página 266. Quando uma pessoa não está mais sujeita a nenhuma das seguintes misérias, a saber, a opressão, a velhice, as doenças e a morte, então ela deve ter atingido o Nieban (*nirvāṇa*). Nenhuma coisa, nenhum lugar, pode nos dar uma ideia adequada de Nieban: podemos apenas dizer que estar livre dos quatro sofrimentos acima mencionados e obter a salvação é o Nieban. Do mesmo modo que, quando uma pessoa seriamente doente está trabalhando, ela recorre à assistência da medicina e dizemos que ela alcançou a saúde: mas, se qualquer pessoa deseja saber o modo pelo qual, ou a causa de, conseguir saúde, ela somente terá uma resposta, ou seja, ter a saúde restaurada significa apenas estar recuperado da doença. Esta é a única maneira pela qual podemos falar sobre o Nieban: e o Godama pensava desta maneira[19].

Como dito, o conceito *nirvāṇa* foi apropriado por Schopenhauer de forma muito próxima à que ele encontrou no artigo intitulado "Sobre a religião e literatura da Birmânia (Myanmar)", escrito por Francis Buchanan. A negação plena da Vontade é obtida pela ausência do intelecto, de conceitos ou de ideias. Schopenhauer tem dificuldades de explicar por intermédio de representações abstratas essa ideia, pois qualquer tentativa recairia em erro. Por isso, apropriou-se da ideia budista para explicar o seu próprio pensar. A prática meditativa experimentada por *Buddha* atinge o esvaziamento do eu, restando apenas o nada. Impossível descrever em palavras o que é esse nada, estado de graça, puro *nirvāṇa*. Esse é o momento no qual ocorre a anulação perfeita que reside na libertação do próprio eu, na diluição do ego. Desse modo, Schopenhauer entendeu o *nirvāṇa* como a supressão total dos sofrimentos do mundo (opressão, velhice, doença e morte), negação completa da Vontade (APP, 2010).

---

17   *Asiatick Researches*, vol. 6, 180.
18   A forma grafada do conceito *nirvāṇa* tanto na maior parte dos escritos schopenhauerianos quanto nas *Asiatick Researches* é a mesma: Nieban (por nossa nota).
19   Anexo B, Notas da *Asiatick Researches*, vol. 6, 180 e 266 (grifos de Schopenhauer).

Apesar das nítidas distinções entre os conceitos *Brahman* e *nirvāṇa*, eles foram entendidos por Schopenhauer a partir da ideia da supressão completa das dores do mundo que constitui um estágio superior de compreensão da realidade. Para os brâmanes atingirem uma compreensão elevada de consciência diante do mundo, eles precisam romper com o véu de *Māyā* e as ilusões dos sentidos. Eles necessitam identificar-se com toda a força que rege o cosmo (*Ātman-Brahman*). Os brâmanes se utilizam da frase *Mahāvākya* "*Tat tvam asi*" (Isto és tu) para identificarem-se com todos os seres existentes, ou melhor, para elevarem-se a um estágio superior e notarem *Brahman* em todas as coisas.

A frase *Mahāvākya* também foi usada por Schopenhauer para exemplificar atos de compaixão. Aqueles que conseguem ter empatia, aniquilando o *principium individuationis*, também conseguirão se identificar com a essência única que compõe toda a materialidade. Essa experiência sentida e vivenciada pelos brâmanes se assemelha, em certo sentido, com aquela praticada pelos devotos budistas que almejam o esvaziamento do eu para atingirem a iluminação, o *nirvāṇa*.

Essas três experiências indianas, *Ātman-Brahman*, *nirvāṇa* e *Tat tvam asi*, apesar das diversas distinções, podem encontrar certa similaridade na filosofia schopenhaueriana a partir dos graus diferentes da negação da Vontade. Em um primeiro momento, ela é negada por intermédio da compaixão e empatia que associa a individualidade com a totalidade (*Ātman-Brahman* e *Tat tvam asi*), depois ela é completamente suprimida, restando o vazio, o nada (*Brahman* e *nirvāṇa*). Schopenhauer se utilizou de vários exemplos éticos dos indianos (brâmanes, ascetas hindus, *saṁnyāsins*) para explicar a negação da Vontade. Ele se apropriou de passagens de vários livros sagrados da Índia[20] para ilustrar o seu próprio pensar. Nessa apropriação, ele apresentou esses dois estágios da negação da Vontade. O primeiro estágio é perceber a essência última de todo o universo, com que a "fórmula sânscrita com tanta frequência é empregada nos diversos livros sagrados hindus, chamada *Mahāvākya*, isto é, a grande palavra, que soa '*Tat tvam asi*', ou seja, 'esse vivente és tu'"[21]. O segundo estágio é a total supressão de toda a Vontade, completo aniquilamento, expresso em *Brahman* e no *nirvāṇa*. Especificamente no parágrafo 71 d'*O mundo*, Schopenhauer fez referência ao nada como sendo esse próximo estágio. Esse nada se constitui como efeito experimentado por aqueles que percorreram o caminho da negação da Vontade, como é demonstrado no seguinte fragmento:

> Após a nossa consideração finalmente ter chegado ao ponto em que a negação e supressão do querer apresentam-se diante de nossos olhos

---

20 M I, § 70, 515 (SW II, 483).
21 Ibidem, § 44, 295 (SW II, 259). Para além da *Oupnek'hat*, Schopenhauer também pôde encontrar essa frase nos seguintes momentos das *Asiatick Researches*: vol. 1, 232, 285, 382; vol. 5, 355 e 356; vol. 7, 291 e 305; vol. 8, 434 e 456.

na figura perfeita da santidade, precisamente acontecendo ali a redenção de um mundo cuja existência inteira se apresenta como sofrimento, daí se abriria uma passagem para o NADA vazio[22].

Esse nada se associa à supressão plena da Vontade, ausência de distinções entre sujeito e objeto, fim de toda representação possível, assim como de toda Vontade. Esse momento se assemelha a um grau superior de aquisição de conhecimento diante da realidade. No entanto, tal momento tampouco pode ser definido como conhecimento, pois não existe mais sujeito que possa conhecer ou objeto que possa ser conhecido. Isso porque resta apenas uma experiência vivida por aquele que negou e suprimiu a Vontade, sendo impossível comunicá-la ou explicá-la para outrem. No entanto, para aqueles que insistem em uma demonstração mais aguçada daquilo que seria essa experiência do nada, Schopenhauer escreveu o seguinte parágrafo:

> Se, todavia, se insistisse absolutamente em adquirir algum conhecimento positivo daquilo que a filosofia só pode exprimir negativamente como negação da Vontade, nada nos restaria senão a remissão ao estado experimentado por todos aqueles que atingiram a perfeita negação da Vontade e que se cataloga com os termos êxtase, enlevamento, iluminação, união com deus etc. Tal estado, porém, não é para ser denominado propriamente conhecimento, porque ele não possui mais a forma de sujeito e objeto, e só é acessível àquele que teve a experiência, não podendo ser ulteriormente comunicado[23].

Schopenhauer concebe que essa experiência vivida por aqueles que negaram e suprimiram a Vontade faz com que eles se "unam a deus", sendo que esse deus para os hindus é o ser supremo e absoluto *Brahman*. "Através desta (intuitivamente) alma inteligente, o sábio ascendeu deste mundo presente à região abençoada do paraíso: e, realizando todos os seus desejos, se tornou imortal"[24]. Ou, então, essa experiência se associa com o sentimento daqueles que atingiram a "iluminação", sendo que essa iluminação para os budistas é o *nirvāṇa*. Para aqueles que experimentaram tal realidade, tudo se transformou em vazio, em nada, pois o nada sempre se faz em relação à ausência de ser, no caso em relação à supressão da Vontade. Aqueles que ultrapassaram os estágios da negação da Vontade encontraram a calma, a serenidade, a paz, a ausência de sofrimento; isso porque a Vontade desapareceu, aliás, tudo desapareceu, nada restando. Os conceitos *Brahman* dos hindus e o *nirvāṇa* dos budistas se mostraram para Schopenhauer como exemplos indianos para exem-

---

22 Ibidem, § 71, 515 e 516 (SW II, 483).
23 Ibidem, § 71, 517 e 518 (SW II, 485).
24 Anexo B, Notas da *Asiatick Researches*, vol. 8 (HN XXIX, 244).

plificar e explicar essa ideia na qual uma palavra não pode dar conta, pois o sentimento de silêncio, vazio e nada são a sua mais plena expressão.

❖ ❖ ❖

Como vimos, durante a construção das teorias da ética da compaixão e da negação da Vontade, Schopenhauer se deparou com os conceitos indianos: *Brahman, Ātman, nirvāṇa* e *Tat tvam asi*. Ele se apropriou desses conceitos e os utilizou para ilustrar o seu próprio pensar[25]. No entanto, apesar de estarem associados à ética da compaixão (*Tat tvam asi*), ao sujeito puro do conhecimento (*Ātman-Brahman*), à negação da Vontade e ao nada (*Brahman* e *nirvāṇa*), defendemos a tese de que não existiram influências, mas apenas apropriações dessas ideias indianas para explicar teorias que foram construídas por Schopenhauer até 1818. Soa-nos extremamente ousado e incerto assegurar tal influência tendo em vista as poucas citações[26] sobre esses conceitos indianos. É necessário ter prudência e cautela na análise dos efeitos que essas apropriações geraram no pensamento do filósofo, pois, apesar das semelhanças e notórias aproximações, é fundamental assegurar também alterações significativas, ou seja, modificações que delimitam períodos distintos na construção de algumas ideias de Schopenhauer durante a gênese de sua filosofia.

3.2. *Trimūrti* (*Brahmā, Viṣṇu* e *Śiva*) e *Liṅgaṃ*

De acordo com as obras consultadas por Schopenhauer, após a criação do mundo material por *Brahman*, o hinduísmo acredita na existência de diversas divindades "menores" para reger e explicar as forças presentes em tal mundo. A *Trimūrti* seria a responsável por dar conta da criação, preservação e destruição de todos os seres fenomênicos. Os três deuses que a compõem são *Brahmā, Viṣṇu* e *Śiva* (Figura 7[27]). Cada um deles simboliza uma dessas forças

---

[25] Schopenhauer se apropriou também de outros conceitos indianos com o mesmo objetivo de ilustrar sua teoria de negação da Vontade. Os conceitos *saṁnyāsi* e *Buddha* estiveram presentes na filosofia de Schopenhauer no período de gênese, assim como nas três obras indianas de referência para este livro. Esses conceitos mostram apenas a "presença" e a "apropriação" realizadas pelo filósofo, sem se constituírem "influências".

[26] O conceito *nirvāṇa* foi citado apenas duas vezes no primeiro volume dos *Manuscritos* (MR I, 456 e 488; HN I, 412 e 441) e mais duas nas notas de leitura das *Asiatick Researches* (Anexo B). A frase *"Tat tvam asi"* foi citada apenas uma vez no primeiro volume dos *Manuscritos* (MR I, 470; HN I, 425). O conceito *Ātman* foi utilizado apenas uma vez nos *Manuscritos* (MR I, 116; HN I, 107). Por fim, o conceito *Brahman* foi citado apenas duas vezes no primeiro volume dos *Manuscritos* (MR I, 455 e 470; HN I, 411 e 412).

[27] No decorrer desse subcapítulo, o leitor encontrará algumas figuras/imagens que têm como objetivo central ilustrar a temática abordada ao longo do texto. Algumas delas não foram

Figura 7. Escultura em xisto negro do século X d.C. representando
Viṣṇu, *Śiva* e *Brahmā*, os três deuses hindus da *Trimūrti*. Coleção do
Museu de Arte do Condado de Los Angeles, EUA. © Wikimedia Commons.

do mundo. *Brahmā* é o responsável por criar, conceber, gerar, dar a vida a todos os seres; *Viṣṇu* conserva, preserva, mantém no tempo e no espaço tudo o que existe; e, por fim, *Śiva* é responsável por destruir, matar, extinguir, corromper os seres existentes. Schopenhauer associa essas três forças que regem a *Trimūrti* com a sua teoria da "Vontade de vida" (*Wille zum Leben*). Para o filósofo, "a Vontade de vida aparece tanto na morte autoimposta (*Śiva*), quanto no prazer da conservação pessoal (*Viṣṇu*) e na volúpia da procriação (*Brahmā*). Essa é a significação íntima da UNIDADE DA *TRIMŪRTI*, que cada homem é por inteiro, embora no tempo seja destacada ora uma, ora outra de suas três cabeças"[28]. Schopenhauer exemplifica as forças presentes na Vontade de vida por intermédio do nascimento, sobrevivência, reprodução e morte dos seres humanos. Embora cada um desses acontecimentos da vida humana ocorra isoladamente, tudo se unifica na Vontade de vida.

---

retiradas dos livros consultados por Schopenhauer até 1818. No entanto, possuem significativo valor histórico, pois, na sua maioria, são figuras anteriores ao século XIX.

[28] M I, § 69, 504 (SW II, 471 e 472).

Como já analisado anteriormente, Schopenhauer entrou em contato com essa ideia indiana no verão de 1811, durante o curso de etnografia ministrado pelo Prof. Arnold Heeren na Universidade de Göttingen, que utilizou as *Asiatick Researches* como material essencial de estudo. O filósofo tinha apenas 23 anos quando escreveu em seus apontamentos[29] a seguinte frase: "Brahma, Krischrah (*Kṛṣṇa*) e Wischuh (*Viṣṇu*) são as três principais divindades; elas são chamadas de trindade indiana e estão representadas juntas em uma pintura". Na margem dessa nota, Schopenhauer acrescentou a seguinte informação: "De acordo com a opinião de alguns, Brahma é a criação, Krischrah a preservação, e Wischuh o princípio de destruição. Mas isso não é certamente aquilo que é corretamente concebido" (apud APP, 2006A, 30)[30]. De fato, a *Trimūrti* não é retratada dessa maneira. De acordo com a frase escrita por Schopenhauer, apenas *Brahmā* possui sentido exato, pois para o hinduísmo, *Kṛṣṇa* é apenas o oitavo avatar do deus que simboliza a conservação (*Viṣṇu*), que, erroneamente, foi associado à destruição. Apesar das diferenças entre as divindades que compõem a *Trimūrti* do curso na Universidade de Göttingen (*Brahmā, Kṛṣṇa* e *Viṣṇu*) e dos deuses que comumente são retratados na *Trimūrti* (*Brahmā, Viṣṇu* e *Śiva*), o significado das forças foi usado corretamente: criação, conservação e destruição.

Três anos se passaram até que Schopenhauer utilizasse novamente tal ideia indiana em seus *Manuscritos*[31]. No final de 1813 e início de 1814, o filósofo entrou em contato com a *Oupnek'hat*, as *Asiatisches Magazin* e a *Mythologie des Indous*. Todas essas obras se configuram como fontes que colaboram para a apropriação, por parte dele, da *Trimūrti* hindu e sua associação à ideia de Vontade de vida.

No primeiro volume da *Oupnek'hat*, Anquetil-Duperron escreveu em francês uma parte intitulada *Emendas e Anotações* (*Emendationes et Annotationes*), representando a *Trimūrti* hindu com *Brahmā, Viṣṇu* e *Śiva*, e seus respectivos poderes: criação, conservação e destruição[32]. Na tradução das 50 *Upaniṣads* realizada por Anquetil-Duperron, inúmeras vezes são mencionados esses deuses. Todavia, o mesmo ocorre na obra de Mme. de Polier, na qual, logo de início, apresentam-se as "ideias gerais da mitologia dos hindus, que foi baseada em um ser supremo e em três seres que cooperam entre si na criação, preservação, destruição do mundo. Há uma série de seres intermediários entre estes quatro primeiros e o homem"[33]. Mme. de Polier, didaticamente, explicou aos iniciantes no

---

29 APP, 2006A, 15-31; APP, 2006B, 38-40, notas 13-19.
30 Schopenhauer Archiv, XXVIII, 92. Preservamos a grafia original de Schopenhauer para *Brahmā, Kṛṣṇa* e *Viṣṇu*.
31 MR I, 181, 339, 348, 370, 371, 449 e 453 (HN I, 166, 309, 317, 336, 337, 405 e 409). É importante dizer que a maioria dos escritos de Schopenhauer se refere, principalmente, à divindade *Śiva* e a seu atributo *liṅgaṃ*.
32 *Oupnek'hat*, vol. I, 419ss.
33 *Mythologie des Indous*, vol. 1, LII e 149.

hinduísmo a cosmologia desse pensamento oriental. Em primeiro lugar, existe *Brahman*, o ser supremo; depois, *Brahmā*, *Viṣṇu* e *Śiva*, regentes do mundo material; por fim, diversos deuses intermediários se ocupam das funções secundárias, até chegarem os seres humanos, frutos do criador primordial.

Schopenhauer pôde encontrar na *Mythologie des Indous* um manual facilitador para compreender o pensamento indiano. Certamente, a leitura realizada da obra de Mme. de Polier, apesar dos problemas que o próprio Schopenhauer constatou, se manifestou como uma fonte mais pedagógica, se comparada à *Oupnek'hat*. Como exemplo disso, vale transcrever aqui a seguinte afirmação de Mme. de Polier:

> A Mitologia que vamos abordar coloca, à frente de todos os seres celestiais e humanos, as três grandes divindades, Birmah (*Brahmā*), Wichnou (*Viṣṇu*) e Mhadaio ou Schiven (*Śiva*). Os três cooperadores do ser supremo (*Brahman*), para a criação, conservação e destruição do mundo terreno; e, por mais variadas que sejam as fábulas sobre a forma como esses três seres receberam suas existências, todas elas se unem, representando-os como produtos sem geração, somente pela vontade de Brehm (*Brahman*), a unidade eterna antes da criação do mundo terrestre e de outros seres[34].

Menos didático, mas não menos enfático, a *Asiatisches Magazin*, por intermédio de Friedrich Majer, especificamente no artigo intitulado "As encarnações de *Viṣṇu*" (*Die Verkörperungen des Wischnu*), apresentou também os três deuses que compõem a *Trimūrti* e seus atributos:

> Foram tomados três deuses, Brahma, Wischnu e Shiwen, para que as qualidades e os efeitos de seu caráter possam ser reunidos e para que o Deus infinito possa ser visto como reconhecível, no estado de sua revelação e eficácia. Agora que essa revelação e eficácia se manifestam em um poder criativo, persistente e destrutivo, o Criador foi adorado em Brahma, o sustentador penetrante, em Wischnu e o destruidor, em Schiwen[35].

Majer explica que *Brahman* se revela materialmente por intermédio dos deuses da *Trimūrti*. A fim de preservar sua pureza, *Brahman* não se esgota e se contamina com o mundo fenomênico. Apesar de estar presente em todos os objetos, apenas uma ínfima parcela dele se manifesta no mundo terreno. Por essa razão, os deuses da *Trimūrti* são os responsáveis por tornar uma parte de *Brahman* cognoscível. Desse modo, *Brahmā* criará todos os seres materiais,

---

34 Ibidem, 152. Entre parênteses foram colocadas as formas exigidas pela IAST (*International Alphabet of Sanskrit Translation*).
35 *Asiatisches Magazin*, vol. 1, 120 e 121.

Viṣṇu sustentará tudo o que existe e *Śiva* será o grande destruidor. É nítido observar aqui que a mesma interpretação dada para a *Trimūrti* na *Oupnek'hat* e na *Mythologie des Indous* se repete na *Asiatisches Magazin*. De fato, como já dito, essas obras cooperam entre si na construção da Índia schopenhaueriana naquilo que concerne aos deuses da *Trimūrti*.

Por fim, em 1816, após as leituras das *Asiatick Researches*, Schopenhauer pôde ter material suficiente para se apropriar desses deuses como auxílio na construção ou na equiparação da ideia de Vontade de vida. Ainda não se afirma que o filósofo tenha sido influenciado pelo pensamento indiano na elaboração dessa ideia, mas é importante constatar que, ao mesmo tempo em que Schopenhauer construía seu pensamento, ele teve acesso a conceitos orientais que no mínimo convergiram para aquilo que ele pretendia enunciar com sua filosofia.

Os diversos volumes das *Asiatick Researches* são sem sombra de dúvida uma das mais importantes fontes sobre a Índia que os europeus no final do século XVIII e início do XIX puderam ter. A despeito de todas as críticas que William Jones pode sofrer em razão de ajustar o pensamento indiano a padrões ocidentais, é reconhecido o empenho desse indólogo em compreender uma cultura até então desconhecida no Ocidente. Jones influenciou não apenas Schopenhauer em sua interpretação da Índia, mas também a própria Mme. de Polier e Friedrich Majer. O indólogo inglês foi um dos pioneiros nas pesquisas que tinham como intuito decifrar as línguas, as religiões, as mitologias, as filosofias e as culturas da Índia. Por essas razões, as *Asiatick Researches* foram fontes sobre a Índia não apenas para Schopenhauer, mas para todos os estudiosos que almejavam um contato mais direto e fidedigno com a Índia.

Sobre a *Trimūrti*, as *Asiatick Researches* somam-se ao que já foi apresentado. Em diversos artigos, os deuses *Brahmā*, *Viṣṇu* e *Śiva* são mencionados e em alguns momentos são apresentados seus atributos. Como exemplo, vale citar o seguinte fragmento de William Jones, no artigo intitulado "Sobre os deuses da Grécia, Itália e Índia" (*On the Gods of Greece, Italy and India*):

> A partir dessas observações gerais e introdutórias, vamos agora analisar algumas observações particulares sobre a semelhança de Zeus ou Júpiter com a tripla divindade Vishnu, Siva, Brahmá; pois essa é a ordem em que são expressas pelas letras A, U e M, que se agrupam e formam a palavra mística OM; uma palavra que nunca escapa dos lábios de um piedoso hindu, que medita em silêncio. Se o egípcio ON, que normalmente é associado ao Sol, é o monossílabo do sânscrito, deixo para outros determinarem. Deve sempre ser lembrado que os estudiosos indianos, como são instruídos por seus próprios livros, reconhecem, na verdade, apenas um Ser Supremo, a quem chamam Brahme, ou o Grande, no gênero neutro: eles acreditam que sua Essência é infinitamente removida da compreensão de qualquer mente além da sua; e eles supõem que Ele manifesta seu poder pela operação de seu espí-

rito divino, a quem eles nomeiam Vishnu, o Conservador, e Náráyan, ou *Movendo-se nas Águas,* ambos no gênero masculino, razão pela qual ele é muitas vezes denominado o primeiro homem; e por esse poder eles acreditam que toda a ordem da natureza é preservada e sustentada. [...] Eles também chamam a Divindade Brahma no gênero masculino; e, quando o veem à luz do Destruidor, ou melhor, o que troca de formas, eles lhe dão mil nomes, dos quais Siva, Isa ou Iswara, Rudra, Hara, Sambhu e Mahadeva, ou Mahefa, são os mais comuns[36].

William Jones almeja comparar um dos principais deuses da mitologia grega (Zeus) ou da mitologia romana (Júpiter) aos três deuses que compõem a *Trimūrti* (*Brahmā, Viṣṇu* e *Śiva*). Para os ocidentais, as diferenças são notórias; para os indianos, essas comparações soam como absurdas. No entanto, o lugar que ocupam essas divindades no panteão de cada mitologia/religião/filosofia pode ser semelhante. Todas divindades são responsáveis por reger o mundo criado. Zeus e Júpiter herdam de seus antepassados divinos a incumbência de governar o mundo. Eles não são os criadores do universo, mas uma de suas funções é administrar todas as demais divindades e seres inferiores. Por sua vez, *Brahmā, Viṣṇu* e *Śiva* também não são os criadores do mundo fenomênico, estando todos subordinados a *Brahman*. Eles apenas regem todos os seres por intermédio de seus atributos: criação, conservação e destruição.

O som sagrado *Oṃ* ou *Auṃ* (ॐ) refere-se ao *Brahman, Ātman* ou *Brahman-Ātman,* verdade suprema, princípio cósmico, conhecimento autêntico (APP, 2006C). O indólogo Heirinch Zimmer afirma que

> o silêncio que se segue à pronúncia trinária A, U e M é a não manifestação última, na qual se reflete a perfeita supraconsciência, que se funde com a essência pura e transcendental da realidade divina — *Brahman* é vivenciado com *Ātman,* o *Self.* Por isso, AUM, fundido com o silêncio circundante, é um som simbólico da totalidade da existência-consciência, e ao mesmo tempo sua afirmação voluntária (ZIMMER, 2002, 124).

Oṃ ou *Auṃ* é o som pronunciado pelos seres humanos para expressar algo incompreensível, acima da consciência. Eis a razão de Jones relacioná-lo com a *Trimūrti,* como se cada letra que compõe *Auṃ* fosse um dos deuses da tríade hindu. Caberia aos mortais cultuarem, por intermédio do mantra *Oṃ,* os poderes operados pelo espírito divino.

Jones ainda menciona os diversos nomes dados à divindade *Śiva.* Informação de grande valia aos estudiosos da Índia, pois em vários textos o deus da destruição é citado de modo diferente. Tanto na *Mythologie des Indous,* quanto na *Asia-*

---

[36] *Asiatick Researches,* vol. 1, 272 e 273.

tisches Magazin, não há uniformidade em seu uso, dificultando a investigação daqueles que almejam compreender as histórias narradas sobre essa divindade.

De todos os deuses da *Trimūrti*, Schopenhauer colocou Śiva como o mais importante. Esse deus seria uma única alegoria[37] para melhor representar a Vontade de vida. No mesmo ano (1816) em que o filósofo leu as *Asiatiches Researches*, ele escreveu o seguinte trecho em seus *Manuscritos*:

> É infinitamente apropriada e profunda a concepção de Śiva ser o único (dentre os deuses do *Trimūrti*) que tem o liṅgam como atributo. Em Śiva, a destruição individual e a preservação da espécie são correlatos necessários. A Morte rende-se à reprodução necessária, e, se o último não existe, então o outro também não poderá existir[38].

Em inúmeras passagens das *Asiatick Researches* encontram-se expressas essa superioridade de Śiva diante dos demais deuses da *Trimūrti*. No artigo "Sobre o Egito e o Nilo do Sânscrito" (*On Egypt and the Nile from the Sanskrit*), Francis Wilford analisou que

> em sânscrito, (Deus) significa Senhor; e nesse sentido é aplicado pelos bramanês a cada uma das suas três principais divindades, ou melhor, a cada uma das formas principais nas quais eles ensinam as pessoas a adorar Brahm (*Brahman*) ou o Grande, e, se for apropriado, em discurso comum, o Mahádéva (Śiva). Isso se dá em razão do zelo de seus numerosos devotos, que o colocam acima das outras duas divindades (*Brahmā* e *Viṣṇu*)[39].

A razão da supremacia de Śiva diante dos demais não se dá exclusivamente pelos "numerosos devotos". Para algumas vertentes do hinduísmo, Śiva é a própria essência da *Trimūrti*, uma vez que ele se encontra, concomitantemente, em todos os atributos da tríade hindu: criação, conservação e destruição. Śiva representa a própria morte, e também nascimento, reprodução e sobrevivência. Como apontado pelo próprio Schopenhauer, o poder de Śiva reside no liṅgam ou *phallus*, membro sexual masculino responsável pela criação da vida.

William Jones, em seu texto[40] sobre as mitologias romanas, gregas e indianas, concebe que os deuses dessas diferentes crenças possuem maior ou menor poder em razão de seu órgão genital. Urano e Saturno, das mitologias grega e

---

37 Entende-se por alegoria a forma de expressar ideias abstratas de modo figurado. Para Schopenhauer, uma alegoria teria o poder de concretizar em verdades as imagens. Nesse sentido, um deus não simboliza algo, pois ele seria a própria verdade constituída em forma de imagem. Por essa razão, o filósofo irá se referir às figuras religiosas como se fossem alegorias.
38 MR I, 453, n. 609 (HN I, 409).
39 *Asiatick Researches*, vol. 3, 370.
40 *Asiatick Researches*, vol. 1, 221-275.

romana, são exemplos da perda de poder após a castração do *phallus*. Por sua vez, na Índia, aquilo que designa o poder de Śiva é o liṅgaṃ. Schopenhauer também se utilizou dessas comparações entre Ocidente e Oriente, pois,

> em conformidade com tudo isso, os genitais são o verdadeiro FOCO da Vontade; consequentemente, vale dizer, do outro lado do mundo, o mundo como representação. Os genitais são o princípio conservador vital, assegurando vida infinita no tempo. Com semelhante qualidade foram venerados entre os gregos no *phallus* e entre os hindus no liṅgaṃ, os quais, portanto, são o símbolo da afirmação da Vontade[41].

Nem todas as leituras realizadas por Schopenhauer sobre a Índia até 1818 concordam com a superioridade de Śiva na Trimūrti. De modo diferente ao apresentado nas *Asiatick Researches*, a obra de Mme. de Polier colocou Viṣṇu como o deus mais importante da tríade hindu. Isso se deu a partir dos comentários de Ramtchund às perguntas feitas pelo Coronel Polier. No diálogo entre os dois, independentemente de conceberem que os devotos de Śiva davam posição de destaque ao deus da morte, são apresentadas outras interpretações do hinduísmo que demonstram a submissão de Śiva, ao sempre pedir apoio e ajuda ao deus da preservação (Viṣṇu) para resolver seus conflitos.

A *Mythologie des Indous*, em sua totalidade, lança luz aos avatares de Viṣṇu. Esse é o deus de maior destaque nos diversos capítulos que compõem essa obra. No resumo do capítulo um, encontra-se o seguinte trecho escrito por Mme. de Polier: "Mhadaio ou Schiven (Śiva), suas qualidades, seus atributos, seu símbolo, como superior a Birma (Brahmā), mas inferior a Wichnou (Viṣṇu)"[42]. Apesar dessa primazia do deus da preservação, Ramtchund explicou ao Coronel de Polier sobre a supervalorização de Śiva entre os seus devotos e seguidores, assim como apresentou sua força que residia na dupla característica: gerar e destruir. Ramtchund referiu-se ao liṅgaṃ como atributo que canalizaria todo o seu poder. Isso pode ser constatado no seguinte diálogo:

> Mas, neste caso, disse M. de Polier, cada seita, além das fábulas gerais, deve ter detalhes de suas divindades.

> Certamente, respondeu *Ramtchund*, e as fábulas que dizem respeito a *Vichnou* e suas encarnações são infinitamente mais numerosas e mais detalhadas do que aquelas nas quais *Mhadaio* (Śiva) é o objeto, e, embora esta *divindade* seja a última na ordem mitológica, nós cuidaremos dela antes de tratar de seu colega.

---

41 M I, § 60, 424 e 425 (SW II, 390).
42 *Mythologie des Indous*, vol. 1, LII, LIII, 149 e 150. Preservamos a forma escrita por Mme. de Polier ao se referir aos deuses da Trimūrti.

É sob o nome de *Schiven*, que pertence apenas à essência soberana, que os seguidores de *Mhadaio* o adoram.

Por que você sempre o chama de *Mhadaio*? Perguntou M. de Polier.

Em seguida, retomou *Ramtchund* afirmando que as fábulas geralmente aceitas por todos os *hindus* frequentemente se referem ao nome de *Mhadaio*; mas seus seguidores não se limitam aos de *Schiven*. Eles ainda lhe dão uma multidão de outros nomes, todos sintonizados com os vários aspectos sob os quais o consideram.

Os dois mais importantes são: "pai de todas as gerações" e "destruidor do universo". Os símbolos dessas qualidades exclusivas em *Mhadaio* são o *Lingam* que ele carrega em seu peito, ao qual o culto é direcionado diretamente, o que lhe é feito[43].

O conflito e a divergência entre as vertentes do hinduísmo são nítidas nos diálogos entre Ramtchund e Monsieur de Polier. O sikh apresentou, ao mesmo tempo, duas interpretações possíveis sobre os deuses da *Trimūrti* e tomou partido de acordo com suas próprias convicções. O fato de existir na Índia mais fábulas sobre *Viṣṇu* não é argumento válido para assegurar a superioridade de *Viṣṇu* diante dos demais deuses da *Trimūrti*. Ramtchund não dá o devido valor a Śiva, possuidor do *liṅgaṃ*, que lhe confere o poder da geração. Os argumentos apresentados pelo sikh não são equivalentes. De um lado, *Viṣṇu* contendo muitas fábulas repletas de detalhes; do outro, Śiva sendo, simultaneamente, geração e corrupção. Em alguns momentos, a *Mythologie des Indous* recai em análises dominadas pelos juízos subjetivos de Ramtchund, que almejam alterar os dados de realidade, para assegurar maior valor à vertente hindu preferida por ele.

Ainda em outro fragmento da *Mythologie des Indous*, Monsieur de Polier fez a seguinte pergunta:

De acordo com essa fábula, diz M. de Polier, a superioridade de *Mhadaio* (Śiva) parece decididamente estabelecida?

Sim, respondeu o pundit (*Paṇḍita*)[44], mas apenas por seus seguidores. No entanto, continuou Ramtchund, os devotos representam Schiven (Śiva), nesta ocasião, como o libertador do mundo. Ele (Śiva) não entrega diretamente a sua libertação, pois é o seu filho, Scanda (*Kārttikēya*), que o honra. Você verá isso, ao comparar as fábulas de *Vishnu* com as de *Mhadaio*, não entendemos muito bem qual é a base da opinião que os seguidores deste último têm de sua divindade.

---

[43] Ibidem, 192 e 193.
[44] Há aqui, no volume citado, a seguinte nota do tradutor: "Estudioso, professor, especialista em um determinado assunto. IAST: *paṇḍita*; em português: 'pandita'; em francês: 'pundit'".

De acordo com as fábulas gerais, aquelas que dão maior alcance ao poder de *Mhadaio* como o destruidor do mundo e o pai da geração limitam o seu poder sempre ao fornecimento de bens terrestres e passageiros, dados por *Vishnu* ou por suas encarnações[45].

Nesse diálogo, Monsieur de Polier referiu-se a uma fábula que apresentou Śiva como superior. Ramtchund explicou não entender direito as razões dos devotos atribuírem tanto poder e prestígio ao deus da destruição. Para o *paṇḍita*, o poder de criar e destruir de Śiva não o torna maior em relação a Viṣṇu, pois tudo aquilo que foi feito ou destruído por Śiva seria fornecido e destinado à preservação de Viṣṇu e de seus avatares. Ramtchund ainda tenta reduzir o poder de Śiva ao enaltecer Kārttikēya (Scanda), deus da guerra, filho de Śiva e Pārvatī (deusa da fertilidade).

Essa hierarquia criada nas páginas da *Mythologie des Indous* ressoou de alguma forma nos textos de Schopenhauer. No entanto, apenas a partir da inferioridade de Brahmā. N'*O mundo*, o filósofo constatou que o deus da criação era o menos poderoso: "Brahma (Brahmā), o deus mais pecaminoso e menos elevado da Trimurtis (Trimūrti), simboliza a geração e o nascimento"[46]. De modo semelhante, na *Mythologie des Indous*, Brahmā se configura como inferior aos deuses Śiva e Viṣṇu, em razão do número de devotos, assim como em relação aos poderes que lhes são conferidos. Dessa forma, há certo consenso entre Schopenhauer e Ramtchund na constatação da inferioridade de Brahmā.

O problema se configura a partir da disputa entre Śiva e Viṣṇu. Isso porque em nenhum momento d'*O mundo* ou dos *Manuscritos* Schopenhauer deu maior valor a Viṣṇu em detrimento de Śiva. Ainda assim, existe certa convergência entre o filósofo e a interpretação de Ramtchund, quanto à ideia de que Śiva possui o liṅgaṃ como atributo que lhe assegura a geração e a destruição do universo.

No mesmo ano (1814) em que Schopenhauer leu a *Mythologie des Indous*, o filósofo escreveu o seguinte trecho em seus *Manuscritos*:

> Para a Vontade-de-viver, a vida é sempre segura e certa, pois é simplesmente nada além disso mesmo, ou melhor, apenas o seu espelho. Essa Vontade não terá de temer a morte, pois a morte é apenas algo pertencente à vida, que tem o polo oposto na geração; a vida se encontra dentro desses polos. Portanto, querer-viver também é querer-morrer. Assim, ao lado da morte, os indianos colocaram o Lingam (liṅgaṃ) como o atributo de Schiwa (Śiva), que significa morte, mas que transforma tudo em vida, assim como tudo que pertence à vida é apenas um fenômeno[47].

---

45 *Mythologie des Indous*, vol. 1, 218 e 219.
46 M I, § 54, 358 (SW II, 324 e 325).
47 MR I, 181, n. 273 (HN I, 166).

Independentemente do posicionamento de Ramtchund, do Coronel de Polier e de Mme. de Polier, Śiva foi retratado pela maioria dos indólogos dos séculos XVIII e XIX como o deus principal da *Trimūrti*. Isso pode ser confirmado tanto nos demais livros a que Schopenhauer teve acesso até 1818, como a *Asiatisches Magazin* e as *Asiatick Researches*, quanto em diversas obras de estudiosos contemporâneos sobre o extremo Oriente.

A exemplo disso vale narrar uma estória que apresenta a superioridade de Śiva descrita por Heinrich Zimmer em seu livro *Mitos e símbolos na arte e civilização da Índia* (ZIMMER, 2002, 107-109). Zimmer narra que logo após a criação do universo material, por intermédio de *Brahman* transfigurado em *Māyā*, são criados também os três deuses da *Trimūrti*, a fim de regerem o mundo imanente e fenomênico. Dessa maneira, o hinduísmo asseguraria, na transcendência de *Brahman*, a imutabilidade e a verdade do universo configurado no próprio ser supremo, assim como garantiria a mutabilidade de todos os seres, expressa nas transformações realizadas pelos três deuses da tríade. De acordo com Zimmer, os primeiros a surgirem no universo material são *Brahmā* e *Viṣṇu*, que logo iniciaram um caloroso debate a fim de definir qual dos dois era o mais importante.

Brahmā afirmava que, por ser o criador, tudo se iniciava em seu poder. Caso ele não gerasse nenhum ser, de nada adiantaria o poder da preservação de *Viṣṇu*. Nesse ponto de vista, *Brahmā* se autointitulava senhor da *Trimūrti* e o principal deus presente no mundo criado por *Brahman*. Por sua vez, *Viṣṇu* compreendia que a sua função era mais relevante, pois, caso nada fosse conservado no tempo e no espaço, as criações de *Brahmā* não conseguiriam existir. Desse modo, o poder de criação de *Brahmā* estava intrinsecamente relacionado ao poder de *Viṣṇu*, que poderia preservar ou não aquilo que viesse a surgir.

Zimmer narra que no meio dessa luta de egos surgiu um enorme *liṅgaṃ* que cresceu desmedidamente. Por certo, diante de um acontecimento como esse, a disputa entre os dois deuses acabou. *Brahmā* se transformou em um ganso, que está associado à sua forma animal, e voou em direção à extremidade superior do *liṅgaṃ*. Sem êxito, voltou ao ponto de origem. *Viṣṇu* não fez diferente e logo se transformou em *Varāha* (javali), um de seus avatares ou encarnações, e correu em direção da extremidade inferior do *liṅgaṃ*. Também não obteve êxito, voltando a seu ponto de origem. Ambos são simbolicamente derrotados pelo objeto de tamanho desigual. Os dois deuses se entreolharam admirados diante de tamanho poder. Nesse instante, surgiu uma fenda no *liṅgaṃ* da qual emergiu Śiva, deus da destruição, informando aos dois que ele era o deus mais importante e superior da tríade divina. Certamente, seu argumento não residia apenas no fato de ele ser o destruidor e, por essa razão, tudo que fosse criado ou preservado poderia também ser facilmente destruído. Śiva não tinha apenas esse argumento que o colocaria em posição de igualdade retórica. Nessa estória, o deus da destruição não surgiu inutilmente do *liṅgaṃ*, pois seria exatamente no objeto fálico que residiria o seu trunfo diante dos demais.

O liṅgaṃ representa o poder de criação, de gerar vidas novas, novos deuses. Nesse sentido, Śiva também poderia ser considerado como o deus da criação, pois conseguiria dar a vida a outros seres. Como exemplo disso, vale citar seus filhos Gaṇēśa e Kārttikēya (Scanda), que ele teve com Pārvatī, a deusa da fertilidade.

Zimmer finaliza sua narrativa descrevendo o instante em que foi assegurada a superioridade de Śiva:

> Enquanto Brahmā e Viṣṇu curvaram-se à sua frente em adoração, ele (Śiva), solene, proclamou a si mesmo como a origem dos outros dois deuses. Proclamou-se ainda como Super-Śiva, por simultaneamente conter e representar a tríade Brahmā, Viṣṇu e Śiva — Criação, Conservação e Destruição. Embora emanados do liṅgaṃ, continuavam, entretanto, sempre contidos nele. Eram suas partes constituintes: Brahmā o lado direito, e Viṣṇu o esquerdo, estando no centro Śiva-Hara, "o que reabsorve, retoma ou dissolve" (ZIMMER, 2002, 108).

Com o intuito de ratificar a estória de Zimmer, vale analisar a escultura do séculos X-XIII d.C. (Figura 8). Nela, é possível constatar a superioridade de Śiva ao emergir do liṅgaṃ. Os demais deuses da Trimūrti também estão representados ali. Viṣṇu está na parte inferior, em forma de javali (Varāha), e Brahmā está na parte superior, em forma de ganso. Esse é o momento em que Śiva afirmou sua superioridade ao assegurar possuir os três poderes que regem a Trimūrti: criação (liṅgaṃ), preservação e destruição.

O liṅgaṃ, interpretado como atributo de criação e de superioridade, também se mostrou presente na Asiatisches Magazin. No artigo "Sobre a religião Fo na China" (Ueber die Fo-religion in China), que se refere ao budismo chinês, foi assegurado que "o liṅgaṃ, encontrado na Índia, tão venerado e selvagem, é símbolo da divindade"[48] Śiva.

De modo semelhante e mais intenso, nas Asiatick Researches, são diversos os momentos em que o liṅgaṃ foi apresentado como elemento distintivo de Śiva, precisamente nos textos de Francis Wilford[49], William Jones[50], J. Goldingham[51] e Goverdhan Caul[52].

---

[48] Asiatisches Magazin, vol. 1, 153.
[49] Asiatick Researches, vol. 3, artigo XIII — "On Egypt and the Nile from the Sanskrit", 319, 358, 365 e 457; vol. 4, artigo XXVI — "A Dissertation on Semiramis, &c. from the Hindu Sacred Book", 381, 382, 388 e 393; vol. 5, artigo XVIII — "On the Chronology of the Hindus", 248 ; vol. 6, artigo XII — "On Mount Caucasus", 510, 522 e 532.
[50] Ibidem, artigo XII — "The Lunar Year of the Hindus", 274.
[51] Asiatick Researches, vol. 4, artigo XXXI — "Some Account of the Cave in the Island of Elephanta", 428, 431 e 433; vol. 5, artigo IV — "Some Account of the Scultures at Mahabalipoorum; Usually Called the Seven Pagodas", 72.
[52] Asiatick Researches, vol. 1, artigo XVIII — "Literature of Hindus, from the Sanskrit", 352.

Figura 8. Śiva emergindo do *liṅgaṃ* (Lingodbhavamurti).
Ídolo esculpido no *gopuram* do Templo Thillai Nataraja,
Chidambaram, Tamilnadu, Índia. © Adobe Stock.

Em um de seus artigos⁵³, Francis Wilford narrou outra estória de Śiva, no momento em que este último ainda era denominado Mahādeva (Mahádéva). Ele teria renascido a partir do liṅgaṃ, adquirindo o nome de Īśvara (Iswara): "Todos foram em busca do sagrado liṅgaṃ; e finalmente descobriram que ele crescera até um tamanho imenso, dotado de vida e de movimento"⁵⁴. Esse tamanho representaria o poder que o deus da destruição possui no universo criado por *Brahman*. Śiva se constituiu como sendo o próprio liṅgaṃ. Ambos seriam idênticos, dados como sinônimos em alguns contextos. Na interpretação de Wilford, Śiva ou liṅgaṃ governaria o mundo material e, por essa razão, foram comparados, mais uma vez nas *Asiatick Researches*, aos deuses das mitologias ocidentais Júpiter e Zeus. Śiva-liṅgaṃ "promoveu e preservou tudo. [...] Ele começou a reinar sobre deuses e homens, com a mais estrita adesão à justiça e equidade"⁵⁵.

Em outro artigo, "Sobre o Egito e o Nilo a partir do sânscrito" (*On Egypt and the Nile from the Sanscrit*)⁵⁶, Wilford, contrapondo as informações dadas por Ramtchund na *Mythologie des Indous*, descreveu os devotos de Śiva como seres dotados de maior discernimento. Os devotos de Śiva e "seus antepassados são descritos como pessoas mais engenhosas, virtuosas, corajosas e religiosas; em particular para o culto de Mahādeva (Mahádéva), sob o símbolo do liṅgaṃ (linga) ou *phallus*"⁵⁷.

William Jones fez comentário semelhante sobre os adoradores do deus da morte, que realizam "um rigoroso jejum, nas cerimônias extraordinárias em homenagem ao Śiva-liṅgaṃ (Sivalinga) ou *phallus*"⁵⁸.

Em outro trecho, já citado anteriormente, William Jones ratificou de outra forma a ideia da superioridade de Śiva, ao associá-lo à virilidade de um touro branco (Nandi)⁵⁹. Na narrativa do presidente da *Sociedade Asiática*, o deus destruidor Mahādeva (Mahádéva) surgiu montado em um imenso touro branco, que lhe garantia o poder da criação.

Os dois últimos artigos das *Asiatick Researches* que valem ser mencionados, por abordarem Śiva e o atributo liṅgaṃ, foram escritos por J. Goldingh. Ambos os textos são descrições de lugares sagrados na Índia. O primeiro⁶⁰ apresenta os templos escavados em cavernas durante os séculos V a VIII d.C. na Ilha de Elefanta, situada no porto de Bombaim, oeste indiano (Figura 13).

---

53 *Asiatick Researches*, vol. 4, artigo XXVI – "A Dissertation on Semiramis, &c. from the Hindu Sacred Book", 376-400.
54 Ibidem, 382.
55 Ibidem, 382 e 383.
56 *Asiatick Researches*, vol. 3, 295-462.
57 Ibidem, 319.
58 Ibidem, 274.
59 *Asiatick Researches*, vol. 1, 249 e 250.
60 *Asiatick Researches*, vol. 4, artigo XXXI – "Some Account of the Cave in the Island of Elephanta", 424-433.

O nome Elefanta foi dado pelos colonizadores portugueses no século XVI, a partir de um grande elefante esculpido na entrada de uma das cavernas. Dentro dessa caverna, que se configura como um templo religioso, existe um altar com uma escultura de um imenso *liṅgaṃ* destinado ao deus *Śiva* (Figuras 9 e 10). Nas palavras do próprio Goldingh, a Ilha de Elefanta possui "um templo hindu; do qual *liṅgaṃ* é um testemunho suficiente de *Śiva*"[61]. O local a que Goldingh se refere é um santuário geometricamente quadrado, semelhante a uma câmara interna, que possui quatro portas de acesso de tamanhos e formatos idênticos, protegidas em suas laterais por esculturas colossais de divindades hindus. Todas as quatro portas dão acesso ao *liṅgaṃ* que se encontra no centro do santuário. Ainda nesse templo, existem diversas outras esculturas que fazem referência a *Śiva*. Uma em especial está situada no lugar de maior destaque no templo, centralizada e na parte mais interna da caverna (Figuras 11 e 12). Ela é uma escultura da cabeça tríade do deus *Śiva*, que canaliza e centraliza os poderes da *Trimūrti* em uma única imagem representativa.

O segundo texto[62] descreve um complexo de templos hindus, datado do século VIII a.C., denominado *Seven Pagodas Temple* ou *Shore Temple* (Templo da Costa), presentes na cidade de Mahabalipuram, sudeste indiano (Figuras 14 e 15). Os templos possuem santuários destinados ao *Śiva-liṅgaṃ* contendo uma escultura, descrita por Goldingh como sendo grandes monólitos em forma de *liṅgaṃ*[63].

❖ ❖ ❖

Durante a construção da teoria de Vontade de vida ou, simplesmente, teoria da Vontade, Schopenhauer teve acesso a todo esse material até então apresentado nesta seção. Foi possível notar que as ideias indianas da *Trimūrti*, *Brahmā*, *Viṣṇu*, *Śiva* e *liṅgaṃ* foram citadas em diversos momentos dos escritos do filósofo entre os anos de 1811 a 1818, assim como mostraram-se explicitamente presentes em todas as obras sobre a Índia consultadas por Schopenhauer durante o mesmo período. Dessa forma, é possível afirmar que a *Asiatisches Magazin*, a *Oupnek'hat*, a *Mythologie des Indous* e as *Asiatick Researches* se configuram como as fontes indianas às quais Schopenhauer teve acesso para criar suas comparações com a sua teoria da Vontade.

Nos *Manuscritos* e n'*O mundo*, as fontes não foram informadas por Schopenhauer em nenhuma das citações destinadas a essas ideias indianas[64]. Sendo

---

[61] Ibidem, 433.
[62] *Asiatick Researches*, vol. 5, artigo IV — "Some Account of the Scultures at Mahabalipoorum; Usually Called the Seven Pagodas", 69-80.
[63] Ibidem, 72.
[64] M I, 358, 359, 424, 425 e 504 (SW II, 324, 325, 390 e 472). MR I, 181, 339, 348, 370, 371, 449 e 453 (HN I, 166, 309, 317, 336, 337, 405 e 409).

Figuras 9 e 10. Santuário do *liṅgaṃ* (século VIII d.C.), na Ilha de Elefanta, Maharashtra, Índia. © Wikipedia. É possível observar, na imagem superior, o *liṅgaṃ* na parte interna do santuário.

Figura 11. Ilustração presente nas *Asiatick Researches*, volume 4, 1798, 425, feita a partir de uma "Escultura na parede do deus *Śiva*, na parte superior da caverna, na Ilha de Elefanta". A escultura é um *Śiva-Trimūrti*, que possui o desdobramento do deus em três aspectos.

Figura 12. *Śiva*, o Grande Senhor da *Trimūrti* (século VIII d.C.), na Ilha de Elefanta, Maharashtra, Índia. © Wikipedia.

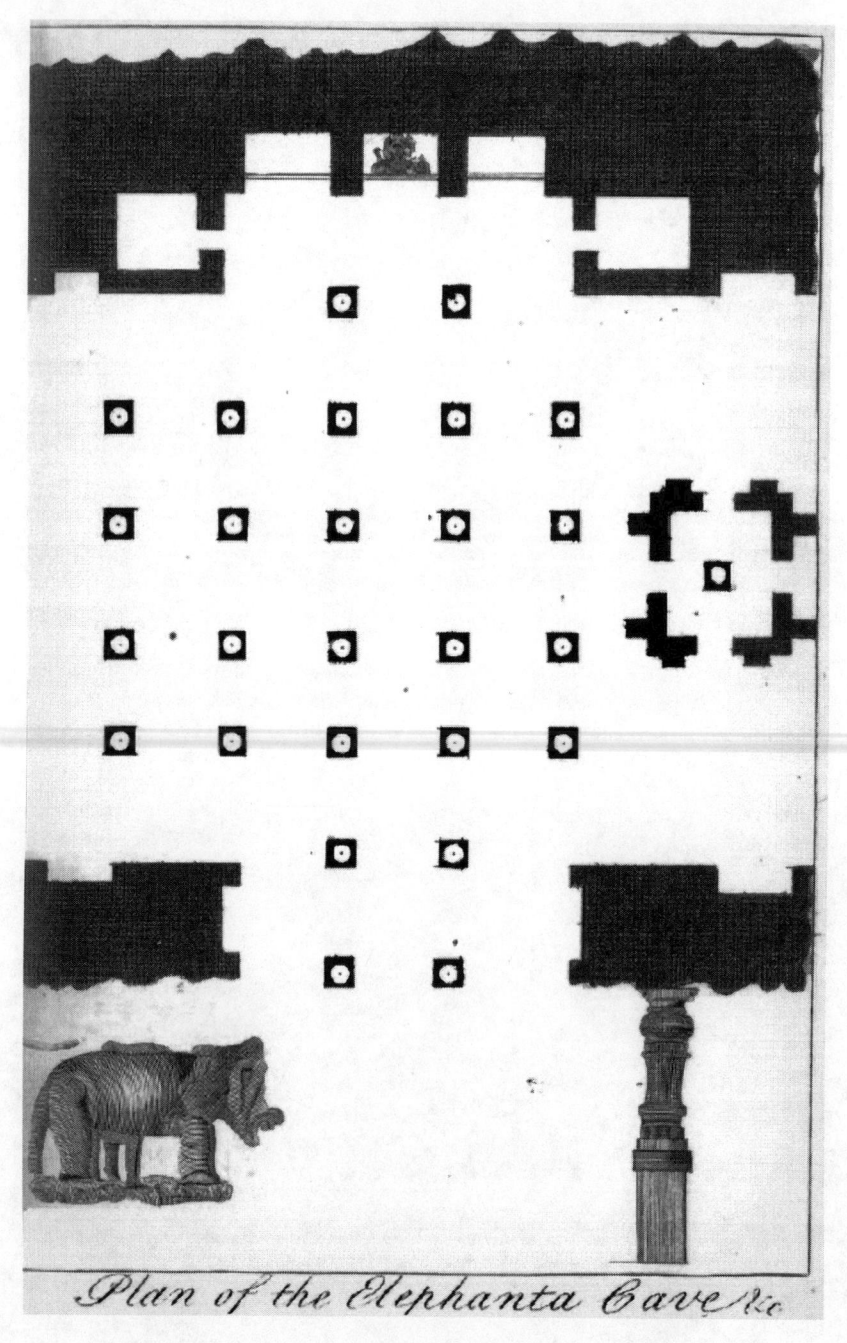

Figura 13. Planta da Caverna Elefanta. Na parte superior,
é possível constatar o local exato da escultura do deus Śiva e,
no lado direito, a câmara interna que possui o santuário destinado
ao liṅgaṃ. In: *Asiatick Researches*, volume 4, 1798, 425.

Figura 14. *Seven Pagodas Temple* ou *Shore Temple* (Templo da Costa, século VIII a.C.), Mahabalipuram, Índia. © Wikimedia Commons. Descrição presente nas *Asiatiches Researches*, volume 5.

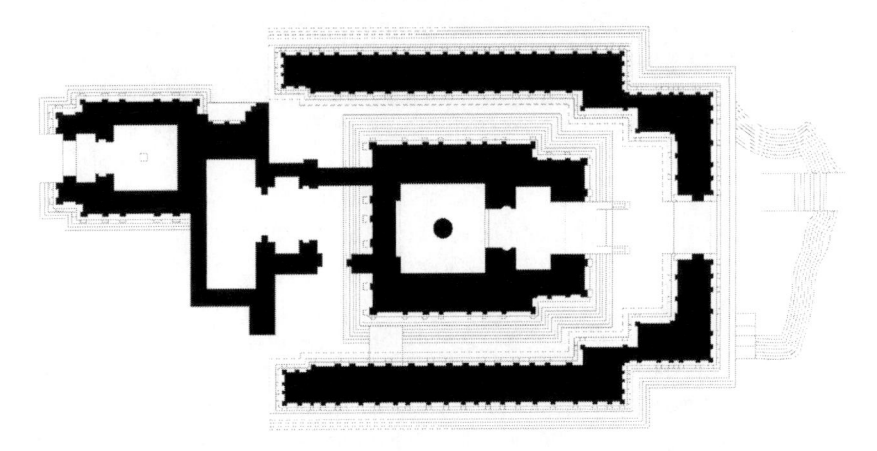

Figura 15. Planta do Templo da Costa. Na parte interna de cada templo é possível constatar as câmaras com os santuários destinados ao *Śiva-liṅgaṃ*. © Wikipedia.

assim, não é possível assegurar com precisão qual dessas obras sobre a Índia se configurou como a mais relevante. Defendemos a tese de que todas, em conjunto, auxiliaram o filósofo na construção daquilo que foi denominado de "Índia schopenhaueriana". Vale mais uma vez lembrar que Schopenhauer, na maioria das vezes em que utilizou os termos *Oupnek'hat*, *Upaniṣad* e *Vedas*, não se referia exclusivamente a esses textos, pois também estava oculto em seu discurso todo esse conjunto de obras sobre a Índia a que ele teve acesso durante o período de gênese de sua filosofia.

A Vontade em Schopenhauer é um dos conceitos de maior complexidade. Como visto, o pensador alemão se utilizou dos deuses da *Trimūrti* e do *liṅgam* para se referir especificamente a certas características presentes na Vontade, como o eterno ciclo de nascimento, sobrevivência e morte de todos os seres objetivados. Todavia, a Vontade não se restringe a essa única característica. A presença da Vontade se mostra em todos os seres do mundo representado, dando-lhes sentido e explicando as razões pelas quais a luta de todos contra todos é a marca da existência. Para o filósofo, "em toda parte na natureza vemos conflito, luta e alternância da vitória, e aí reconhecemos com distinção a discórdia essencial da Vontade consigo mesma. Cada grau de objetivação da Vontade combate com outros por matéria, espaço e tempo"[65]. Essa luta sem trégua na qual todos, sem distinção, estão inseridos, é um impulso inconsciente e irracional pela vida, pela existência.

Inconsciente porque todos os seres, animados ou inanimados, seguem sua trajetória pelo mundo de modo cego, apenas objetivando saciar todos os seus quereres. É óbvio que não há consciência nos atos da Vontade de vida, pois tudo ocorre de modo imperceptível, como o coração que bate continuamente, sem a necessidade de que haja consciência de sua função.

Irracional porque não há explicações plausíveis para aqueles que irão viver e para aqueles que irão morrer. Tudo faz parte do grande jogo da vida, cujo final é incerto. Tudo segue uma "lógica" sem lógica, um "propósito" sem propósito. O objetivo da Vontade se restringe à própria vida, à própria existência. Não importa se é a vida de um ou a existência de outro que está em risco, mas apenas a efetivação dos seres que continuarão a existir neste mundo.

O ser humano, uma das objetivações da Vontade, pode até ter consciência do fantoche que é. Contudo, ele não consegue alterar a rota de sua própria jornada. A Vontade é mais forte, ela é soberana. Essa força cega se mostra presente na luta pela sobrevivência, nos mecanismos naturais do corpo, no instinto de reprodução, no nascimento, na morte, em tudo. Conscientemente, pode-se até afirmar que é possível reger a própria vida. Isso, todavia, não passa de uma grande ilusão. Ou seja, a faculdade de razão pode até explicar ao ser humano

---

[65] M I, § 27, 211 (SW II, 174).

o que ocorre consigo, dando-lhe a falsa impressão de que pode controlar o seu próprio destino, apesar de isso tudo fazer parte de uma grande farsa.

A Vontade é o conflito próprio da natureza, que gera sofrimento a todos os seres que nela estão presentes. Por essa razão, viver é sofrer. A vida é regida por essa força incontrolável, que faz com que todas as objetivações busquem saciar seus desejos. No entanto, as outras objetivações fazem o mesmo, configurando-se em uma guerra sem fim. Schopenhauer escreveu que

> tal conflito, entretanto, é apenas a manifestação da discórdia essencial da Vontade consigo mesma. E a visibilidade mais nítida dessa luta universal se dá justamente no mundo dos animais — o qual tem por alimento o mundo dos vegetais —, em que cada animal se torna presa e alimento de outro, isto é, a matéria, na qual uma Ideia se expõe, tem de ser abandonada para a exposição de outra, visto que cada animal só alcança sua existência por intermédio da supressão contínua de outro. Assim, a Vontade de vida crava continuamente os dentes na própria carne e em diferentes figuras é seu próprio alimento, até que, por fim, o gênero humano, por dominar todas as demais espécies, vê a natureza como um instrumento de uso. Esse mesmo gênero humano, porém, como veremos no quarto livro desta obra, manifesta em si próprio aquela luta, aquela autodiscórdia da Vontade da maneira mais clara e terrível quando o homem se torna o lobo do homem, *homo homini lupus*[66].

A possível comparação ou influência entre as ideias de *Trimūrti* e de *liṅgaṃ* do hinduísmo com a ideia de Vontade de vida na filosofia de Schopenhauer pode se constituir apenas a partir da característica do nascimento e da morte expressa no fenômeno da vida, ou seja, no fenômeno da Vontade.

Para os seres humanos, a existência é marcada pelo surgimento da vida e pela morte de todos os seres. Tudo de alguma forma teve a sua origem e, necessariamente, não importa o tempo que demorar, terá o seu fim. Esse tipo de conhecimento diante da vida ocorre apenas para o ser humano, que individualizou o seu ser pelo *principium individuationis* e racionalizou o tempo, o espaço e a causalidade pelo princípio de razão. Para esse ser, a vida e a morte são coisas díspares, polos opostos da existência. O aniquilamento de si próprio é algo a ser evitado a todo custo, assim como a luta pela sobrevivência deve ser a razão de seu viver.

Analisando sob outra perspectiva, mas tomando como referência o mesmo ser, que é a Vontade manifesta nos fenômenos, seria possível dizer que a vida e a morte fazem parte da mesma essência que rege todo o universo. Nessa perspectiva, viver e morrer seriam idênticos, fazendo parte da natureza que se cons-

---

66 Ibidem, § 27, 211 e 212 (SW II, 175).

Figura 16. *Mukhalinga* (*liṅgaṃ* com a face de *Śiva*) da era Gupta (séculos V-VI d.C.) no Templo de Bhumara, Índia. © Wikipedia.

titui como Vontade de vida objetivada. Essa é a vivência do ser humano que adquiriu tal grau de conhecimento elevado diante do mundo, que rompeu com o véu de *Māyā*, que descobriu a conexão entre seu *Ātman* e o ser supremo *Brahman*, que se libertou do *principio individuationis*, que pronunciou a frase sânscrita *Tat tvam asi* com plena consciência de notar-se em todos os seres existentes, que soube que "a natureza não se entristece"[67], que se apercebeu da própria imortalidade da natureza, que compreendeu que tudo é um, tudo é Vontade e, que dessa forma, viver é idêntico a morrer. Esse grau de consciência elevada também deveria compreender a característica que Schopenhauer construiu na Vontade e que a comparou com as ideias indianas de *Trimūrti* e de *liṅgaṃ*.

A alegoria mais utilizada por Schopenhauer para expressar a unidade da Vontade, que se manifesta fenomenicamente de modo plural no nascimento, sobrevivência, preservação, reprodução e morte, foi a do deus *Śiva* e de seu atributo *liṅgaṃ*. Ter reunido em uma mesma imagem alegórica a vida e a morte foi de extrema valia para Schopenhauer. Ele encontrou na cultura milenar da Índia, então recém-descoberta pelo Ocidente, outra forma de explicar o seu sistema da Vontade, conferindo-lhe maior relevância. O mesmo não havia ocorrido com as três grandes religiões dadas como ocidentais (judaísmo, cristianismo e islamismo). Elas não possuem alegorias que representem, concomitantemente, os polos opostos da vida e da morte. O mesmo também não ocorreu com as filosofias ocidentais, que ainda não tinham produzido uma ideia que expressasse essa oposição em uma única. Apenas com as mitologias do Ocidente, especificamente, na grega e na romana, Schopenhauer também pôde criar algumas comparações, semelhantes àquelas realizadas por William Jones, Francis Wilford e J. Goldingham nas *Asiatick Researches*.

Com o deus *Śiva* (Figura 17) e o atributo *liṅgaṃ* (Figura 16), Schopenhauer pôde compreender de modo mais nítido aquilo que queria explicar a partir da sua teoria da Vontade, que se ocupava, ao mesmo tempo, do surgimento e do desaparecimento de todos os seres. Se, de fato, o "nascimento e a morte pertencem igualmente à vida e se equilibram como condições recíprocas, ou, caso se prefira a expressão, como polos de todo o fenômeno da vida"[68], nada melhor do que ter encontrado na Índia um deus que representasse a morte e, simultaneamente, a vida por intermédio do poder de criação.

O *liṅgaṃ* auxiliou o filósofo a abordar a temática dos órgãos genitais, que são importantes para Vontade objetivada em alguns seres vivos, os quais necessitam do sexo para reproduzir-se. Independente do intelecto, os genitais buscam a vida de modo involuntário, clamam pela procriação, pois, dessa forma, o desejo da imortalidade se efetiva nos seres gerados:

---

[67] Ibidem, § 54, 360 (SW II, 326).
[68] Ibidem, § 54, 358 (SW II, 324 e 325).

Os genitais são o princípio conservador vital, assegurando vida infinita no tempo. Com semelhante qualidade foram venerados entre os gregos no phallos (*phallus*) e entre os hindus no lingam (*liṅgaṃ*), os quais, portanto, são o símbolo da afirmação da Vontade[69].

Desejar a reprodução é afirmar os desejos, é ser controlado pela força cega que rege todos os indivíduos. Por essa razão, Schopenhauer associou o *liṅgaṃ* à afirmação da Vontade. No entanto, no outro lado da alegoria, existe Śiva, como personificação da própria morte, supressão completa de todas as dores do mundo. Os polos opostos se manifestam de formas distintas, mas se igualam nessa alegoria hindu. "Os indianos combinaram as duas visões ensinando simultaneamente a libertação da vida como o bem supremo e adorando o *liṅgaṃ*"[70]. Na interpretação do filósofo, a sabedoria oriental soube reunir em uma única divindade forças antagônicas. De um lado, a afirmação da Vontade constituída pelo *liṅgaṃ* e, do outro, a negação da vida representada pelo deus da destruição Śiva.

Uma das contribuições do pensamento indiano à filosofia de Schopenhauer foi unir os fenômenos da Vontade que são apreendidos de forma separada no nascimento, reprodução, preservação e morte. É possível afirmar que esse ensinamento se deu no início do ano de 1814, momento em que ele teve acesso à *Oupnek'hat*, à *Asiatisches Magazin* e à *Mythologie des Indous*. Nesse mesmo ano, o filósofo escreveu, pela primeira vez em seus *Manuscritos*, o seguinte fragmento:

> A vida é encontrada em dois polos (geração e destruição, ou, viver e morrer). Então, querer-viver também é querer-morrer. Assim, ao lado da morte, os indianos colocam o *liṅgaṃ* como atributo de Śiva, que significa morte, mas que transforma tudo em vida[71].

No ano seguinte, em 1815, período em que iniciou a leitura dos nove volumes das *Asiatick Researches*, outro fragmento presente em seus *Manuscritos* ilustrou a mesma teoria sobre a Vontade:

> Destruição e geração são correlatos e inseparáveis, meramente dois aspectos da mesma coisa, denominada de vida, por exemplo a preservação da forma e o crescimento da matéria. O Lingam (*liṅgaṃ*) é então o atributo de Schiwa (Śiva). Agora, justamente, tanto na nossa vida, quanto em um processo de nutrição, há uma constante geração, uma renovação da forma, então é ele também constante destruição, um lançar-se para fora da matéria[72].

---

[69] Ibidem, § 60, 424 (SW II, 390).
[70] MR I, 371, n. 499 (HN I, 337).
[71] Ibidem, 181, n. 273 (HN I, 166).
[72] Ibidem, 348, n. 474 (HN I, 317).

Por fim, em 1818, Schopenhauer retomou a mesma ideia no início do quarto livro, d'*O mundo como vontade e como representação*:

> Nascimento e morte pertencem exclusivamente ao fenômeno da Vontade, [...]. A mais sábia de todas as mitologias, a indiana, exprime isso dando ao Deus que simboliza a destruição e a morte [...] Schiwa (Śiva), o atributo do colar de caveiras e, ao mesmo tempo, o Lingam (liṅgaṃ), símbolo da geração, que aparece como contrapartida da morte[73].

Além do *Śiva* e do *liṅgaṃ*, a *Trimūrti* também ilustrou alegoricamente o sistema da Vontade schopenhaueriano. A tríade indiana possui uma mesma unidade, apesar de se manifestar em três deuses distintos. *Brahmā*, *Viṣṇu* e *Śiva* representam criação, preservação e destruição, mas todos esses deuses se unificam na *Trimūrti*, que se constitui como uma única alegoria.

Schopenhauer fez uso da *Trimūrti* da mesma forma que se utilizou do deus Śiva e do *liṅgaṃ*, ou seja, para ilustrar os fenômenos da Vontade que se manifestam na vida e na morte, na geração e na destruição. Todavia, a *Trimūrti* carrega consigo, por intermédio do deus *Viṣṇu*, o poder da preservação. Assim, quando Schopenhauer quis dar ênfase à luta pela sobrevivência e conservação dos seres individualizados ou da espécie, ele, então, fez uso de tal conceito indiano.

A primeira vez em que a *Trimūrti* foi utilizada por Schopenhauer em seus *Manuscritos* foi no ano de 1816, da seguinte maneira:

> A Vontade de vida aparece tanto na morte autoimposta (Schiwa — *Śiva*), quanto no prazer da conservação pessoal (Wischnu — *Viṣṇu*) e na volúpia da procriação (Brahma — *Brahmā*). Este é o significado íntimo da UNIDADE DA TRIMURTIS (*TRIMŪRTI*): que cada homem é por inteiro, embora no tempo seja destacada ora uma, ora outra de suas três cabeças[74].

Na filosofia de Schopenhauer, as oposições que compõem a Vontade não se restringiram à vida, preservação e morte, mas também se mostraram presentes na comparação entre genitais e cérebro, vontade e representação, desejo e conhecimento, afirmação da Vontade e supressão do querer. A Vontade possui diversas características que as alegorias hindus não possuem. Afirmar o inverso é igualmente válido: a *Trimūrti* e o atributo *liṅgaṃ* possuem diversas características que a Vontade em Schopenhauer não possui. Apesar das diferenças, ambas convergem na teoria dos opostos fenomênicos que compõem uma unidade metafísica. Por isso, pode-se afirmar que essas ideias indianas esti-

---

73 M I, § 54, 358 (SW II, 324 e 325).
74 MR I, 449, n. 603 (HN I, 405). O mesmo trecho foi utilizado na parte final do quarto livro d'*O Mundo* (M I, § 69, 504 [SW II, 471 e 472]).

Figura 17. *Śiva como criador, conservador e destruidor*. Escultura em bronze do século XI d.C. Coleção do *Museu Guimet*, ou *Museu Nacional de Arte Asiática*, França. © Wikimedia Commons. Uma única alegoria representando todos os significados da *Trimūrti*.

veram presentes na filosofia de Schopenhauer. A sabedoria milenar oriental auxiliou o filósofo na construção e elaboração de seu pensamento. Por certo, Schopenhauer já havia desenvolvido e refletido sobre o conceito Vontade, mas ele poderia ter dado ênfase a outras características dela, caso não tivesse encontrado na *Oupnek'hat*, na *Asiatisches Magazin*, na *Mythologie des Indous* e nas

Asiatick Researches as informações necessárias para construir suas comparações. Ousamos mesmo afirmar que, se o encontro entre o filósofo e a Índia não tivesse ocorrido, Schopenhauer não teria enfatizado essa característica da Vontade tão marcante e constantemente presente em seus escritos.

Ou seja, a partir da análise das obras sobre a Índia consultadas pelo filósofo entre os anos de 1813 a 1818, e tomando como base a análise dos *Manuscritos* e d'*O mundo*, é possível constatar a "influência" dos conceitos indianos *Trimūrti*, *Brahmā*, *Viṣṇu*, *Śiva* e *liṅgaṃ* no sistema da Vontade em Schopenhauer.

Vale lembrar que entendemos por influência a ação na qual uma pessoa ou pensamento exerce sobre outra, gerando modificações que delimitam um estágio anterior e outro posterior. Nesse sentido, depois de Schopenhauer ter entrado em contato com os textos indianos, foi possível constatar que a teoria da Vontade recebeu novos enfoques, sendo realçados certos aspectos em detrimento de outros. Os conceitos *Trimūrti* e *liṅgaṃ* não tiveram o poder de alterar drasticamente o sentido da ideia de Vontade, mas conseguiram sutilmente direcionar o filósofo a dar maior ênfase à teoria dos opostos fenomênicos que compõem a unidade metafísica.

3.3. *Māyā*

A mais relevante apropriação feita por Schopenhauer do pensamento indiano foi a do conceito *Māyā*. Isso se dá ao tomarmos como referência a quantidade de citações, assim como a importância desta ideia indiana na teoria da representação schopenhaueriana. Desde a primeira citação, em 1814, até a publicação d'*O mundo*, em 1818, o filósofo se utilizou da palavra *Māyā* mais do que trinta vezes em seus textos (*Manuscritos* e *O mundo*) e a identificou com diversos conceitos: ilusão da realidade[75], amor no ato da criação[76], "mundo material"[77], "fenômeno kantiano"[78], princípio de criação do mundo[79], "aquilo que eternamente se transforma, mas nunca é"[80], "*principium individuationis*"[81], "suicídio"[82], "o mundo como representação submetido ao princípio de razão"[83], "sonho"[84], "mundo visível"[85], dentre outros.

---

[75] Ibidem, 113, n. 189 (HN I, 104).
[76] Ibidem, 130, n. 213 (HN I, 120).
[77] Ibidem, 148, n. 234 (HN I, 136).
[78] Ibidem, 247, n. 359 (HN I, 225).
[79] Ibidem, 332, n. 461 (HN I, 303).
[80] Ibidem, 419, n. 564 (HN I, 380).
[81] Ibidem, 429, n. 574 (HN I, 389).
[82] Ibidem, 433, n. 578 (HN I, 391).
[83] M I, § 3, 49 (SW II, 9).
[84] Ibidem, § 5, 60 (SW II, 20).
[85] Ibidem, apêndice, 528 (SW II, 498).

Etimologicamente, o substantivo feminino *Māyā* se relaciona com o conceito "medida". A raiz *mā* significa "medir, mensurar, calcular, construir ou criar". Nesse caso, para o hinduísmo, "medir é dar existência a uma coisa, atualizá-la, dar-lhe realidade" (SNODGRASS, 1992, 29). Assim, *Māyā* foi concebida por muitas vertentes da filosofia hindu como a causa da existência material, na qual todos os seres atuam. Nisso se incluem todos os seres humanos e também os deuses da *Trimūrti*. No entanto, ao mesmo tempo em que possui o poder da criação, *Māyā* também é a fluidez eterna do mundo fenomênico, efeito de toda realidade, responsável pelo ciclo de *saṃsāra* (fluxo de incessantes renascimentos no mundo).

Em Schopenhauer, *Māyā* foi associada incialmente a essa força criadora do mundo material. Ela gerou todos os seres como efeito de seu amor primordial, mas, concomitantemente, afastá-los-ia da verdade que se encontra na essência do universo. N'*O mundo*, Schopenhauer escreveu que a "*Māyā* dos indianos, cuja obra e tecido é todo o mundo aparente, também foi parafraseada por *amor*"[86]. Nessa perspectiva, *Māyā* seria semelhante ao deus Eros da Grécia antiga, como o próprio Schopenhauer descreveu: "Hesíodo e Parmênides disseram bastante significativamente que EROS é o primeiro, o criador, o princípio do qual provêm todas as coisas (ARISTÓTELES, *Metafísica*, I, 4)"[87]. O método de comparar Ocidente e Oriente, muito utilizado por William Jones e outros orientalistas, foi reproduzido aqui por Schopenhauer. É interessante notar que, por falta de referências para compreender a Índia, alguns intelectuais se utilizaram de seu repertório ocidental para melhor explicar aquilo que desconheciam. Vale lembrar a crítica de Edward Said (2015): sem perceber, esses intelectuais ocidentalizam o Oriente e distorcem o significado de seus conceitos.

Nessa ocidentalização, *Māyā* foi equiparada ao amor no ato da criação. Na *Teogonia* da mitologia grega, Hesíodo concebeu o deus Eros como um dos deuses primordiais. De acordo com a *Teogonia*, no início de tudo, quando apenas Caos reinava absoluto, surgiram as primeiras criações, e uma delas era o deus Eros, símbolo do amor. Eros é colocado em local de primazia, pois está relacionado ao amor existente na criação de todos os seres. De modo semelhante, *Māyā* foi compreendida por Schopenhauer a partir da mesma ideia de amor presente em alguns deuses ocidentais.

Em 1815, nos *Manuscritos*, é possível encontrar outro fragmento semelhante àquele encontrado n'*O mundo*, que enaltece o amor presente em *Māyā*. Schopenhauer escreveu que

> o mundo é a objetidade da Vontade (de vida). Essa Vontade é muito veemente fenômeno, é impulso sexual, o qual é o ερως (Eros) dos antigos.

---

[86] Ibidem, § 60, 424 (SW II, 389).
[87] Ibidem, § 60, 424 (SW II, 389).

Então, os poetas e filósofos da antiguidade, de Hesíodo até Parmênides, de modo muito significativo dizem que ερως é a primeira coisa, o princípio do mundo, aquilo que o criou; a Maja (*Māyā*) dos indianos significa o mesmo. Note bem, não totalmente o mesmo; Maja (*Māyā*) é especialmente a objetidade da Vontade, fenômeno kantiano, conhecimento de acordo com o princípio de razão suficiente (ARISTÓTELES, *Metafísica*, I, 4)[88].

Novamente, o filósofo descreveu *Māyā* como semelhante a Eros e acrescentou que ela não é apenas amor dado como impulso sexual na criação do mundo, mas também é a própria objetidade da Vontade. Ou seja, *Māyā* é simultaneamente amor, origem, força de criação do mundo, impulso sexual de gênese e, também, a representação que os sujeitos do conhecimento fazem de todos os seres a partir do princípio de razão suficiente. Portanto, *Māyā* está diretamente relacionada à epistemologia schopenhaueriana, à forma como o intelecto do sujeito concebe os objetos fenomênicos. Eis a razão de o filósofo também ter associado esse conceito ao fenômeno kantiano. Todavia, esse mesmo intelecto é servo da Vontade, inconscientemente desejoso de saciar os pequenos fins da vida. A Vontade de vida controla o pensar humano, que ingenuamente acredita ser senhor de si próprio.

É importante notar que *Māyā* foi, aos poucos, sendo apropriada por Schopenhauer para se referir a ideias diferentes. No ano de 1814, Schopenhauer cita *Māyā* pela primeira vez em seus *Manuscritos*. Vale lembrar que, até então, o filósofo tinha entrado em contato apenas com a *Asiatisches Magazin*, a *Oupnek'hat* e a *Mythologie des Indous*. Eis o fragmento em que *Māyā* é utilizada pela primeira vez:

> Que nós queremos tudo é a nossa desgraça; não importa minimamente o que nós queremos. Mas, querendo (o erro fundamental), podemos nunca estar saciados, e então nunca paramos de querer, e a vida é um permanente estado de dor e miséria, é objetidade da Vontade. Constantemente imaginamos que os objetos desejados podem pôr um fim em nossa Vontade, de preferência fazem aquilo que apenas nós mesmos podemos fazer: cessar o nosso querer. Essa (realização da Vontade) ocorre através do melhor conhecimento, e assim a *Oupnek'hat*, volume II, 216 disse: *tempore quo cognitio simul advenit amor e medio supersurrexit*; — "O momento do conhecimento aparece na cena, ao mesmo tempo, o amor surgiu no seio das coisas" —; aqui o *amor* (desejo) significa Maja (*Māyā*), que é justamente aquela vontade, aquele amor (por objetos), de quem a objetificação ou a aparência é o mundo[89].

Essa foi uma das raras ocasiões em que o filósofo citou a referência utilizada na apropriação das ideias indianas. Nesse fragmento citado por Schopen-

---

[88] MR I, 332, n. 461 (HN I, 303).
[89] Ibidem, 130, n. 213 (HN I, 120).

hauer da *Oupnek'hat*, o amor se dá simultaneamente com o conhecimento dos seres. *Māyā* é o conhecimento e o amor, possuindo sentido epistemológico e físico. A interpretação schopenhaueriana relaciona *Māyā* aos desejos por objetos. Nesse ponto de vista, no momento em que temos conhecimento do mundo, nos apegamos a ele, amamos a materialidade; somos influenciados por *Māyā* em acreditar que todo o sofrimento cessará no instante que possuirmos os bens materiais do mundo físico.

Se compararmos o fragmento de 1815 dos *Manuscritos* com o mais antigo de 1814, é possível constatar uma alteração drástica na concepção do amor em *Māyā*. Em um primeiro momento, ela é interpretada de modo positivo, semelhante ao deus Eros, amor presente no ato de criação do mundo fenomênico. Em um segundo, *Māyā* é o amor entendido de modo negativo, semelhante ao desejo de possuir objetos fenomênicos. Essa interpretação negativa será a mais utilizada por Schopenhauer durante o período de gênese de sua filosofia. No fragmento de 1814, oriundo da *Oupnek'hat*, *Māyā* é o conhecimento do mundo aparente, objetivado, origem do apego a toda materialidade, fazendo parte da epistemologia schopenhaueriana.

Desse modo, o pensamento indiano, interpretado por intermédio da *Oupnek'hat*, apresenta um problema filosófico crucial que está expresso no conflito entre o físico e o metafísico, aparência e essência, mentira e verdade, mutabilidade e imutabilidade. De um lado está *Brahman*, o ser absoluto; do outro está *Māyā*, a criadora. Em outro trecho da *Oupnek'hat*, não utilizado pelo filósofo, fica evidente essa questão: "Maīa, que se diz constar em todas as partes do ser humano, opera (trabalha) com *Brahm* (*Brahman*) na produção do mundo. Isto é, *Brahm* (*Brahman*, enquanto *Māyā*), projetando-se para fora, agindo, simplesmente aparece, é ilusão (*illusio*), não faz nada verdadeiramente"[90]. O problema é resolvido dando à *Māyā* o significado de ilusão, mentira, mutabilidade e aparência. Por outro lado, em complemento a essa solução, *Brahman* é a realidade, verdade, imutabilidade e essência.

Schopenhauer criticará essa ilusão fenomênica que se dilui com a obtenção da "melhor consciência". No fragmento dos *Manuscritos* escrito em 1814, na primeira vez em que *Māyā* é citada, Schopenhauer menciona que o "melhor conhecimento" entende o mecanismo que opera a Vontade. A "melhor consciência" possui a lucidez de compreender a força que rege todos os objetos. Ela nega a luta de todos contra todos, na qual os seres do mundo inteiro estão inseridos. A solução é dada em nada querer, nada desejar, nada temer e nada esperar, pura negação da Vontade. Nesse sentido, *Māyā* gera consequências para a ética da compaixão de Schopenhauer. Libertar-se de *Māyā*, erro epistemológico, é, ao mesmo tempo, agir eticamente com compaixão e empatia.

---

[90] *Oupnek'hat*, vol. II, 548.

Para além da *Oupnek'hat*, foram encontrados fragmentos semelhantes aos até aqui citados nas outras obras consultadas pelo filósofo acerca do pensamento indiano durante o período de gênese de suas teorias.

Como se sabe, a partir de evidências históricas, a *Asiatisches Magazin* foi a primeira obra sobre a Índia a que Schopenhauer teve acesso. Seu empréstimo ocorreu no final de 1813, na biblioteca de Weimar, e nela já estava presente a *Māyā* dos hindus: "Todo este engano é igual a *Māyā*"[91]. Logo depois, na mesma biblioteca, Schopenhauer tomou de empréstimo a *Mythologie des Indous*. Nessa obra, *Māyā* foi mencionada em diversas passagens, a maioria como a "névoa que cobre o entendimento dos mortais"[92].

Essas duas interpretações de *Māyā* (engano e névoa) corroboram com a interpretação contida na *Oupnek'hat*. Nessas três obras (*Oupnek'hat*, *Mythologie des Indous* e *Asiatisches Magazin*), *Māyā* é o engano, a nuvem, a ilusão do intelecto na compreensão do mundo representado. Os fenômenos se manifestam como a solução de todos os males, mas eles mesmos são a origem de todo o sofrimento.

Como já informado, infelizmente os diversos apontamentos feitos por Schopenhauer durante sua leitura dos nove volumes das *Asiatick Researches*, tomados de empréstimo na biblioteca de Dresden nos anos de 1815 a 1816, foram dados por Hübscher como irrelevantes e, dessa forma, não estiveram presentes na publicação dos *Manuscritos*[93]. A primeira anotação de Schopenhauer se refere diretamente à *Māyā* e seus atributos de criação, amor e ilusão do mundo[94]. A transcrição, já apresentada neste estudo, foi feita por Schopenhauer a partir do artigo de William Jones "Sobre os deuses da Grécia, Itália e Índia". Schopenhauer transcreveu esse trecho em meados de 1815, momento em que lia o primeiro volume das *Asiatick Researches*. Eis o fragmento:

> Página 223. <u>Máyá</u>: essa palavra explicada por estudiosos hindus significa "a primeira inclinação da divindade para se diferenciar ao criar os mundos". Imagina-se que ela seja a mãe-natureza universal de todos os deuses inferiores; de acordo com o que uma pessoa da Caxemira me respondeu quando eu lhe perguntei por que <u>Cama</u> ou <u>Amor</u> era representado como sendo seu filho: mas a palavra Máyá ou <u>ilusão</u> tem um significado mais sutil e mais obscuro na filosofia <u>Vedanta</u>, na qual ela significa o sistema de <u>percepções</u>[95].

---

[91] *Asiatisches Magazin*, vol. 2, 266.
[92] *Mythologie des Indous*, vol. 1, 413 e 414.
[93] Como já informado anteriormente, no Anexo B deste livro traduzimos para o português esse material.
[94] Esse fragmento já foi utilizado anteriormente, no capítulo dois deste livro, mas vale citá-lo novamente, devido ao seu extremo valor.
[95] Anexo B. Este fragmento se refere às notas feitas por Schopenhauer durante a sua leitura das *Asiatick Researches*, vol. 1, 223 (grifos de Schopenhauer).

Mais uma vez são constatadas as aproximações entre as obras sobre a Índia consultadas por Schopenhauer até 1818. O filósofo encontrou nas *Asiatick Researches*, especificamente nesse fragmento de Jones, as mesmas ideias fundamentais para a sua compreensão de *Māyā*. A primeira refere-se ao significado etimológico do conceito, associado ao poder de criação. Tal como foi analisado anteriormente, um dos sentidos da raiz *mā* é "criar". Por essa razão, *Māyā* não possui uma interpretação desfavorável; pelo contrário, ela é uma das ideias mais importantes do panteão hindu. Ela estaria diretamente relacionada à inclinação sofrida por *Brahman* para se diferenciar de sua essência transcendental e criar toda a materialidade. Por isso, *Māyā* é a mãe-natureza que gerou todos os seres. A segunda ideia refere-se à associação de *Māyā* ao amor existente no ato de criação. Ainda não há uma intepretação negativa de *Māyā*, pois o seu amor não está associado ao desejo por objetos materiais. Nesse contexto, *Māyā* cria todos os seres a partir de um sentimento nobre que reside em seu ser. O fragmento de William Jones está de acordo com a interpretação schopenhaueriana de que *Māyā* "foi parafraseada por *amor*"[96]. Por fim, a terceira e última ideia refere-se à ilusão. A mãe criadora e amorosa de todos os seres do universo é, concomitantemente, a responsável por enganar a todos com truques, mágica e ilusão. Essa é a única ideia apresentada por William Jones que dá a *Māyā* um sentido desfavorável. De novo, é importante dizer que foi esta última interpretação que se tornou a mais frequente nos textos schopenhauerianos até 1818.

Nas *Asiatick Researches* é possível encontrar muitas outras passagens sobre a *Māyā* hindu. No artigo escrito pelo indólogo inglês J. D. Paterson "Da origem da religião hindu" (*Of the Origin of the Hindu Religion*), *Māyā* é identificada como a grande mãe criadora do universo. Paterson escreveu que "não poderia o nome de MAYA ou MAHA MAYA (consorte do benevolente *Síva*) ter dado origem a essa conjectura; esses termos hindus foram aplicados para significar a mãe (MAYA), a grande mãe (MAHA MAYA)!"[97] Paterson busca em seu texto uma origem comum para todas as mitologias. Por essa razão, associa *Māyā* com o titã grego Atlas, que foi condenado por Zeus a carregar eternamente o mundo ou sustentar para sempre os céus. O sentido da comparação feita por Paterson reside no fato de que, no hinduísmo, *Māyā* sustenta a percepção de todos os mortais no mundo fenomênico, como se carregasse nas costas a forma segundo a qual os seres humanos conseguem compreender a matéria. Na alegoria hindu, diferentemente do mito de Atlas, *Māyā* está associada a uma faculdade do intelecto humano. *Brahman* torna-se imperceptível em razão dos enganos gerados por *Māyā*, que se utiliza de um véu para encobrir e dis-

---

96 M I, § 60, 424 (SW II, 389). *"Auch die Maja der Inder, deren Werk und Gewebe die ganze Scheinwelt ist, wird durch amor paraphrasiert."*
97 *Asiatick Researches*, vol. 8, 71.

torcer a percepção do real. O traço mais relevante apontado por Paterson foi apresentá-la como a grande mãe de todos os seres. Nesse sentido, ela estaria mais próxima da deusa primordial grega Gaia, do que do titã Atlas. Gaia simboliza a geração dos seres no planeta terra, a natureza que se faz presente em todos os lugares do mundo. Apesar das interessantes comparações entre Grécia e Índia feitas por esse indólogo inglês, para nós, o principal valor de seu artigo reside no fato de Paterson ter dado grande destaque a *Māyā* como sendo a grande MAHA MAYA (Grande Criadora), contribuindo para a interpretação que Schopenhauer, aos poucos, foi construindo dela.

Francis Wilford escreveu outro artigo[98] nas *Asiatick Researches* que dá destaque a *Māyā*. Wilford teve como objetivo central em seu texto associar a mitologia egípcia com a indiana. Para isso, fez diversas comparações, sendo que uma delas foi entre o deus egípcio Hórus e *Māyā*. Hórus representa os céus e é filho do deus Osíris com a deusa Ísis. Wilford narra que, no combate de vingança travado com o seu tio Set, Hórus teve ferido o seu olho esquerdo, que seria a lua. Os egípcios explicam as fases da lua como efeitos do ferimento do olho esquerdo de Hórus. O outro olho, o direito, simbolizaria o sol. Por essa razão, Hórus foi associado ao sol e à lua. Na sequência dessa narrativa sobre o deus egípcio, Wilford narra outra história, essa de origem hindu, que simboliza o poder do "sol material" associado a *Māyā* e o poder do "sol metafísico" associado ao ser supremo *Brahman*. Wilford escreveu que os hindus

> confessam, no entanto, por unanimidade, que o sol é um símbolo ou imagem das suas três grandes divindades de forma conjunta (*Trimūrti*) e individual, isto é, *Brahma* (*Brahman*) ou o Supremo, que sozinho existe real e absolutamente; as três divindades masculinas (*Brahmā, Viṣṇu* e *Śiva*) são apenas *Máyà* ou ilusão. O corpo material do sol eles consideram como *Máyà*; mas, como ele é o símbolo mais glorioso e ativo do ser supremo, eles o respeitam como um objeto de alta veneração[99].

De acordo esse fragmento de Wilford, o hinduísmo cria uma interpretação que apresenta a pluralidade do real existente apenas na forma em que o intelecto humano opera. O entendimento dos homens cria maneiras distintas de explicar um mesmo objeto, no caso o sol material e o metafísico[100]. Para esse indólogo, o hinduísmo não possui uma autêntica dualidade, pois a única realidade reside em *Brahman*. Em um primeiro momento, deve-se entender que a verdade absoluta existe e é expressa pelo ser supremo, que pode ser associado

---

[98] *Asiatick Researches*, vol. 3, 295-468.
[99] Ibidem, 372. *On Egypt and the Nile from the Sanskrit* ("Sobre o Egito e o Nilo do sânscrito").
[100] *Māyā é o próprio Sol sensorialmente percebido, enquanto Brahman é um ser com demasiada luz; por essa razão, é simbolizado por intermédio do Sol.*

de modo simbólico ao sol. No entanto, simultaneamente, os hindus notam que existe *Māyā*, que rege e controla os deuses da *Trimūrti*. Ela seria o próprio sol, dado e compreendido de modo material. A narrativa de Wilford possui grande valor, pois distingue dois modos diferentes de entender um mesmo objeto. Característica semelhante também foi usada por Schopenhauer em sua explicação do mundo compreendido, de um lado, como representação e, de outro, como Vontade. São dois lados diferentes "de uma mesma moeda", de um mesmo mundo.

Para o indólogo contemporâneo Heinrich Zimmer, "*Māyā* é o poder supremo que gera e anima a manifestação, aspecto dinâmico da substância universal. É, a um só tempo, efeito (fluxo cósmico) e causa (poder criativo)" (ZIMMER, 2002, 30). Inserida nesse contexto de razão causal e consequência do mundo, *Māyā* possui o poder supremo de construir todo universo e, simultaneamente, de reger todas as mutações da realidade, igualando-se a *Brahman* e estando acima de *Brahmā*, *Viṣṇu* e *Śiva*. Contudo, ao ser identificada com a existência de todos os *seres* criados, *Māyā* é concebida erroneamente como a verdade da própria existência. Para Zimmer, o engano de concepção faz com que ela seja negativamente identificada como uma força mágica[101] ou ilusória, que esconde a autêntica realidade. *Māyā* não é *Brahman*, mas se identifica com ele. Por essa razão, é comum encontrar explicações sobre *Māyā* que apresentam certo antagonismo. É o caso, por exemplo, da definição expressa pelo indianista Sibajiban Bhattacharji: "*Māyā* significa sabedoria, poder extraordinário ou sobrenatural, mas também significa ilusão, irrealidade, decepção, fraude, truque, feitiçaria, bruxaria e magia" (BHATTACHARJI, 1970, 35). De fato, ela ilude a consciência e a percepção de todos ao se colocar como idêntica à verdade que compõe a matéria. Sua mágica criadora oculta o ser supremo *Brahman*, efetiva essência da realidade. Mas, simultaneamente, ela é o poder da criação, possuindo atributos semelhantes aos do ser supremo e absoluto.

De acordo com a filósofa indiana Indu Sarin, "o conceito *Māyā* deve ser entendido tanto em nível individual quanto cósmico. Em nível individual, é *avidyā* (o princípio epistemológico que vicia a experiência perceptiva), e, em nível cósmico, é o poder (*Śakti*) de *Brahman*. Nesse caso, *Māyā* aparece como o *Brahman* qualificado (*saguna* ou *apara Brahman*)" (SARIN, 2008, 144). Nessa dupla concepção, *Māyā* se distingue de *Brahman*, pois seria a ilusão da percepção do real, mas também se identifica com *Brahman*, pois é o seu poder e a sua energia (*Śakti*). O problema se configura em razão de *Māyā* também ser a realidade. No entanto, sendo fiel ao pensamento hindu, ela é uma realidade concebida de outra maneira.

---

[101] KEITH, 1976, 247. *Māyā* representa a arte mágica; *Śakti* representa o poder de criar semelhante ao poder do absoluto *Brahman*.

Algumas escolas antigas do pensamento hindu foram marcadas por essa possível dualidade do real entre *Māyā* e *Brahman*. De um lado, a realidade é composta a partir da existência de todos os objetos, criados e geridos pelo poder supremo de *Māyā*. De outro, a realidade possui sua verdadeira essência no poder supremo e transcendental de *Brahman*. Um dos propósitos dos hindus é conseguir romper com a primeira camada da realidade que está envolta em uma espécie de véu que distorce a verdade, para, assim, poder atingir a compreensão suprema de *Brahman*. Caso os ascetas hindus consigam superar o véu de *Māyā*, eles também conseguirão acabar com o ciclo de *saṃsāra*, atingindo a compreensão do grande pronunciamento *Mahāvākya "Tat tvam asi"* (Isto és tu) e criando a identificação entre *Ātman* e *Brahman*.

Com a finalidade de romper com a dualidade, outras escolas do hinduísmo tiveram como objetivo destacar o caráter ilusório e enganador de *Māyā*. Denunciar esse caráter nocivo de Māyā é distinguir a ilusão da realidade. A escola *Advaita Vedānta*, por exemplo, acredita que não existem duas realidades, pois tudo é uma única verdade, tudo é *Brahman*. "Os deuses (menores) e *Māyā* são parte de uma realidade inferior. Assim, ambos não são autenticamente reais. A escola *Advaita Vedānta* revela *Māyā* como confusão da falta de entendimento correto; a confusão desaparecerá quando a libertação perfeita for alcançada" (LOCHTEFELD, 2002, 433). Sendo assim, *Māyā* é uma realidade menor, um obstáculo a ser superado, para que, assim, se atinja uma realidade maior.

De modo diferente, em Schopenhauer o simples fato de compreender a Vontade não gera a libertação humana dessa essência do mundo, criadora de todo o sofrimento. A melhor consciência nota que o mundo não se resume a representações. Por isso, utiliza o corpo como chave de acesso ao outro modo de compreensão da realidade. O intelecto, livre da ilusão, percebe a Vontade agindo em seu próprio ser, assim como em todos os demais. Incapazes de controlar a Vontade, os seres humanos notam os conflitos existentes entre os desejos, entre todos os seres. Isso faz com que eles se percebam em uma luta sem trégua de todos contra todos. Apesar do *Advaita Vedānta* crer que nesse estágio de consciência o indivíduo supera todas as dores do mundo por intermédio da conexão entre *Brahman* e *Ātman*, em Schopenhauer a Vontade continua a gerar todo o sofrimento da existência. Por essa razão, de acordo com a descrição do filósofo, alguns negam a sua própria Vontade a partir de dois caminhos possíveis: a contemplação estética (método paliativo) e a ética da compaixão (método duradouro). No segundo caminho, a negação da Vontade ocorre no indivíduo por meio de ações empáticas e benevolentes que notam os sofrimentos de todos como sendo o seu próprio sofrimento. Nesse estágio de compreensão, que se constitui por ações éticas e não meramente correções epistêmicas, não existe diferença entre o eu e o outro. Todos são um só; todos são Vontade. Como visto anteriormente, foi a negação plena da Vontade o momento no qual o filósofo aproximou *Brahman* e a ideia budista de *nirvāṇa* da sua própria filosofia.

Os livros sobre a Índia aos quais Schopenhauer teve acesso durante a gênese de sua filosofia se aproximam da definição dada pelo *Advaita Vedānta*. Por essa razão, a filosofia dele também se aproximou da interpretação de *Māyā* como ilusão. Tanto em Schopenhauer quanto no *Advaita Vedānta* existem críticas ao apego do mundo percebido que resulta em sofrimento. "A iluminação para ambos é alcançada por intermédio do desapego do mundo, da dissolução do ego e da não dualidade" (SARIN, 2008, 138).

Em Schopenhauer, a representação é um dos lados da compreensão do mundo, que em alguns momentos foi literalmente concebida como ilusória. A coisa-em-si constituída como Vontade é o outro lado do mesmo mundo, que sustenta e dá sentido a todos os fenômenos. Representação e Vontade não devem ser entendidas como duas realidades opostas, dois mundos em paralelo, como concebe uma possível interpretação da filosofia platônica. Em um único e mesmo mundo, a representação é a forma segundo a qual o sujeito do conhecimento apreende os objetos fenomênicos e a Vontade se constitui como a essência íntima desses objetos. Compreender e explicar essas duas formas da realidade era o intuito de Schopenhauer.

Não há dualidade no filósofo, assim como não há dualidade no *Advaita Vedānta*. Para esta tradição filosófica da Índia, *Māyā* é a forma equivocada, enganosa e ilusória de compreender a realidade. Os seres humanos, limitados pelas restritas percepções e consciências de mundo, não compreendem diretamente a verdade que se esconde por detrás de cada objeto. Essa forma empobrecida de entender a realidade é *Māyā*, geradora de todas as mazelas da vida. A isso se associa o *saṃsāra*, representado como ignorância. Aqueles que estiverem envoltos no véu de *Māyā* e presos ao ciclo de *saṃsāra* compreenderão o mundo, dado no tempo e no espaço, como sendo a única realidade possível. Eis o erro do intelecto no qual reside todo engano e ilusão. No entanto, o *Advaita Vedānta* acredita que é possível se libertar dessas distorções do entendimento e atingir a verdade que reside em *Brahman*. Este ser se configura, para aqueles que fizerem a correta compreensão do verdadeiro eu (*Ātman*), como o entendimento superior do mundo. De modo semelhante, em Schopenhauer também é possível suprimir todas as dores da existência ao negar a própria Vontade.

Parece-nos que, nesses anos iniciais do encontro do filósofo com a Índia, Schopenhauer ainda não havia dado grande destaque à ilusão, que seria desenvolvida em sua teoria da representação. Sua principal preocupação era realizar comparações com o mundo sensível platônico ou com o fenômeno kantiano. Desse modo, o início do uso do conceito *Māyā* por Schopenhauer estaria relacionado diretamente ao mundo representado subordinado ao princípio de razão. Para confirmar essa teoria, apresenta-se o seguinte fragmento dos *Manuscritos* schopenhauerianos, datado do ano de 1814:

> Ele é (Maja — *Māyā*). Nós, então, temos distinguido três coisas: (1) a Vontade de vida por si mesma, (2) a objetidade perfeita a qual são as

ideias (platônicas) e (3) a aparência fenomênica dessas ideias platônicas na forma de quem a expressão é o princípio de razão suficiente, isto é, o mundo atual, o fenômeno kantiano, a Maja (*Māyā*) dos indianos[102].

Nesse fragmento, Schopenhauer apresenta três ideias diferentes de sua filosofia: Vontade, objetidades perfeitas (ideias platônicas) e aparência sensível das ideias perfeitas (representações). Todas elas possuem características de aproximação e afastamento com as filosofias de Platão e de Kant.

A primeira ideia, a Vontade em-si-mesma, se diferencia do "mundo das ideias" do filósofo grego. Todavia, a objetidade perfeita, ou seja, a idealização perfeita de como seriam as objetidades da Vontade (manifestação da Vontade), se assemelha ao mundo inteligível platônico. Ou seja, as ideias platônicas são semelhantes às idealizações das objetidades da Vontade. Um mundo perfeito, um ser humano perfeito ou um livro perfeito são exemplos que se referem a ideias abstratas, a uma idealização de como deveriam ser os objetos em que a Vontade se manifesta (objetidade da Vontade). Por sua vez, o mundo de dentro da caverna, sensorialmente percebido pelos cinco sentidos, seria o correlato para sua teoria do mundo representado, regido pelo princípio de razão suficiente.

A filosofia de Kant, por sua vez, também se relaciona com o pensamento de Schopenhauer. A Vontade de vida schopenhaueriana possui correlação com a coisa-em-si kantiana. A diferença fundamental reside no fato da incognoscibilidade da coisa-em-si kantiana. De modo semelhante, a representação se assemelha aos fenômenos que se manifestam ao sujeito do conhecimento.

Schopenhauer fez outras comparações parecidas a essas em outras passagens de seus *Manuscritos*. Para ilustrar isso, vale reapresentar a tabela comparativa[103] feita por Schopenhauer no ano de 1816, em Dresden, na qual ficam evidentes as comparações entre o seu pensar e as filosofias nas quais seus leitores deveriam ser versados[104].

	Universal	Particular
Metafísica	Ideia platônica	Aquilo que se torna, mas nunca é
	Coisa-em-si de Kant	Fenômeno
	Sabedoria dos *Vedas*	Māyā

De 1814, ano da primeira citação da palavra *Māyā* em seus *Manuscritos*, até 1816, o mundo como representação não possuía, de modo tão evidente, o atri-

---

[102] MR I, 247, n. 359 (HN I, 225).
[103] Ibidem, 434, n. 578 (HN I, 392).
[104] M I, 23, (SW, *Vorrede zur ersten Auflage*).

buto de ilusão. De forma semelhante, o uso de *Māyā* por Schopenhauer era apenas como equiparação das ideias já existentes nas filosofias ocidentais. Todavia, coincidência ou não, após a leitura das *Asiatick Researches*, é possível notar que a utilização do conceito *Māyā* adquiriu decisivamente o caráter ilusório.

A primeira vez em que o filósofo associa *Māyā* com um mundo ilusório foi em 1816, no seguinte fragmento:

> [207] para o homem que pratica atos de amor (compaixão), o véu (*Schleier*) de Maja (*Māyā*) cai de seus olhos e a ilusão (*Schein*) do princípio de individuação o deixa. Ele reconhece a si mesmo em todos os seres, em cada sofredor; [...] Ser curado dessa errônea noção e desiludir-se de Maja (*Māyā*) e praticar trabalhos de amor (compaixão) são a mesma coisa[105].

Esse fragmento auxilia na percepção da influência indiana sofrida por Schopenhauer durante o período de gênese de sua filosofia. Isso porque *Māyā* deu ao mundo como representação schopenhaueriano algo que o filósofo não havia encontrado no fenômeno kantiano, tampouco no mundo sensível platônico. *Māyā* se difere e se identifica com a realidade última que compõe o universo (*Brahman*), assim como a filosofia schopenhaueriana associa e diferencia o mundo como representação do mundo como Vontade. Não são dois mundos em paralelo (sensível e inteligível), como sustenta Platão; também não são discussões entre a incognoscível coisa-em-si e o fenômeno desassociado da ilusão. Para Kant, compreender os objetos fenomênicos não é estar iludido. Isso porque "os predicados do espaço e do tempo são atribuídos aos objetos dos sentidos como tais, e nisso não há ilusão (*Schein*)" (KANT, 1997, 85). Michael Plicin questiona-se sobre a possibilidade de Schopenhauer "não ter transformado o fenômeno do mundo do criticismo em um mundo da ilusão, digno dos *vedāntas*. Se ele não confundiu vivamente *Erscheinung* (aparência do criticismo) com *Schein* (ilusão dos *vedāntas*)" (PLICIN, 1991, 38). Longe de assegurar essa confusão, o que vemos em Schopenhauer é uma equiparação entre a essência do mundo composta da Vontade com o mundo representado, que pode se constituir como ilusão dada pelo intelecto humano. O ser humano é duplamente iludido. Em um primeiro momento, por acreditar que a própria representação é a única verdade possível; e, em um segundo momento, por acreditar na independência do intelecto diante da Vontade. Nesse ponto, Schopenhauer se distancia de Platão e Kant e se aproxima do pensamento indiano, que concebe a verdade como sendo *Brahman*, e a ilusão como sendo *Māyā*. Todavia, a filosofia schopenhaueriana não é idêntica ao hinduísmo. É importante frisar que em muitos aspectos a Vontade difere do supremo *Brahman*, assim como a Representação difere de *Māyā*.

---

[105] MR I, 469, n. 626 (HN I, 423).

Em 1818, Schopenhauer já tinha clara a ideia do que seria a *Māyā* hindu e como ela iria ajudá-lo a explicar suas próprias teorias. A despeito de o filósofo ter associado inicialmente *Māyā* à criação do mundo material, assim como conferir-lhe o atributo de amor, n'*O mundo* as citações sobre *Māyā* ocorrem, na maioria das vezes, de um modo um pouco diferente. Em 1818, o seu pensamento sobre a Índia encontrava-se mais elaborado e refinado. A primeira vez em que o filósofo citou *Māyā* n'*O mundo* referia-se ao caráter ilusório. De fato, no parágrafo três de sua obra capital, Schopenhauer escreveu que

> o essencial dessa visão é antigo: Heráclito lamentava nela o fluxo eterno das coisas; Platão desvalorizava seu objeto como aquilo que sempre vem-a-ser, sem nunca ser; Espinosa o nomeou meros acidentes da substância única, existente e permanente; Kant contrapôs o assim conhecido, como mero fenômeno, à coisa-em-si; por fim, a sabedoria milenar dos indianos diz: trata-se de Maja (*Māyā*), o véu da ilusão, que envolve os olhos dos mortais, deixando-lhes ver um mundo do qual não se pode falar que é nem que não é, pois se assemelha ao sonho, ou ao reflexo do sol sobre a areia tomada à distância pelo andarilho como água, ou ao pedaço de corda no chão que ele toma como uma serpente[106].

É perceptível nesse fragmento que o filósofo retomou a definição criada em 1816. *Māyā* se assemelha a um véu que "envolve os olhos" dos seres humanos, gerando sonhos, enganos e ilusões. Schopenhauer equipara a alegoria hindu com as teorias de diversos filósofos ocidentais (Heráclito, Platão, Espinosa e Kant). No entanto, de acordo com o texto de Schopenhauer, em todas essas teorias está ausente o atributo da ilusão. Essa característica aparece apenas com *Māyā*, que está diretamente associada ao mundo como representação. Esse fragmento é mais um argumento para consolidar a tese de que a filosofia de Schopenhauer foi influenciada pelo pensamento indiano, no caso específico a partir do atributo de ilusão de *Māyā* em sua teoria da representação.

É importante relembrar que, em 1814, Schopenhauer já havia encontrado esse atributo de *Māyā* na *Oupnek'hat*: "Maīa [...] é ilusão. [...] Brahman é o supremo"[107]. Para Arthur Berriedale Keith, indólogo do século XX, "nas últimas *Upaniṣads* [...] o que temos é o germe da teoria da ilusão" (KEITH, 1976, 529 e 530). O indólogo ainda faz comentários específicos sobre a *Oupnek'hat Sataster*, que retrata todos os seres do mundo como ilusão, excluindo apenas o ser que transcende a materialidade, o supremo *Brahman*. De acordo com Keith,

> o caráter preciso da natureza do mundo externo é resumido finalmente na doutrina da Śvetāśvatara *Upaniṣad* (*Oupnek'hat Sataster*), que vê no

---

[106] M I, § 3, 49 (SW II, 9).
[107] *Oupnek'hat*, I, 420.

mundo — à exceção do absoluto que conceitua de uma maneira teísta — uma ilusão, *Māyā*, termo introduzido primeiramente na filosofia das *Upaniṣads* (KEITH, 1976, 531).

Como anteriormente apresentado, na *Mythologie des Indous*, obra também consultada por Schopenhauer em 1814, existem diversas passagens de *Māyā* associadas à "névoa que se espalha pelo entendimento humano"[108]. Seja na introdução redigida por Mme. de Polier, seja nos diálogos entre o sikh Ramtchund e o Coronel Polier, *Māyā* foi retratada sempre da mesma maneira: distorção da mente ou dos sentidos. A despeito da ausência do conceito de ilusão na *Mythologie des Indous*, *Māyā* é o poder que altera a representação intelectual e sensorial dos seres humanos. Na obra de Polier também não é utilizado o conceito "véu", mas nuvem ou névoa, que possui praticamente o mesmo sentido.

O uso que Schopenhauer fez da *Māyā* hindu em sua filosofia e da ideia do mundo representado como ilusório se assemelha em muitos aspectos com o seguinte trecho escrito por Mme. de Polier:

> Essa *Māyā* ou névoa que desempenha um grande papel, mesmo na mitologia popular, é, segundo a explicação abstrata e metafísica dos brâmanes, a intervenção dos sentidos sobre as faculdades intelectuais. Apenas quando os indivíduos se colocam acima da operação deles é que *Māyā* se dissipa, e que se obtém a luz que dá à razão sua clareza primitiva, estado no qual ela é pura e transcendente[109].

O filósofo concebe que o mundo como representação, "em verdade, é apenas uma imagem copiada da sua essência, entretanto de natureza por completo diferente, e que agora intervém na conexão de seus fenômenos"[110]. Por isso, todos estão sujeitos à ilusão e ao engano, são incapazes de compreender o mundo como Vontade. Nesse cenário, o intelecto e a percepção se limitam apenas à compreensão do fenômeno. O erro reside nos fenômenos falsearem as exteriorizações manifestas da Vontade, que, por razões ilusórias, se constituem como se fossem reais. "A ilusão dos sentidos (enganos do entendimento) ocasiona o erro (engano da razão)"[111].

Reafirma-se a ideia de que, apenas em 1816, durante a leitura das *Asiatick Researches*, Schopenhauer consolidou o uso de *Māyā* para referir-se explicitamente à ilusão do mundo como representação. Com a leitura das *Asiatick Researches*, o filósofo compreendeu que o hinduísmo — especificamente a filosofia

---

[108] *Mythologie des Indous*, vol. 1, 130, 223, 414, 423, 426, 427, 428, 446, 447, 460, 466, 496, 548, 549 e 598.
[109] *Mythologie des Indous*, vol. 1, 130 e 131.
[110] M I, § 27, 216 (SW II, 179 e 180).
[111] Ibidem, § 15, 134 (SW II, 95).

Vedānta, aquela que veio depois dos *Vedas*, no caso as *Upaniṣads* — não consegue desassociar o "sujeito do conhecimento" do "objeto materialmente percebido". Todavia, essa relação dialética entre sujeito e objeto não é uma verdade absoluta, mas sim uma ilusão. A realidade não pode ser concebida a não ser por intermédio das faculdades do entendimento, às quais, todos os humanos estão submetidos. É necessário romper com essa realidade, ajustar o intelecto para a "melhor consciência", que, para o hinduísmo, é possível ser encontrada a partir do ser supremo, que está presente em todos os seres do universo. A frase pronunciada pelo brâmane ao seu filho *Tat tvam asi* ("tu és isto") é o ensinamento necessário para a compreensão superior ou a "melhor consciência" da mesma realidade representada sensorial e intelectualmente.

Em outro artigo do primeiro volume das *Asiatick Researches*, escrito por William Jones, Schopenhauer encontrou explicitamente a ideia *Māyā* vinculada a ilusão. No artigo "Sobre a ortografia de palavras asiáticas" (*On the Orthography of Asiatick Words*)[112], Jones apresentou uma introdução a diversos textos e conceitos indianos escritos em sânscrito. O trecho específico lido por Schopenhauer foi: "Não se gabem de opulência, jovens assistentes; todo este tempo some em um piscar de olhos, confirmando toda essa ilusão que foi criada por Májà (*Māyā*). Dirige o teu coração ao pé de BRAHME (*Brahman*), rapidamente ganhando conhecimento dele"[113].

De fato, nos diversos volumes das *Asiatick Researches* tomados de empréstimo por Schopenhauer na biblioteca de Dresden entre 1815 e 1816, "*Māyā* é a ilusão mundana"[114]. Além disso, *Māyā* também auxiliou o filósofo no aprimoramento de duas outras ideias: negação da Vontade e melhor consciência. No volume três das *Asiatick Researches*, Francis Wilford escreveu que *Brahman* se apresenta como

> um modo incompreensível para as criaturas inferiores, pois elas estão envolvidas no início da escuridão de Máyà, sujeitas a várias afeições mundanas [...]. Elas precisam dissipar a ilusão por abnegação, renunciar ao mundo por abstração intelectual[115].

Wilford mencionou nesse trecho essas duas ideias importantes para a filosofia de Schopenhauer. A abstração intelectual a que se refere Wilford pode ser entendida como semelhante à "melhor consciência" schopenhaueriana, que coloca o corpo como uma via de acesso para a Vontade. Essa percepção do próprio corpo, associada ao conhecimento teórico, gera a "melhor cons-

---

112 *Asiatick Researches*, vol. 1, 1-56. Versão de 1798. Primeira publicação em 1788.
113 Ibidem, 39. Versão de 1798. Primeira publicação em 1788.
114 *Asiatick Researches*, vol. 4, 383.
115 *Asiatick Researches*, vol. 3, 372 e 373.

ciência", que busca uma saída possível para os sofrimentos da existência. A segunda ideia é a negação da Vontade entendida como abnegação. *Māyā* transforma-se em um contraponto importante na filosofia de Schopenhauer para a formulação de sua ética descritiva, que analisa a compaixão como virtude capital para a supressão das dores do mundo. De um lado, temos "compaixão e contentamento", de outro, "*Māyā*, cegar-se ou ofuscar-se"[116].

Nesse mesmo artigo, Wilford descreveu algumas diferenças entre as religiões da Índia, especialmente entre o hinduísmo e o budismo. Uma dessas diferenças se dá a partir da interpretação de *Buddha*. Para o hinduísmo, *Buddha* não é apenas um ser humano mundano que atingiu a iluminação, estado de bem-aventurança, *nirvāṇa*, mas sim uma encarnação de um dos deuses da *Trimūrti*. Especificamente, *Buddha* é o nono avatar do deus *Viṣṇu*. Além disso, esse avatar teria tido como mãe *Māyā*[117]:

> Com Máyà, aparência ilusória de Vishnu, foi frustrado o ambicioso projeto das Daityas[118]. Um dos títulos de Buddha é ser filho de Máyà. Ele também é chamado Sácyasinha ou o Leão da raça de Sácya, de quem ele descende; uma denominação que parece intimidar, demonstrando que ele era um conquistador ou um guerreiro, bem como um filósofo[119].

Apesar da coexistência dessas diferentes histórias e interpretações sobre *Māyā* presentes nos textos a respeito da Índia, ela foi também associada à expressão latina *principium individuationis*.

Em um artigo escrito por Mathias Koßler (2013), o véu de *Māyā* é analisado a partir da relação existente entre os conceitos schopenhauerianos Vontade e intelecto. Koßler compreende que a expressão indiana "véu de *Māyā*" foi construída como correlata à ideia escolástica de *principium individuationis* (princípio de individuação)[120]. Conforme Koßler constatou nos *Manuscritos*, tanto o conceito *Māyā* quanto *principium individuationis* foram utilizados pela primeira vez na filosofia de Schopenhauer no ano de 1814, mas apenas dois anos depois, em 1816, o filósofo os colocou como correlatos. Utilizados em diversos momentos como sinônimos, Schopenhauer os compreendeu como uma distorção do intelecto capaz de individualizar todos os seres. Na verdade, esses dois conceitos possuem diferenças. Para o *Advaita Vedānta*, *Māyā* é a ilu-

---

[116] MR I, 475, n. 630 (HN I, 429).
[117] Ver outras passagens das *Asiatick Researches*, vol. 7, 411 e 414, nas quais *Māyā* é dada como mãe de *Buddha*.
[118] Raça de gigantes que combateram os deuses.
[119] *Asiatick Researches*, vol. 3, 414.
[120] MR I, 309, n. 433 (HN I, 282). "O *principium individuationis*, um ponto principal de disputa dos escolásticos, é espaço e tempo. Através disto, a ideia (Platônica), isto é, a objetidade da vontade, é dividida em coisas individuais".

são do mundo sustentada pelo intelecto. De sua parte, para os escolásticos, o *principium individuationis* restringe-se ao poder de individualizar os seres, ou seja, de identificar um objeto como distinto dos demais objetos. Apesar das diferenças entre essas ideias oriundas da Índia antiga e da Europa medieval, em Schopenhauer o conceito indiano se apropriou da ideia de individuação da escolástica, do mesmo modo que a ideia escolástica se apropriou da ilusão *Vedānta*. Como descreveu o filósofo em 1816,

> a visão de inumeráveis sofrimentos, acompanhados por uma penetração do princípio de individuação ou de Maja (*Māyā*), determina a Vontade, que, ao mesmo tempo, tenta aliviar os sofrimentos e renunciar aos prazeres, os quais, negados, sempre levam a uma condição de alívio[121].

A unidade de toda a matéria entendida pela escolástica como Deus e pelo hinduísmo como *Brahman* encontra-se, em Schopenhauer, difusa pelo véu da ignorância que individualiza todos os seres. Schopenhauer fundiu em sua própria filosofia Ocidente e Oriente. Alterou seus autênticos significados a fim de explicar o seu próprio pensamento. Isso não invalida a influência que ele recebeu do pensamento indiano, mas mostra a complexidade das apropriações que Schopenhauer fez de algumas filosofias, sejam elas orientais ou ocidentais.

❖ ❖ ❖

A apropriação de *Māyā* por Schopenhauer é um dos principais focos de toda a discussão acerca da influência da Índia no período da gênese de sua filosofia (BERGER, 2004, 69). Contrária ao consenso de grande parte dos comentadores sobre o assunto, este estudo defende que, longe de ser uma mera apropriação, o filósofo foi, de fato, influenciado pelo pensamento indiano. O resultado de nossa pesquisa sugere que *Māyā* auxiliou Schopenhauer na construção de sua teoria do mundo como representação, assim como serviu de contraponto na construção para o mundo como Vontade. Isso parece patente na análise tanto das notas asiáticas presentes em seus *Manuscritos* e n'*O mundo* quanto em alguns fragmentos da *Asiatisches Magazin*, da *Mythologie des Indous* e das *Asiatick Researches*. Após ter entrado em contato com a Índia, o mundo como representação de Schopenhauer pôde também ser entendido como ilusão ou engano do intelecto.

---

[121] Ibidem, 447, n. 601 (HN I, 404).

Considerações finais

❖ ❖ ❖

ACREDITAMOS QUE os três principais objetivos deste estudo foram alcançados. Ampliou-se a "Índia de Schopenhauer" para além das *Upaniṣads*, dos *Vedas* e da *Oupnek'hat*. Parece patente que o material encontrado na *Asiatisches Magazin*, na *Mythologie des Indous* e nas *Asiatick Researches* foi fundamental na construção da "Índia schopenhaueriana". Sem exceção alguma, todos os conceitos indianos que apareceram nos textos de Schopenhauer até 1818 também estiveram presentes nessas três obras sobre a Índia. Isso delimita e parece confirmar que a filosofia indiana, presente em Schopenhauer, fez-se por intermédio dessas três obras e da *Oupnek'hat*. As futuras investigações históricas sobre o tema poderão confirmar ou não as apropriações e as influências de cada conceito indiano se tomarem como tarefa obrigatória o estudo desse material. É sabido que outros caminhos também são possíveis para aqueles que querem estudar essa relação, como as abordagens comparativas que podem gerar aproximações interessantes que enaltecem ambos os pensamentos.

Também conseguimos analisar diversas citações indianas presentes nos *Manuscritos* e n'*O mundo como vontade e como representação*, que evidenciaram as histórias de como as apropriações parecem ter ocorrido. Em muitos momentos, a "Índia em Schopenhauer" se constituiu como um "espelho" para o seu pensar. Nesses casos, as apropriações explicam as próprias teorias schopenhauerianas e não necessariamente a Índia. Nesse sentido, parece claro que as ideias *Tat tvam asi*, *nirvāṇa*, *Brahman* e *Ātman* foram apropriadas pelo filósofo com o intuito de enaltecer e confirmar o seu pensamento.

Foi demonstrada a semelhança do conceito *nirvāṇa* e *Brahman* com a teoria da negação e supressão plena da Vontade. Nesse caso, não ficamos convencidos de que tenha havido influência indiana, mas sim apenas apropriações. A principal razão para essa cautela foi a escassa quantidade de citações sobre esses conceitos indianos nos textos de Schopenhauer escritos até 1818. Concordamos, em parte, com a teoria de Hübscher (1979) sobre as "resistências" de ambos os lados nas apropriações do pensamento indiano realizadas por Schopenhauer. Por isso, acreditamos que o filósofo "alterou" o significado do ser supremo hindu *Brahman* contido nas três obras consultadas, readequando-o para interesses presentes em sua própria filosofia.

De modo diferente, o conceito *nirvāṇa*, entendido como anulação do próprio ego, esquecimento de si, esvaziamento do eu, vazio, nada, estado de graça a partir da própria mortificação, aproxima-se muito da teoria de negação da Vontade. Foram apresentados artigos das *Asiatick Researches* que explicaram o conceito *nirvāṇa*. Como vimos, Schopenhauer teve acesso a esse material e até transcreveu algumas passagens sobre esse conceito budista em suas notas de leitura, conforme apresentado no Anexo B deste estudo. Estamos convencidos de que Schopenhauer se apropriou do conceito *nirvāṇa* dos budistas para ilustrar a sua própria filosofia, mas não estamos seguros em afirmar uma influência.

Essa insegurança, porém, não existe quando analisamos outros conceitos indianos. É importante dizer que tanto *Māyā* quanto a *Trimūrti* (*Brahmā*, *Viṣṇu* e *Śiva*) e o *liṅgaṃ* foram os conceitos indianos mais utilizados pelo filósofo até 1818. É importante dizer também que esses conceitos foram os primeiros a ser redigidos nos *Manuscritos* em 1814. Eles foram sendo apropriados por Schopenhauer em diversos momentos de seu pensamento até a publicação d'*O mundo* em 1818. Todo esse material nos deu aquilo que era necessário para analisar como essas ideias indianas foram apropriadas e como, aos poucos, foram se incorporando ao pensamento do filósofo, evidenciando influências.

Os conceitos indianos *Śiva*, *liṅgaṃ* e *Trimūrti* foram utilizados por Schopenhauer ao longo de cinco anos (1814-1818). Após esse período, ficou constado que o filósofo encontrou nessas ideias uma forma clara e direta para expressar sua teoria dos diversos objetos do mundo como representação compondo uma unidade metafísica no mundo como Vontade. Ou seja, nascimento, sobrevivência e morte são manifestações da Vontade que ocorrem separadamente. No entanto, todas elas são uma única e mesma coisa, todas são Vontade. A Índia auxiliou e esteve com o filósofo durante a construção dessa teoria de sua filosofia, auxiliando-o a explicar o seu próprio pensamento e a enfatizar essa característica epistemológica e metafísica. Não afirmamos em nenhum momento que a Índia foi a única responsável pela construção das ideias filosóficas de Schopenhauer. Isso seria um absurdo. No entanto, consideramos que é igualmente absurdo afirmar que os conceitos indianos *Śiva*, *liṅgaṃ* e *Trimūrti* não contribuíram em nada para a construção da teoria da Vontade schopenhaueriana. Encontramos o mesmo uso da *Trimūrti*, *Śiva* e *liṅgaṃ* nas três obras indianas que comprovam a história da relação de Schopenhauer com a Índia. Foram diversos fragmentos contidos na *Asiatisches Magazin*, na *Mythologie des Indous* e nas *Asiatick Researches* que se detiveram longamente em explicar esses conceitos. Isso muito nos auxiliou, pois tínhamos explicações riquíssimas que igualmente foram utilizadas pelo filósofo em seus textos.

Infelizmente, o mesmo não ocorreu com *Māyā*. Na maioria das vezes em que ela foi citada nessas três obras era para se opor à verdade, realidade e *Brahman*. *Māyā* surgiu, em diversos momentos, de modo secundário e negativo, ancorada em outra ideia principal. Não há nenhum artigo que se deteve exclusivamente em explicar o conceito *Māyā*. Isso dificultou nosso trabalho. Apesar da ausência de explicações mais consistentes, foram inúmeros os momentos em que ela foi citada nessas três obras consultadas por Schopenhauer sobre a Índia, assim como foram diversos os momentos em que ela foi utilizada pelo filósofo em seus textos. Essa foi uma das razões para sustentarmos a influência de *Māyā* na teoria da representação schopenhaueriana.

Estamos certos de que o mundo como representação em Schopenhauer não é, exclusivamente, uma ilusão. No entanto, foi exatamente essa conotação que ele recebeu quando foi comparado com *Māyā*. A representação é a forma de o sujeito do conhecimento compreender intuitiva e abstratamente a realidade, os objetos fenomênicos. Todavia, o mundo não se restringe a essas concepções. O mundo como Vontade é o outro lado do mesmo mundo. Apesar de a representação não ser ilusão para o filósofo, aquele que fizer mau uso de seu intelecto estará fechado para compreender a coisa-em-si. Apenas a melhor consciência consegue, por intermédio do corpo, notar outra compreensão da mesma realidade. O mundo constituído como Vontade é a certeza da existência de uma força cega, irracional, inconsciente que clama por vida, existência. A luta de todos contra todos se faz evidente e surge a necessidade de superar o sofrimento. Schopenhauer descreveu um dos caminhos para atingir a negação da Vontade: ética da compaixão. De modo muito semelhante, o hinduísmo encontrado por Schopenhauer nessas três obras apresentou *Māyā* como a "realidade não autêntica" concebida pelos homens. *Māyā* é um obstáculo a ser superado pelos seres humanos, que devem retirar o véu que cobre o entendimento. Só assim eles conseguirão compreender *Brahman*, o absoluto, presente em todos os seres. Nessa compreensão mais elevada da realidade, os sofrimentos também cessam. Isso porque a perda da individualidade ocorre a partir do encontro com *Brahman*. Por essa razão, *Brahman* foi concebido não como uma ideia semelhante à própria Vontade; pelo contrário, ele foi constituído como sendo a própria negação ou supressão plena da Vontade. Após o estudo sobre *Māyā*, presente tanto nos escritos schopenhauerianos quanto nas três obras sobre a Índia tomadas de empréstimo nas bibliotecas de Weimar e Dresden, parece ficar patente que ela foi fundamental para que o filósofo fosse, aos poucos, incorporando em sua teoria da representação a ideia de ilusão.

Para chegar a essas conclusões, inúmeras dificuldades foram encontradas. Uma primeira foi compreender textos dos séculos XVIII e XIX, escritos em línguas diferentes. O vasto e complexo material histórico pesquisado foi de difícil entendimento. Por isso, fizemos um capítulo para apresentar de modo didático e sintético tudo aquilo que encontramos durante a nossa leitura dessas três obras sobre a Índia. Uma segunda dificuldade deveu-se à não homogeneidade dos estudos já realizados sobre esse tema. Urs App (2006B) e Stephen

Cross (2013) foram fundamentais para a distinção entre as pesquisas desse estudo: investigações históricas e abordagens comparativas. Os propósitos e limites para cada um desses tipos de pesquisas foram traçados para facilitar a orientação dos futuros pesquisadores, assim como deixar clara a nossa posição diante dos demais estudos já produzidos. É muito importante dizer mais uma vez que a nossa pesquisa, apesar de adotar uma postura de investigação histórica, não rejeita as pesquisas que fazem as comparações. No entanto, é fundamental que fiquem evidentes os limites dessas comparações. Infelizmente, uma das nossas maiores dificuldades foi a falta de rigor histórico de algumas pesquisas precedentes que fizeram abordagens comparativas. Em muitos momentos, elas desnortearam o rumo desta pesquisa pelas conclusões implausíveis que construíram[1].

Por fim, nossa última e mais importante dificuldade foi evidenciar a influência da Índia em Schopenhauer. São diversos os pesquisadores que se opuseram a essa tese[2]. É importante dizer pela última vez que a Índia utilizada e apropriada pelo filósofo foi aquela encontrada exclusivamente na *Oupnek'hat*, na *Asiatisches Magazin*, na *Mythologie des Indous* e nas *Asiatick Researches*. Por certo, essa não é uma "Índia autêntica", pois essa relação seria impossível de ocorrer tendo em vista as limitações de Schopenhauer na leitura de textos em sânscrito. A Índia schopenhaueriana, assim como a da maioria dos filósofos ocidentais dos séculos XVIII e XIX, limitou-se aos inúmeros livros publicados durante o "renascimento oriental" ocorrido na Europa durante esse período. Ao optarmos por fazer um trabalho de investigação histórica, aliamo-nos a pesquisadores que confirmaram influências a partir de evidências encontradas tanto nos textos escritos por Schopenhauer quanto nos livros sobre a Índia consultados por ele. Franz Mockrauer (1928) e Helmut von Glasenapp (1928) foram os primeiros a dar o devido rigor histórico a todo estudo que tivesse o intuito de assegurar apropriações e influências. Moira Nicholls (1999) foi outra pesquisadora que assegurou a influência na teoria da Vontade. Por fim, as diversas pesquisas de Urs App foram as principais contribuições para este estudo, pois o esforço desse pesquisador foi sempre tentar constatar as "influências até então negligenciadas" (APP, 2014, 303) da *Oupnek'hat*, da *Asiatisches Magazin*, da *Mythologie des Indous* e das *Asiatick Researches*.

Inserido nesse contexto, este trabalho constitui-se como uma pequena contribuição para legitimar a apropriação da Índia feita por Schopenhauer durante o período de gênese de seu pensamento, assim como para assegurar as influências que algumas ideias indianas parecem ter exercido nas teorias do filósofo. É fundamental levarmos em consideração a afirmação dada pelo pró-

---

[1] LORENZO, 1922; BIRUKOFF, 1928; ABELSEN, 1993; REDYSON, 2012, dentre outros.
[2] HECKER, 1897; HÜBSCHER, 1979; SAFRANSKI, 1990; BERGER, 2004 e 2008, dentre outros.

prio Schopenhauer: "Confesso que o melhor do meu próprio desenvolvimento se deve à impressão das obras de Kant, ao lado da impressão do mundo intuitivo, dos escritos sagrados dos hindus e da impressão de Platão"[3].

É triste constatar que, em grande parte das pesquisas sobre as influências das filosofias ocidentais em Schopenhauer, principalmente as de Kant e de Platão, não existe igual negligência. Parece-nos que a Índia, sob a ótica de alguns ocidentais, ainda não adquiriu o seu devido estatuto filosófico. Com a finalidade de eliminar essa injustiça, este estudo pretende, de modo indireto, contribuir também na correção desse equívoco ocidental.

---

[3] M I, 525 (SW II, 493).

Referências bibliográficas

❖ ❖ ❖

Obras de Schopenhauer

SCHOPENHAUER, Arthur. *Schopenhauers Sämtliche Werke*, 7 Bände. Wiesbaden: F. A. Brockhaus, Edição de Arthur Hübscher, 1972.
——. *Der Handschriftliche Nachlass*, 5 Bände. München: Deutcher Taschenbuch, Edição de Arthur Hübscher, 1985.
——. *O mundo como vontade e como representação*, Tomo I, tradução, apresentação, notas e índices de Jair Barbosa. São Paulo: Unesp, 2005.
——. *O mundo como vontade e como representação*, Tomo II, tradução, apresentação, notas e índices de Jair Barbosa. São Paulo: Unesp, 2015.
——. *Manuscript Remains, in four volumes*, Edited by Hübscher, translated by E. F. J. Payne. Oxford: Berg Publishers Limited, 1998.
——. *Parerga y Paralipómena, Primera e Segunda edición*. Trad. De Pilar López de Santa María. Madrid: Trotta, 2006 (vol. I) e 2009 (vol. II).
——. *Sobre a Vontade na Natureza*. Porto Alegre: L&PM Pocket, 2013.

Obras sobre a Índia consultadas por Schopenhauer

ANQUETIL-DUPERRON (trad.). *Oupnek'hat*, Argentorati: Typis et Impensis Fratrum Levrault ,1801 (primeiro tomo) e 1802 (segundo tomo).
KLAPROTH, Julius (ed.). *Asiatisches Magazin*, dois volumes. Weimar: Verlage des Industrie Comptoirs, 1802 e 1811.
POLIER, Mme. Marie Elisabeth de Polier (Antoine-Louis-Henri, colonel de). *Mythologie des Indous*, Volumes 1 e 2. Paris: Roudolstadt , 1809.
SOCIETY, The Asiatic. *Asiatick Researches*, Volume 1, [s.l.], edição consultada de 1798, primeira edição de 1788.
——. *Asiatick Researches*, Volume 2, [s.l.], edição consultada de 1790, primeira edição de 1790.
——. *Asiatick Researches*, Volume 3, [s.l.], edição consultada de 1805, primeira edição de 1793.
——. *Asiatick Researches*, Volume 4, [s.l.], edição consultada de 1798, primeira edição de 1795.

———. *Asiatick Researches*, Volume 5, [s.l.], edição consultada de 1799, primeira edição de 1797.

———. *Asiatick Researches*, Volume 6, [s.l.], edição consultada de 1801, primeira edição de 1799.

———. *Asiatick Researches*, Volume 7, [s.l.], edição consultada de 1803, primeira edição de 1802.

———. *Asiatick Researches*, Volume 8, [s.l.], edição consultada de 1805, primeira edição de 1805.

———. *Asiatick Researches*, Volume 9, [s.l.], edição consultada de 1809, primeira edição de 1807.

Demais obras

ABELSEN, Peter, Schopenhauer and Buddhism. *Philosophy East and West*, 43, 1993, 255-278.

ALSDORF, Ludwig. *Deutsch-Indische Geistesbeziehungen*. Heidelberg: Kurt Vowinckel Verlag, 1942.

APP, Urs. Notes and excerpts by Schopenhauer related to volumes 1-9 of the Asiatick Researches. In: *Schopenhauer-Jahrbuch* 79, Würzburg, 1998A, 11-33.

———. Schopenhauers Begegnung mit dem Buddhismus. In: *Schopenhauer-Jahrbuch* 79, 1998B, 35-58.

———. Notizen Schopenhauers zu Ost-, Nord- und Südostasien vom Sommersemester 1811. In: *Schopenhauer-Jahrbuch* 84, 2003, 13-39.

———. Schopenhauer's India Notes of 1811. In: *Schopenhauer-Jahrbuch* 87, 2006A, 15-31.

———. Schopenhauer's Initial Encounter with Indian Thought. In: *Schopenhauer-Jahrbuch* 87, 2006B, 35-76.

———. OUM — Das erste Wort von Schopenhauers Lieblingsbuch. In: *Das Tier, das du jetzt tötest, bist du selbst ... Arthur Schopenhauer und Indien*, ed. by Jochen Stollberg. Frankfurt: Vittorio Klostermann, 2006C, 36-50.

———. NICHTS. Das letzte Wort von Schopenhauers Hauptwerk. In: *Das Tier, das du jetzt tötest, bist du selbst ... Arthur Schopenhauer und Indien*, ed. by Jochen Stollberg. Frankfurt: Vittorio Klostermann, 2006D, 51-60.

———. The Tibet of Philosophers: Kant, Hegel, and Schopenhauer. In: *Images of Tibet in the 19th and 20th Centuries*, ed. by Monica Esposito. Paris: École Française d'Extrême-Orient, 2008, 11-70.

———. Schopenhauers Nirwana. In: *Die Wahrheit ist nackt am schönsten. Arthur Schopenhauers philosophische Provokation*, ed. by Michael Fleiter. Frankfurt: Institut für Stadtgeschichte/Societätsverlag, 2010, 200-208.

———. *Schopenhauers Kompass. Die Geburt einer Philosophie*. Rorschach/Kyoto: UniversityMedia, 2011.

———. *Schopenhauer's Compass. An Introduction to Schopenhauer's Philosophy and its Origins*. Wil: UniversityMedia, 2014.

REFERÊNCIAS BIBLIOGRÁFICAS

AZEVEDO, Murilo Nunes. *O pensamento do Extremo Oriente*. São Paulo: Editora Pensamento, 1993.

BARUA, Arita; GERHARD, Michael; KOβLER, Matthias (eds.). *Understanding Schopenhauer through the Prism of Indian Culture*. Göttingen, 2013.

BARUA, Arati (org.). *Schopenhauer and Indian Philosophy: A Dialogue between India and Germany*. New Delhi: Northern Book Centre, 2008.

BATCHELOR, Stephen. *The Awakening of the West: The Encounter of Buddhism and Western Culture*. Berkeley: Parallax Press, 1994.

BECKH, Hermann. Der Buddhismus und seine Bedeutung für die Menschheit. In *Fünfzehntes Jahrbuch*, Heidelberg, 1928, 122-132.

BERGER, Douglas L. *"The Veil of Māyā": Schopenhauer's System and Early Indian Thought*. Binghamton, New York: Global Academic Publishing, 2004.

———. A Question of Influence: Schopenhauer, Early Indian Thought and a Critique of some Proposed Conditions of Influence. In: BARUA, Arati (org.). *Schopenhauer and Indian Philosophy: A Dialogue between India and Germany*. New Delhi: Northern Book Centre, 2008, 92-118.

BIANQUINI, Flávia; REDYSON, Deyve. A obra Oupnek'hat na filosofia de Schopenhauer. *Revista Literarius*, vol. 11, n. 2, 2012, 01-21.

BIRUKOFF, Paul. Tolstoi and Gandhi. In: *Fünfzehntes Jahrbuch*, Heidelberg, 1928, 166-170.

BHATTACHARYYA, Sibajiban. *The Indian Theogony — a Compartative Study of Indian Mythology from the Vedas to the Purāṇas*. Cambridge: Cambridge University Press, 1970.

——— (ed.). *Word and Sentence: Two Perspectives, Bhartrhari and Wittgenstein*. New Delhi: Sahitya Akademi, 2009.

CHALLEMEL-LACOUR, Paul Armand. Un bouddhiste contemporain en Allemagne. *Revue des deux mondes*, março de 1870.

———. *Études et réflexions d'un pessimiste*. Paris: Charpentier, 1901.

CHAKRABARTY, R. *The Asiatic Society: 1784-2008; An Overview in Time Past and Time Present: Two Hundred and Twenty-Five Years of the Asiatic Society*. Kolkata: The Asiatic Society, 2008, 2-24.

CLARKE, J. J. *Oriental Enlightenment*. London: Routledge, 1997.

CROSS, Stephen. *Schopenhauer's Encounter with Indian Thought, Representation and Will Their Indian Parallels*. Honolulu: University of Hawai'i Press, 2013.

DAVIES, Douglas. A religião dos gurus: a fé sikh. In: *As religiões do mundo; do primitivismo ao século XX*. São Paulo: Editora Melhoramentos, 1996, 197-206.

DEUSSEN, Paul. Schopenhauer und die Religion. In: *Viertes Jahrbuch*. Heidelberg, 1915, 8-15.

DROIT, Roger-Pol. *Presences de Schopenhauer*. Paris: Grasset, 1989.

———. *L'oubli de L'Inde, Une amnésie philosophique*. Paris: Éditions du Seuil, 2004.

DUMÉZIL, Georges. *Le Mahabarat et le Bhagavat du Colonel de Polier*. Paris: Éditions Gallimard, 1986.

FORMICHI, Carlo. Schopenhauer e la filosofia indiana. In: *Zweites Jahrbuch der Schopenhauer-Gesellschaft*, Kiel, 1913, 63-65.

———. L'insegnamenti dell'India religiosa all'Europa. In: *Fünfzehntes Jahrbuch*, Heidelberg, 1928, 95-105.

FÜLÖP-MILLER, René. Lenin und Gandhi. In: *Fünfzehntes Jahrbuch*, Heidelberg, 1928, 188-210.

GERHARD, Michael, Suspected of Buddhism — Śaṅkara, Dārāṣekoh e Schopenhauer. In: BARUA, Arati; GERHARD, Michael; KOβLER, Matthias (ed.). *Understanding Schopenhauer through the Prism of Indian Culture*. Göttingen, 2013, 31-61.

GESTERING, Johann G. Schopenhauer und Indien. In: SCHIRMACHER, Wolfgang. *Ethik und Vernunft·Schopenhauer in unserer Zeit*. Wien: Passagen Verlag, 1995, 53-60.

GLASENAPP, Helmuth von. Der Vedânta als Weltanschauung und Heilslehre. In: *Fünfzehntes Jahrbuch*, Heidelberg, 1928, 86-90.

———. Buddhas Stellung Zur Kultur. In: *Einundzwanzigstes Jahrbuch*, Heidelberg, 1934, 117-127.

GRIMM, Georg. Thema und Basis der Lehre Buddhas. In: *Viertes Jahrbuch der Schopenhauer-Gesellschaft*, Kiel, 1915, 43-77.

GURISATTI, Giovanni (org.). *Il mio Oriente*. Milano: Adelphi Edizioni S.P.A., 2007.

HALBFASS, Wilhelm. *India and Europe — An Essay in Philosophical Understanding*. Delhi: Motilal Banarsidass Publishers PVT. LTD, 1990.

HECKER, Max F. *Schopenhauer und die indische Philosophie*. Köln, 1897.

HEIMANN, Betty. Indische Logik. In: *Fünfzehntes Jahrbuch*, Heidelberg, 1928, 70-85.

HÜBSCHER, Arthur. Schopenhauer und die Religionen Asiens. In: *Schopenhauer-Jahrbuch* 60, Frankfurt am Main, 1979, 1-16.

HÜBSCHER, Arthur (ed.). *Arthur Schopenhauer: Gesammelte Brieje*. Bonn: Bouvier, 1987.

———. *Arthur Schopenhauer. Ein Lebensbild*. Mannheim: Brockhaus, 1988.

KANT, Immanuel. *Crítica da Razão Pura*. 4. ed. Lisboa: Fundação Calouste Gulbenkian, 1997.

KAPANI, Lakshmi. *Schopenhauer et la pensée indienne — similitudes et différences*. Paris: Herman Éditeurs, 2011.

KEITH, Arthur. The Doctrine of the Buddha. In: *Fünfzehntes Jahrbuch*, Heidelberg, 1928, 115-121.

———. *The Religion and Philosophy of the Veda and Upanishads*. Delhi: Motilal Barsidass, 1976.

KING, Richard. *Early Advaita Vedanta and Buddhism*. New York: New York Press, 1995.

KISHAN, B. V. Arthur Schopenhauer and Indian Philosophy. In: *XXXXV Schopenhauer-Jahrbuch*, Frankfurt, 1964, 23-25.

KOβLER, Matthias (org.). *Schopenhauer und die Philosophien Asiens*. Wiesbaden: Harrassowitz Verlag, 2008.

KOβLER, Matthias. The Relationship between Will and Intellect in Schopenhauer with Particular Regard to His Use of the Expression "Veil of *Māyā*". In:

BARUA, Arita; GERHARD, Michael; KOβLER, Matthias (ed.). *Understanding Schopenhauer through the Prism of Indian Culture*. Göttingen, 2013, 109-118.

LIPSIUS, Friedrich. Die Sâmkhya-Philosophie als Vorläuferin des Buddhismus. In: *Fünfzehntes Jahrbuch*, Heidelberg, 1928, 106-114.

LOCHTEFELD, James G. *The Illustrated Encyclopedia of Hinduism*. New York: The Rosen Publishing, 2002.

LORENZEN, David. *The Hindu World*. Editores: Sushil Mittal e Gene Thursby. London: Routledge, 2004.

LORENZO, Giuseppe. Buddho e Schopenhauer. In: *Elftes Jahrbuch der Schopenhauer-Gesellschaft*, Heidelberg, 1922, 56-65.

MĀDHAVĀNANDA, Swāmi. *The Brhadaranyaka Upanisad*, Advaita Ashrama, Mayavati, Almora, Himalayas, 1950. Acesse o arquivo em: <https://fabiomesquita.wordpress.com/2017/01/11/madhavananda-swami-the-brhadaranyaka-upanisad/>.

MAGEE, Brian. *The Philosophy of Schopenhauer*. Oxford: Clarendon Press, 1997.

MARTINS, Roberto de Andrade. A crítica de Hegel à filosofia da Índia, Textos SEAF (5), 1983, 58-116.

———. *Muṇḍaka-Upaniṣad: o conhecimento de Brahman e do Ātman*. Rio de Janeiro: Corifeu, 2008.

———. As dificuldades de estudo do pensamento dos Vedas. In: FERREIRA, Mário; GNERRE, Maria Lucia Abaurre; POSSEBON, Fabricio (org.). *Antologia Védica. Edição bilíngue: sânscrito e português*. João Pessoa: Editora Universitária UFPB, 2011, 113-183.

MASSON-OURSEL, Paul. L'enseignement que peut tirer de la connaissance de l'Inde l'Europe contemporaine. In: *Fünfzehntes Jahrbuch*, Heidelberg, 1928, 41-45.

MERKEL, Von Rudolf F. Schopenhauer Indien-Lehrer. In: *XXXII Schopenhauer-Jahrbuch*, 1945-1948, 158-181.

MERLEAU-PONTY, Maurice. O Oriente e a Filosofia. In: *Signos*. São Paulo: Martins Fontes, 1991, 145-152.

MESQUITA, Fábio L. de A. *Schopenhauer e o Oriente*. São Paulo: USP, 2007. (Dissertação de Mestrado em Filosofia).

MEYER, Urs Walter. *Europäische Rezeption indischer Philosophie und Religion*. Bern: Peter Lang, 1994.

MILDENBERGER, Michael. Die neuen Religionen aus Asien. In: *60 Schopenhauer-Jahrbuch*, Frankfurt am Main, 1979, 125-135.

MISTRY, Freny. Der Buddhist liest Schopenhauer. In: *64 Schopenhauer-Jahrbuch*, Frankfurt am Main, 1983, 80-91.

MOCKRAUER, Franz. Schopenhauer und Indien. In: *Fünfzehntes Jahrbuch*, Heidelberg, 1928, 3-26.

NEBEL, Karl. Schopenhauer und die Brahmanische Religion. In: *Viertes Jahrbuch der Schopenhauer-Gesellschaft*. Kiel, 1915. 168-184.

NICHOLLS, Moira. The Influences of Eastern Thought on Schopenhauer's Doctrine of the Thing-in-Itself, In: JANAWAY, Christopher (ed.). *The Cambridge Companion to Schopenhauer*. Cambridge: Cambridge University Press, 1999, 171-212.

PARKES, Graham (ed.). *Nietzsche and Asian Thought*. Chicago/London: The University of Chicago Press, 1991.

PLICIN, Michael. Prefácio (*Avant-Propos*) da obra de Schopenhauer *De la Quadruple Racine du Príncipe de Raison Suffisante* (Édition complete 1813-1847). Paris: Librairie Philosophique J. Vrin, 1991.

PRANGER, Hans. Dostojewski und Gandhi. In: *Fünfzehntes Jahrbuch*, Heidelberg, 1928, 171-187.

REDYSON, Deyve. *Schopenhauer e o budismo. A impermanência, a insatisfatoriedade e a insustentancialidade da existência*. João Pessoa: Idea Editora Universitária UFPB, 2012.

RÖER, Edward. *The Brihad A'ranyaka Upanishad*. Calcutta: Asiatic Society of Bengal, 1856. Acesso arquivo em: <https://fabiomesquita.wordpress.com/2017/01/11/brihadaranyaka-upani%e1%b9%a3ad/>.

ROGER, Alain. Introdução da versão francesa da obra de SCHOPENHAUER, *Le fondement de la morale*, tradução de A. Burdeau, introdução, bibliografia e notas de Alain Roger. Paris: Aubier Montaigne, 1978.

ROLLAND, Romain. Vivekananda et Paul Deussen. In: *Fünfzehntes Jahrbuch*, Heidelberg, 1928, 153-165.

ROY, Tarachand. Die Eigenart des indischen Geistes. In: *Fünfzehntes Jahrbuch*, Heidelberg, 1928, 34-40.

SAFRANSKI, Rüdiger. *Schopenhauer and the Wild Years of Philosophy*. Trans. Ewald Osers. Cambridge: Harvard University Press, 1990.

SAID, Edward W. *Orientalismo: o Oriente como invenção do Ocidente*. São Paulo: Companhia das Letras, 2015.

SALLOUM JR., Jamil. *A ética ascética de Arthur Schopenhauer e o Hinduísmo*. Curitiba: PUC, 2007. (Dissertação de Mestrado em Filosofia).

SARIN, Indu. Schopenhauer's Concept of Will and the Veil of Māyā. In: BARUA, Arati (ed). *Schopenhauer & Indian Philosophy — A Dialogue between India and Germany*. New Delhi: Northern Book Centre, 2008.

SCHAYER, Stanislaw. Indische Philosophie als Problem der Gegenwart. In: *Fünfzehntes Jahrbuch*, Heidelberg, 1928, 46-69.

SCHIRMACHER, Wolfgang. *Ethik und Vernunft — Schopenhauer in unserer Zeit*. Wien: Passagen Verlag, 1995.

SCHOMERUS, H. W. Indische und christliche Gottesauffassung. In: *Fünfzehntes Jahrbuch*, Heidelberg, 1928, 91-94.

SCHULBERG, L. *Índia histórica*. Tradução de J. A. Pinheiro de Lemos. Rio de Janeiro: Livraria José Olympio Editora, 1979.

SCHWAB, Raymond. *The Oriental Renaissance: Europe's Rediscovery of India and the East 1680-1880*. New York: Columbia University Press, 1984.

SHASTRI, Prabhu Dutt. India and Europe. In: *Fünfzehntes Jahrbuch*, Heidelberg, 1928, 27-33.

SNODGRASS, Adrian. *The Symbolism of the Stupa*. Delhi: Motilal Banarsidass Publishers, 1992.

STEIGER, Robert. *Goethes Leben von Tag zu Tag, Band V: 1807-1813*. Zürich/München: Artemis Verlag, 1988.
STIETENCRON, Heinrich von. Vedische Religion und Hinduismus. In: *60 Schopenhauer-Jahrbuch*, Frankfurt am Main, 1979, 17-30.
STRAUß, Otto. Indische Ethik. In: *Fünfzehntes Jahrbuch*, Heidelberg, 1928, 133-152.
VECCHIOTTI, Icilio. *La Dottrina di Schopenhauer. Le teoria schopenhaueriana considerate nella loro genesi e nei loro rapporti con la filosofia Indiana*. Roma: Ubaldini Editore, 1969.
VILLELA, Fábio Renato. Deusas e deuses hindus. In: *Dicionário Sintético*. São Paulo: Biblioteca24horas, 2009.
XAVIER, Raul. *Os Vedas*. [s.l.]: Editora Livros do Mundo Inteiro, 1972.
WILBERG, Peter. *Heidegger, Phenomenology and Indian Thought*. London: British Library Cataloguing, 2008.
YUDA, Yataka. *Schopenhauer and Indian Philosophy*. Kyoto, 1996.
YUTANG, Lin. *A Sabedoria da China e da Índia*. Rio de Janeiro: Irmão Pongetti Editores, 1966.
ZIMMER, Heinrich. *Filosofias da Índia*. São Paulo: Editora Palas Athena, 2000.
──────. *Mitos e símbolos na arte e civilização da Índia*. São Paulo: Editora Palas Athena, 2002.
ZÖLLER, Günter. Philosophizing Under the Influence — Schopenhauer's Indian Thought. In: BARUA, Arita; GERHARD, Michael; KOβLER, Matthias (ed.). *Understanding Schopenhauer through the Prism of Indian Culture*. Göttingen, 2013.

ANEXO A

A biblioteca oriental de Schopenhauer[1]

❖ ❖ ❖

ABEL-RÉMUSAT, J.- P. *Le livre des récompenses et des peines*. Traduit du Chinois de Lao-Tseu. Paris: Renouard, 1816.

ASIATIC COSTUMES: *a Series of Forty-Jour Coloured Engravings, from Designs Taken from Life: with a Description to Each Subject*. London: Ackermann, 1828.

THE ASIATIC JOURNAL *and Monthly Regaster for British and Foreign India, China and Australasia*. London: Allemand Co., nn. 122, 123, 131 (fevereiro 1840, março 1840, novembro 1840); nn. 132, 133, 134 (dezembro 1840, janeiro 1841, fevereiro 1841).

ASIATICK RESEARCHES, *or Transactions of the Society Instituted in Bengal, for Inquiring into the History and Antiquities, the Arts, Sciences etc. of Asia*, vol. I-XI, London, 1806-1812; vol. XX, Calcutta, 1839.[2]

ASIATISCHES MAGAZIN. Editado por J. Klaproth. Weimar: Verlag des Landes-Industrie-Comptoirs, 1802.

BHAGAVAD-GITA, *sive Almi Krishnae et Arjunae colloquium de rebus divinis, Bharateae episodium*. Editado por A. W. Schlegel. Bonnae: Weber, 1823.

[BHARTRHARI] *Die Sprüche des Bhartriharis*. Editado por P. von Bohlen. Hamburg: Campe, 1835.

[BHAṬṬIKĀVYA] *Fünf Gesänge des Bhatti-Kavya*. Editado por C. Schütz. Bielefeld: Velhagen und Klasing, 1837.

[BIDPAI] *Specimen sapientiae Indorum veterum. Id est, Liber ethico-politicus pervetustus, dictus Arabice Kalīla wa Dimna*. Editado por S. G. Stark. Riidiger: Berolini, 1697.

BOCHINGER, J. J. *La vie contemplative, ascétique et monastique chez les Indous et chez les peuples Bouddhistes*. Strasbourg: Levrault, 1831.

BOHLEN, P. von. *De Buddhaismi origine et aetate definiendis*. Regimontii Prussorum: Hartung, 1827.

———. *Das alte Indien, mit besonderer Rücksicht auf Aegypten, dargestellt*. 2 voll. Königsberg: Bornträger, 1830.

BOPP, F. *Die Sündflut, nebst drei anderen der wichtigsten Episoden des Mahâ-Bhârata*. Berlin: Dümmler, 1829.

---

1   GURISATTI, 2007, 170-184. In Nachlaβ (HN V, *Randschriften zu Büchern*, 319-52).
2   Em negrito foram colocadas as obras mais relevantes para este livro.

BURCKHARDT, J. L. *Arabische Sprüchwörter, oder die Sitten und Gebräuche der neueren Aegyptier, erklärt aus den zu Kairo umlaufenden Sprüchwörtern*. Weimar: Verlag des Landes-Industrie-Comptoirs, 1834.

BURNOUF, E. *Introduction à l'histoire du Bouddhisme Indien*. Paris: Imprimerie Royale, 1844.

COLEBROOKE, H. T. *The Exposition of the Vedanta Philosophy. Extracted from the Asiatic Journal for November 1835*. London: Cox & Baylis, 1835.

―――. *Miscellaneous Essays*, 2 voll. London: Ailen & Co., 1837.

COLEMAN, C. *The Mythology of the Hindus*. London: Parbury, Allen & Co., 1832.

[CONFÚCIO] *Aphorismen oder Sentenzen des Confuz*. Editado por C. Schulz. Leipzig: Hilscher, 1795.

―――. *Chi-king sive liber carminum*. Editado por J. Mohl. Stuttgart/Tübingen: Cotta, 1830.

―――. *Y-King*. Editado por J. Mohl. Stuttgart/Tübingen: Cotta, 1834.

―――. *The Morals of Confucius, a Chinese Philosopher*. London: Horne, 1706.

CRAUFURD, Q. *Researches Concerning the Laws, Theology, Learning, Commerce ... of Ancient and Modern India*, 2 voll.. London: Cadell & Davies, 1817.

DAVIS, J. F., *The Chinese: A General Description of the Empire of China and its Inhabitants*, 2 voll. London: Knight, 1836.

DESCRIPTION DU TUBET [de Ma Shao-Yùn e Shefig Mei-ch'i]. Versão russa editada por N. J. Bicurin, versão francesa editada por J. Klaproth. Paris: Imprimerie Royale, 1831.

DHAMMAPADAM. Editado por V. M. Fausboll. Hauniae: Reitzel, 1855.

DUBOIS, J.-A. *Exposé de quelques-uns des principaux articles de la théologie des Brahmes*. Paris: Dondey-Dupré, 1825.

―――. *Moeurs, Institutions et Cérémonies des peuples de l'Inde*, 2 voll. Paris: Imprimerie Royale, 1825.

[FAXIAN] *Foé Koué Ki, ou Relation des royaumes bouddhiques, voyage dans la Tartarie, dans l'Afghanistan et dans l'Inde, exécuté, à la fin du IV siècle*. Editado por J.-P.-A. Abel-Rémusat, revisado por J. Klaproth e E.-A.-X.-C. de Landresse. Paris: Imprimerie Royale, 1836.

GAUTTIER [D'ARC], E. *Ceylan, ou recherches sur l'histoire, la littérature, les moeurs et les usages des Chingulais*. Paris: Nepveu, 1823.

GESETZBUCH DER GENTOOS, oder Sammlung der Gesetre der Pundits. Editado por R. E. Raspe. Bohn/Hamburg, 1778.

GRAUL, K. (editado por). *Tamulische Schriften zur Erläuterung des Vedanta-Systems oder der rechtgläubigen Philosophie der Hindus*. Leipzig: Dörffling und Franke, 1854.

HAOH KJÖH TSCHWEN [HAO-QIU-ZHUAN], *d. i. die angenehme Geschichte des Haoh Kjöh. Ein chinesischer Roman in vier Büchern*. Editado por C. G. von Murr. Leipzig, 1766.

―――. *ou l'union bien assortie*, 4 voll. Paris: Moutardier, 1828.

HARDY, R. S. *A Manual of Budhism, in Its Modern Development*. London: Partridge & Oakey, 1853.

———. *Eastern Monachism: An Account of the Origin, Laws, Discipline ... of the Order of Mendicants Founded by Gôtama Buddha*. London: Partridge & Oakey, 1850.

HARĪRĪ AL BASRĪ [YEHUDAH ALHRIZI], *Die ersten Makamen aus dem Tachkemoni oder Divan des Charisi nebst dessen Vorrede*. Editado por S. J. Kaempf. Berlin: Duncker, 1845.

HAUPT, J. T. *Neue und vollständige Auslegung des von dem Stifter und dem ersten Kaiser des chinesischen Reiches Fohi hinterlassenen Buches Je-Kim genannt*. Rostock und Wismar: Berger und Boedner, 1753.

HEEREN, A. H. L. *Über die Indier*. Göttingen: Vandenhoeck und Ruprecht, 1815.

HINDU GESETZBUCH *oder Menu's Verordnungen nach Cullucas Erläuterung, ein Inbegriff des Indischen Systems religiöser und bürgerlicher Pflichten*. Editado por J. C. Hüttner. Weimar: Verlag des Landes-Industrie-Comptoirs, 1797.

HODGSON, B. H., *Sketch of Buddhism; derived from the Bauddha scriptures of Nìpal*, Cox, London, 1828.

ÍSWARA KRISHNA. *The Sánkhya Karika, or Memorial Verses on the Sánkhya Philosophy*. Editado por H. T. Colebrooke e H. H. Wilson. Oxford/London: Valpy, 1837.

———. *Gymnosophista sive Indicae Philosophiae Documenta*. Editado por C. Lassen. Bonn: Weber, 1832.

JAYADEVA *Gita-Govinda oder Krischna der Hirt. Ein idyllisches Drama des indischen Dichters Jayadeva*. Editado por A. W. Riemschneider. Halle: Renger, 1818.

JOURNAL ASIATIQUE, *ou recueil de mémoires, d'extraits et de notices relatifs à l'histoire, à la philosophie, aux sciences, à la littérature et aux langues des peuples orientaux ... publié par la Société Asiatique*, vol. VII (1825); vol. IX (1827). Segunda série (Nouveau Journal Asiatique), vol. I (II?) (1828). Terceira série (Journal Asiatique), vol. IX (X?) (1840); vol. XI (XII?) (1841). Paris: Imprimerie Royale, 1826 (jan.-fev.; mar.-jul.; ago.-dec), 1827 (jan.-mar.; mai.-dec.) e 1828 (mai.-dec.).

[NOUVEAU] JOURNAL ASIATIQUE, março 1831.

[KALIDASA] *Cálidás: Sacontala; or, the Fatal Ring; an Indian Drama*. Trad. ingl. por W. Jones. London: Edwards, 1792.

———. *Kalidasa's Wolkenbote*. Editado por K. Schütz. Bielefeld: Velhagen und Klasing, 1859.

KIDD, S. *China, or Illustrations of the Symbols, Philosophy, Antiquities, Customs, Superstitions, Laws, Government, Education, and Literature of the Chinese*. London: Taylor & Walton, 1841.

KOEPPEN, C. F. *Die Religion des Buddha und ihre Entstehung*, 2 voll. Berlin: Schneider, 1857-1859.

[LALITAVISTARA] *Rgya Tch'er Rol Pa, ou Développement des jeux, concernant l'histoire du Bouddha Çakya Mouni*. Editado por P.-E. Foucaux. Paris, 1848.

LANGLÈS, L. M. DE. *Monuments anciens et modernes de l'Hindoustan*, 2 voll. Paris: Didot, 1821.

LAO TSE [LAOZI]. *Tao te King*. Editado por S. Julien. Paris: Imprimerie Royale, 1842.

———. *Mémoire sur l'origine et la propagation de la doctrine du Tao, fondée par Lao-Tseu.* Editado por J.-P.-G. Pauthier. Paris, 1831.

LASSEN, C. *Indische Altertumskunde.* Bonn: König, 1843.

LE PANTCHA-TANTRA, *ou les cinq ruses. Fables du Brahme Vichnou-Sarma; Aventures de Paramarta, et autres contes.* Trad. fr. por J.-A. Dubois. Paris: Merlin, 1826.

[MAGHA] *Magha's Tod des Çiçupala. Ein sanskntisches Kunstepos.* Editado por C. Schutz. Bielefeld: Velhagen und Klasing, 1843.

[MAHABHARATA] *Ardschun'as Reise zu Indra's Himmel, nebst andern Episoden des Maha-Bharata.* Editado por F. Bopp. Berlin: Logier, 1824.

MAIDANI [AL-MAYDANI]. *Proverbiorum Arabicorum.* Editado por H. A. Schultens. Lugduni Batavorum, 1795.

MAJER, F. *Brahma, oder die Religion der Indier als Brahmaismus.* Leipzig: Reclam, 1818.

———. *Zur Kulturgeschichte der Völker, historische Untersuchungen,* 2 voll. (vol. 11: Über die Geschichte der alten Hindus). Leipzig: Hartknoch, 1798.

MAURICE, T. *Indian Antiquities,* 6 voll. London, 1794-1796.

MÉLANGES ASIATIQUES, *tirés du Bulletin Historico-Philologique de l'Académie Imperiale des Sciences de St. Pétersbourg,* vol. I. St. Pétersbourg: Impr. de l'Académie Impériale des Sciences, 1851.

MENG TSEU [MENCIO] *vel Mencium inter sinenses philosophos, ingenio, doctrina, nominisque clariate Confucio proximum.* Editado por S. Julien. Lutetiae Parisiorum, 1824.

MOOR, E. (ed.). *Oriental Fragments.* London: Smith, 1834.

NEUMANN, C. F. *Asiatische Studien,* vol. I. Leipzig: Barth, 1837.

OBRY, J.-B.-F. *Du Nirvana Indien, ou de l'affranchissement de l'âme après la mort, selon les Brahmanes et les Bouddhistes.* Amiens: Duval et Herment, 1856.

OCHS, C. *Die Kaste in Ostindien und die Geschichte derselben in der alten luthaischen Mission.* Rostock: Leopold, 1860.

OUPNEK'HAT (id est, Secretum Tegendum): *opus ipsa in India rarissimum, continens antiquam et arcanam, seu theologicam et philosophicam, doctrinam, e quatuor sacris Indorum Libris, Rak Beid, Djedjr Beid, Sam Beid, Athrban Beid.* Editado por A. H. Anquetil-Duperron, 2 voll. Argentorati: Levrault, 1801-1802.

OZERAY, M.-J.-F. *Recherches sur Buddou ou Bouddou.* Paris: Brunot-Labbé, 1817.

PALLADIUS, *Palladius de gentibus Indiae et Bragmanibus.* Londini: Bysse, 1665.

PALLADIUS, O. [PALLADIJ] (P. I. KAFAROW). Lebensbe schreibung des Buddhas Schakjamuni. In: *"Archiv für die wissenschaftliche Kunde von Russland".* Editado por A. Erman, vol. XV, quad. 1, 1856.

PANNELIER, J.-A. (editado por). *L'Hindoustan, ou religion, moeurs, usages, arts et métiers des Hindous,* 6 voll. Paris: Nepveu, 1816.

PAULLINUS, F. A ST. BARTHOLOMAEO. *Darstellung der Brahmanisch-Indischen Götterlehre, Religionsgebräuche und bürgerlichen Verfassung.* Gotha: Ettinger, 1797.

PAUTHIER, J.-P.-G. (editado por). *Les Livres sacrés de l'Orient, comprenant le Chou-King ou le Livre par excellence, les Tse-Chou ou les quatre Livres moraux de Confucius et de ses disciples, les lois de Manou, premier legislateur de l'Inde, le Koran de Mahomet.* Paris: Didot, 1840.

PEND-NAMÈH, ou Le Livre des conseils de Farîd el Din (Attar). Editado por A.-I. Silvestre de Sacy. Paris: Imprimerie Royale, 1819.

POLIER, M.-E. DE. *Mythologie des Indous*. Paris/Rudolstadt: Librairie de la Cour/Schöll, 1809.

THE PORCELAIN TOWER, or Nine Stories of China. Editado por T. H. Sealy. London: Bentley, 1841.

PRABOD'H CHANDRO'DAYA, or The Moon of Intellect; An Allegorical Drama. Editado por J. Taylor. London: Longman, 1812.

RAMMOHUN ROY. *Translation of several principal Books, Passages, and Textes of the Veds, and of Some Controversial Works of Brahmanical Theology*. London: Parbury/Allen & Co., 1832.

———. *Mémoire sur la vie et les opinions de Lao-Tseu*. Paris: Imprimerie Royale, 1823.

———. *Mélanges posthumes d'histoire et de littérature orientales*. Paris: Imprimerie Royale, 1843.

———. *Contes Chinois*, 3 voll. Paris: Moutardier, 1827.

RHODE, J. G. *Über religiöse Bildung, Mythologie und Philosophie der Hindus, mit Rücksicht auf ihre älteste Geschichte*, 2 voll. Leipzig: Brockhaus, 1827.

RIGVEDA-SANHITA, liber I. Editado por F. A. Rosen. London, 1838.

RITTER, C. *Die Stupa's, oder die architektonischen Denkmale an der Indo-Baktrischen Königsstraße, und die Colosse von Bamiyan, eine Abhandlung zur Alterthumskunde des Orients*. Berlin: Nicolai, 1838.

ROTH, R. *Zur Litteratur und Geschichte des Weda*, 3 voll. Stuttgart: Liesching & Comp., 1846.

SADI, M. *Rosengarten*. Editado por K. H. Graf. Leipzig: Brockhaus, 1846.

[SAMAVEDA] *Translation of the Sanhitá of the Sáma Veda*. Editado por J. Stevenson. London: Allen & Co., 1842.

SANGERMANO, V. *A Description of the Burmese Empire*. Editado por W. Tandy, Rome: Allen & Co., 1833.

SCHLEGEL, F. *Über die Sprache und Weisheit da Indier. Ein Beitrag zur Begründung der Alterthumskunde. Nebst metrischen Übersetzungen indischer Gedichte*. Heildelberg: Mohr und Zimmer, 1808.

SCHMIDT, I. J., *Über die tausend Buddhas einer Weltperiode der Einwohnung oder gleichmäßigen Dauer, estratto dai "Mémoires de l'Académie Impériale des Sciences à St. Petersbourg", VI série (Scienze politiche, storia e filologia)*, tomo II, 1832.

———. *Dzans-blun, oder der Weise und der Thor*, 2 voll. St. Petersburg/Leipzig: Gräff/Voβ, 1843.

———. *Forschungen im Gebiete der älteren religiösen, politischen und literarischen Bildungsgeschichte der Völker Mittelasiens, vorzüglich der Mongolen und Tibeter*. St. Petersburg/Leipzig: Kray/Cnobloch, 1824.

———. *Geschichte der Ost-Mongolen und ihres Fürstenhauses verfaßt von Ssanang Ssetsen Chung-Taidschi der Ordurs*. St. Petersburg/Leipzig: Gretsch/Cnobloch, 1829.

———. *Über einige Grundlehren des Buddhaismus*, primeira parte (1829) e segunda parte (1830). In: *"Mémoires de l'Académie Impériale des Sciences à St. Petersbourg", VI série (Scienze politiche, storia e filologia)*, tomo I, 1830.

———. Über das Mahâjanâ und Pradschnâ-Pâramita der Bauddhen (1836). In: "Mémoires de l'Académie Impériale des Sciences à St. Petersbourg".

———. Die Thaten Bogda Gesser Chan's, des Vertilgers der Wurzel der zehn Übel in den zehn Gegenden. Eine ostasiatische Heldensage. St. Petersburg/Leipzig: Gräff/Voβ, 1839.

———. Über die Verwandtschaft der gnostisch-theosophischen Lehren mit den Religionssystemen des Orients, vorzüglich dem Buddhaismus. Leipzig: Cnobloch, 1828.

———. Über die sogenannte dritte Welt der Buddhaisten, als Fortsetzung der Abhandlungen über die Lehren des Buddhaismus, (1831). In: "Mémoires de l'Académie Impériale des Sciences à St. Petersbourg", VI série (Scienze politiche, storia e filologia), tomo II, 1832.

SINNER, J.-R. Essai sur les dogmes de la métempsychose et du purgatoire, enseignés par les bramins de l'Indostan; suivi d'un récit abrégé des dernières révolutions et de l'état présent de cet empire. Berne: Société Typographique, 1771.

SPIEGEL, F. Anecdota Pâlica. Leipzig: Engelmann, 1845.

———. Kammavayka. Liber de oficiis Sacerdotum Buddhicorum. Bonnae: König, 1841.

TAITTIRIYA UPANISHAD. Trad. ingl. de H. H. E. Roër. Calcutta: Asiatic Society of Bengal, 1853.

TCHAO-CHI-KOU-EUL, ou l'orphelin de la Chine, drame en prose et en vers. Trad. fr. de S. Julien. Paris: Moutardier, 1834.

THOLUCK, F. A. G. Blüthensammlung aus der morgenländischen Mystik, nebst einer Einleitung über Mystik überhaupt und morgenländische insbesondere. Berlin: Dümmler, 1825.

———. Ssufismus sive Theosophia Persarum Pantheistica. Berlin: Dümmler, 1821.

TIRUVALLUVER, Der Kural. Ein gnomisches Gedicht über die drei Strebezeile des Menschen. Editado por K. Graul. Leipzig: Dörffling und Franke, 1856.

TURNER, S. Samuel Turner's, Capitains in Diensten der ostindischen Compagnie, Gesandtschaftsreise an den Hof des Teshoo Lama durch Bootan und einen Theil von Tibet. Trad. ale. de M. C. Sprengel. Hamburg: Hoffmann, 1801.

TURNOUR, G. The First Twenty Chapters of the Mahawanso. Ceylon: Cotta Church Mission Press, 1836.

UPHAM, E. The History and Doctrine of Budhism, Popularly Illustrated; with Notices of the Kappooism, or Demon Worship, and of the Bali, or Planetary Incantations of Ceylon. London: Ackermann, 1829.

———. The Mahávansi; the Rájá-Ratnácari, and the Rájá-Vali, Forming the Sacred and Historical Books of Ceylon; also, a Colection of Tracts Illustrative of the Doctrines and Literature of Buddhism, 3 voll. London: Parbury, Allen & Co., 1833.

VÂLMÎKI, Vadjnadatta-Badha, ou la mort d'Vadjnadatta, épisode extrait et traduit du Ramayana. Editado por A.- L. de Chézy. Paris: Didot, 1814.

VINDICATION OF THE HINDOOS from the Aspersions of the Reverend Claudius Buchanan, with a Refutation of his Arguments in Favour of an Ecclesiastical Establishment in British India: the whole Tending to Evince the Excellence of the Moral System of the Hindoos; by a Bengal officier. London: Rodwell, 1808.

WARD, W. *A View of the History, Literature, and Religion of the Hindoos: Including a Minute Description of their Manners and Customs, and Translations from their Principal Works*, 2 voll. London: Black/Parbury & Allen, 1817.

WILSON, H. H. *Select Specimens of the Theatre of the Hindus*, 3 voll. Calcutta: Asiatic Press, 1826-1827.

WINDISCHMANN, F. H. H. *Sancara sive de Theologumenis Vedanticorum*. Bonn: Habicht, 1833.

WJASA, N. *Eine Indische Dichtung*. Editado por J. G. L. Kosegarten. Jenna: Frommann, 1820.

WOLLHEIM DE FONSECA, A. E. *De nonnullis Padma-Purani Capitibus*. Berlin: Jona, 1831.

ANEXO B

Tradução das notas e dos trechos escritos por Schopenhauer[1] durante a leitura dos nove primeiros volumes das *Asiatick Researches*[2]

❖ ❖ ❖

Notas de Schopenhauer para as *Asiatick Researches*, vol. 1.

HN XXIX. 205-207. Calcutta edition 1788; London 5th edition 1806. Emprestado em Dresden de 07/11/1815 a 21/11/1815.

Página 223. Máyá (Māyā)[3]: esta palavra explicada por estudiosos hindus significa "a primeira inclinação da divindade para se diferenciar ao criar os mundos". Imagina-se que ela seja a mãe-natureza universal de todos os deuses inferiores; de acordo com o que uma pessoa da Caxemira me respondeu quando eu lhe perguntei por que Cama ou Amor era representado como sendo seu filho: mas a palavra Máyá

---

1 Alguns textos a seguir ora apresentam frases desconexas que geram certa dificuldade de compreensão quanto ao seu sentido. Em consulta ao autor do livro – e tradutor dos textos deste anexo – foi assegurado que essa dificuldade é inerente ao próprio material original, já que este contém a reprodução de anotações escritas pelo próprio filósofo. Nesse sentido, o autor/tradutor optou por seguir tal e qual o texto original impresso consultado. (N. da R.)

2 Para esta tradução, que é inédita em língua portuguesa, foi utilizada a transcrição realizada por Urs App no texto *Notes and Excerpts by Schopenhauer Related to Volumes 1-9 of the Asiatick Researches* (*Schopenhauer-Jahrbuch* 79, Würzburg, 1998, 15-33). App informou que as quarenta e cinco páginas de notas redigidas por Schopenhauer foram encontradas no Arquivo de Schopenhauer em Berlim, na pasta 29 (XXIX), páginas 205-250. Esse material deveria estar presente nos *Manuscritos Schopenhauerianos* (*Der Handschriftliche Nachlass*), mas, em função das escolhes dos editores, das mais de setenta notas escritas por Schopenhauer, apenas quatro foram publicadas. Outra informação relevante é a ausência de notas do volume 3 das *Asiatick Researches*.

3 Entre parênteses foram colocadas palavras sânscritas de acordo com a IAST. Os grifos foram feitos pelo próprio Schopenhauer.

(*Māyā*) ou ilusão tem um significado mais sutil e mais obscuro na filosofia Vedanta, na qual ela significa o sistema de percepções.

Página 243. Os Vedantas, incapazes de formar uma ideia distinta da matéria bruta independente do pensamento ou de conceber que o trabalho da suprema Bondade tenha sido deixado por si mesmo, imaginam que a Divindade está sempre presente no seu trabalho e, constantemente, apoiam uma série de percepções que, em certo sentido, eles chamam de ilusórias, embora eles não possam senão admitir a realidade de todas as formas criadas, na medida em que a felicidade das criaturas possa ser afetada por elas <HN XXIX, 206>.

Página 410. Eu creio que o sistema hindu de música tenha sido formado sobre princípios que são mais verdadeiros do que os nossos. Jones.

Página 424. As seis escolas filosóficas, cujos princípios estão explicados no Dersana Sástra — &ca — Jones.

Página 425. Jones assume que Odin (!), Buddha, e Fo são a mesma pessoa. Podemos fixar o tempo do Buddha ou a nona grande encarnação de Vishnu em 1014 a.C.n.

Página 426. Rama veio do sol, o Peruvians, de quem os incas peruanos se gabavam desse mesmo tipo de descida no seu grande festival de Ramasitoa.

Página 429. Os Vedas, enquanto podemos julgar a partir do seu compêndio chamado Upanishat (*Upaniṣads*), — — &ca —

Página 430. O filósofo cujos trabalhos mencionam um sistema do universo, fundamentado no princípio da atração e da posição central do sol, é chamado de Yavan Acharya, porque dizem que ele viajou para a Jônia <HN XXIX, 207>. Se isso for verdade, ele pode ter sido um daqueles que conversou com Pitágoras. Pelo menos o seguinte é verdade: há um livro em sânscrito com o título de Yavana Jatica, que pode significar a seita jônia. Nem é improvável que os nomes dos planetas e das estrelas do zodíaco, que os árabes tomaram emprestado dos gregos, mas os quais nós encontramos nos mais antigos registros indianos, foram originariamente criados pelas mesmas raças criadoras e empreendedoras que habitaram tanto a Grécia como a Índia. Jones

Notas de Schopenhauer para as *Asiatick Researches*, vol. 2.

HN XXIX, 207-208. Calcutta edition 1790; London 5th edition 1807. Emprestado em Dresden de 21/11/1815 a 16/01/1816.

Páginas 121-127. Sobre Buddha e Fo[4].

Página 401. Passagem importante sobre a cronologia indiana, a origem dos Vedas: a cronologia indiana e a mosaica combinam. O Manu mais velho é Adão, o mais jovem é Noé: os 3 Ramas são Baco. Certamente a história indiana entre 300-400 A.D.

Página 305. Eu acredito firmemente que três dos Vedas, por meio de evidências externas e internas, tenham mais de 3 mil anos. Jones <HN XXIX, 208>.

Notas de Schopenhauer para as *Asiatick Researches*, vol. 4.

HN XXIX, 208-215. Calcutta edition 1795; London 4th edition 1807. Emprestado em Dresden de 16/01/1816 até a remessa (provavelmente em meados de março de 1816).

Página XIV. Todas as nossas pesquisas históricas confirmaram os relatos mosaicos do mundo primitivo. Jones.

Página 161. A metafísica e a lógica dos brâmanes, incluídas nos seus seis Sastras filosóficos e explicadas por vários glossários e comentários, ainda não estavam acessíveis aos europeus, mas, com ajuda da língua sânscrita, agora podemos ler as obras de Saugatus, Bauddhas, Arhatas, Jainas e outros filósofos heterodoxos, uma vez que podemos reunir os princípios prevalentes na China e no Japão, na península

---

[4] Schopenhauer se refere às páginas do artigo "On the Chronology of the Hindus", escritas pelo presidente da Asiatic Society, William Jones (AR 2, 111-147).

oriental da Índia e em muitas outras nações consideráveis da Tartária*. Também há alguns traços valiosos nesses ramos da ciência em persa e árabe, parcialmente copiados pelos gregos, e parcialmente compreendendo as doutrinas dos sufis, que antigamente prevaleceram, e ainda prevalecem, em grande medida neste mundo Oriental e os quais os próprios gregos minimizaram para tomar emprestado dos sábios orientais <HN XXIX, 209>.

> * Portanto, não propriamente na Índia

O pequeno tratado em quatro capítulos, atribuído a Vyasa*, é o único Sastra filosófico cujo texto examinei com cuidado, com um Bramin (brâmane) da Escola Vedanta; é extremamente obscuro, difícil e composto de sentenças eloquentemente moduladas, se parece mais com um índice ou um resumo acurado do que um tratado sistemático e comum; mas toda essa obscuridade foi esclarecida por Sancara, cujo comentário sobre o Vedanta não apenas elucida cada palavra do texto, mas também apresenta um relato esclarecedor de todas as outras escolas indianas, desde a Capila até as mais modernas e heréticas. Não é possível, mesmo com um trabalho entusiasmado e de excelência, até que uma tradução precisa apareça, que a história geral da filosofia esteja completa.

> * O poeta de duas velhas *purāṇas*, recolheu os Vedas e criou a filosofia Vedanta; mais informações detalhadas sobre ele e o seu tratado serão mencionadas mais adiante
> Vyasa & Sancara

O mais velho chefe de uma seita cuja obra completa está preservada (de acordo com alguns autores) é Capila, um sábio que inventou a Sanchya ou filosofia numeral <HN XXIX, 210>, a qual o próprio Creeshna (Kṛṣṇa) parece impugnar na sua conversa com Arjoona (*Arjuna*). Suas doutrinas foram aplicadas e ilustradas com alguns adendos por Patanjali, que também nos deixou um ótimo comentário sobre as regras gramaticais de Panini, que são mais obscuras e sem brilho do que o mais obscuro dos oráculos.

> Capila & Patanjali
> Sobre Capila, veja o vol. 6, 473ss

Creio que o próximo fundador de uma escola filosófica foi Gotama, se na verdade ele não for o mais antigo de todos. Um sábio com o mesmo nome, o qual não temos razão para supor que seja outra pessoa, é sempre mencionado no próprio Vedas. Com relação às suas doutrinas racionais de Canáda, em geral estão em conformidade, e a filosofia de ambos é geralmente chamada de Nyáya ou lógica, um título que lhe é bem atribuído, pois parece ser um sistema de metafísica e lógica que está mais bem acomodado que qualquer outro que tenha sido antigamente conhecido na Índia, pela

> Gotama e Canáda

razão natural <HN XXIX, 211> e pelo senso comum da humanidade, admitindo-se a existência real de substância material na acepção popular da palavra matéria, e não abrangendo apenas um corpo de dialéticas sublimes, mas um método artificial de raciocínio, com nomes diferentes para as três partes de uma proposição e até mesmo para as partes de um silogismo comum. Uma tradição singular prevaleceu, de acordo com um autor bem informado do Dabistán, no Panjab, e em várias províncias persas, que, "entre outras curiosidades indianas que Callisthenes transmitiu para o seu tio, estava o sistema técnico de lógica, a qual os brâmanes tinham comunicado para os inquisitivos gregos", que o escritor islâmico foi o trabalho de base para o famoso método aristotélico. Se isso for verdade, é um dos fatos mais interessantes que encontrei na Ásia; e, se for falso, <HNXXIX, 212> é muito extraordinário que uma estória como essa tenha sido inventada pelo cândido Mohsani Fani ou pelos simples Parsis & Pandits, com os quais conversei. Mas, como não tive tempo para estudar o Nyaya Sastra, posso apenas afirmar que tenho frequentemente visto silogismos perfeitos nos escritos filosóficos dos brâmanes, e eu os tenho escutado frequentemente nas suas controvérsias verbais.

Qualquer que tenha sido o mérito ou a grandeza de Gotama, a mais celebrada escola indiana é ainda aquela com a qual eu comecei, a que foi fundada por Vyasa, apoiado no mais alto respeito por seu discípulo Jaimini, cuja discordância em poucos pontos é mencionada por seu mestre com uma moderação respeitosa: seus vários sistemas são frequentemente distinguidos pelo nome do primeiro e do segundo Mimansa, que, como Nyaya, denota as operações e conclusões, mas o traço do Vyasa geralmente tem o nome de Vedanta* ou o escopo <HN XXIX, 213> e o fim dos Vedas, em cujos textos, na medida em que eles eram compreendidos pelo filósofo que os coletou**, a sua doutrina está principalmente fundada. O princípio fundamental da escola Vedanta, do qual, em uma idade mais recente, o incomparável Sancara*** era um firme e ilustre seguidor, e que consistia não na negação da existência da matéria, mas sim na correção da sua noção popular, contestando que ela não tem existência independente da percepção mental; que a existência e a percepção são termos intercambiáveis; que as aparências externas e as

Vyasa, Jaimini & Sancara

* Vol. 8, 482. Colebrooke diz: O objetivo do Mimánsá é estabelecer a persuasão dos preceitos contidos na escritura e fornecer as máximas para sua interpretação, e para os mesmos propósitos as regras da compreensão, das quais um sistema de lógica é dedutível. O objetivo do Vedanta é ilustrar o sistema da teologia mística ensinada pela suposta revelação e mostrar a sua aplicação na busca entusiasmada da perfeição desapaixonada e da relação mística com a divindade. Ambos estão intimamente conectados com os Vedas

** Vyasa

*** cujo comentarista do Vyasa foi mencionado acima

sensações são ilusórias, e desaparecerão no nada se a energia divina, que é a única que as sustenta, for suprimida por um momento.

Mas os brâmanes dessa província quase que totalmente seguem o sistema de Gotama.

Os discípulos de Buddha têm uma opinião diametralmente oposta às metafísicas dos Vedantas <HN XXIX, 214>; porque eles estão imbuídos da negação da existência do espírito puro e da crença de que absolutamente nada existe a não ser a substância material. Esta acusação deve ter sido feita apenas com provas incontestáveis, especialmente pelos brâmanes ortodoxos, que, assim como o Buddha, discordaram dos seus antecessores com relação aos sacrifícios de sangue que os Vedas prescrevem, e não poderiam ter sido injustamente suspeitos de malignidade. Li apenas poucas páginas de um livro Saugata****, que começa, como qualquer outro livro hindu, com a palavra O'm, que sabemos que é um símbolo dos atributos divinos; e a seguir vem, é claro, um hino misterioso para a Deusa da Natureza que se chama Aryá, mas que tem muitos outros títulos que os brâmanes atribuem aos seus Devi. Sobre os brâmanes que não têm ideia de que existem personagens como os Devi ou a Deusa — e apenas querem expressar alegoricamente o poder de Deus exercido na criação, na preservação e na renovação do universo — nós não podemos inferir que os dissidentes não aceitam nenhuma divindade que não seja a Natureza visível. <HN XXIX, 215>. Nature. — Jones.

**** (dos Budistas)

Buddha

No vol. 6, 136, Buddha e Gotama são vistos como sendo a mesma pessoa. Ver também o vol. 6, 447, sobre o período Buddha-Gotama

Notas de Schopenhauer para as *Asiatick Researches*, vol. 5.

HN XXIX, 215-217. Calcutta edition 1795; London 1st edition 1799. Emprestado em Dresden de 14/03/1816 a 13/04/1816.

Página V. Jones no seu prefácio às ordenanças de Menu, de acordo com o Glossário de Culluca, mostra o auge do Yajur Veda*5, 1580 anos AC, que é nove anos antes do nascimen-

* (Djedjr Beid?)

---

5   Há aqui, na tradução ao português, a seguinte nota: "Schopenhauer se refere a um dos Vedas, especificamente o *Djedjr Beid* (Yajurveda). Ao todo, são quatro os Vedas: *Rak Beid* (Rg-Veda), *Djedjr Beid* (Yajur-veda), *Sam Beid* (Sama-veda) e *Athrban Beid* (Atarva-veda)".

to de Moisés, e noventa anos antes da saída de Moisés do Egito. Culluca produziu os Vedas, o mais perfeito e iluminado comentário jamais feito sobre um autor, antigo ou moderno, europeu ou asiático, e é a obra à qual geralmente se aplica o conhecimento.

Página 147[6]. Swayambhuwa é o primeiro Menu e o primeiro homem, o primeiro macho: sua ajudante Pricriti; Adima, a mãe do mundo: ela é Iva ou como I, a energia feminina da natureza: ela é uma forma ou descendente de I. —

Swayambhuva é Brahma na forma humana, ou o primeiro Brahma, pois Brahma é o primeiro homem individualmente, e coletivamente, é a humanidade: <HN XXIX, 216> uma vez que dizem que Brahma nasce e morre a cada dia. Coletivamente ele morre a cada cem anos; este é o máximo limite de vida no Caliyug, de acordo com os Puranas: no fim do mundo Brahma, ou a humanidade, deve morrer também, no fim de cem anos divinos.

Do começo ao fim das coisas, haverá cinco Calpas. Agora, nós estamos na metade do 4° Calpa: cinquenta anos de Calpa se passaram, e o restante do primeiro Calpa começou.

Página 322. Valmik e Vyasa viveram em 2830 da criação. A guerra do Mahabarat foi no tempo de Vyasa, que escreveu o poema épico Mahabarat.

Página 349. O Gayatry (principal oração).   Gayatry

Meditamos sobre a adorável luz do resplandecente gerador <HN XXIX, 217> que governa os nossos intelectos; que são água, luz, sabor, faculdade imortal do pensamento, Brahma, terra, céu e paraíso.

Comentários sobre isto, ou reflexões com as quais o texto deveria ser recitado inaudivelmente:

"Sobre aquele poder resplandecente, que é o *próprio Brahman* e é chamado de luz do sol radiante, que eu medito; governado pela misteriosa luz que reside dentro de mim, com o propósito do pensamento, essa mesma luz é a terra,

---

[6] Na edição original, lê-se a seguinte nota do editor: "Informação correlata é encontrada na página 247 das *Asiatick Researches* 5, em vez de na página 147".

o éter sutil e tudo o que existe nesta esfera que foi criada; é o mundo triplo que contém tudo o que é fixo ou móvel; ele existe internamente em meu coração e externamente na órbita do sol, sendo um e o mesmo com esse poder refulgente. Eu mesmo sou uma manifestação irradiada do Brahman supremo".

Notas de Schopenhauer para as *Asiatick Researches*, vol. 6.

HN XXIX, 218-221. Calcutta edition 1799; London 1ˢᵗ edition 1801. Emprestado em Dresden de 02/04/1816 a 13/04/1816.

Página 179. Sobre o Burma (isto é, discípulo de Gotama ou Buddha), alegam os autores que na morte a alma perece com o corpo; depois da dissolução, dos mesmos materiais um outro ser surge, e, de acordo com as boas e más ações da vida anterior, se torna um homem ou um animal ou uma Nat ou uma Rupa e ca.

Página 180. Esta doutrina da transmigração não previne a crença em fantasmas ou aparições dos mortos.

A seita de Gotama estima que a crença em um ser divino seja muito ímpia.

Página 204. Os brâmanes têm o mesmo zodíaco animal que nós temos e, no qual, os gregos e caldeus também acreditavam. Entretanto, se os brâmanes o inventaram, como eles afirmam, ou se os caldeus o inventaram, é matéria de debate.

Página 255. A religião dos Burmas* mostra uma nação consideravelmente bem avançada na rudeza da natureza selvagem <HN XXIX, 219> e em todas as ações da vida sob a influência das opiniões religiosas, e ainda assim ignorante de um ser supremo, o criador e preservador do universo. Entretanto, o sistema de morais recomendado por essas fábulas talvez seja tão bom quanto aquele sustentado por qualquer uma das doutrinas religiosas que prevalecem na humanidade.

* Este é um ensinamento do Buddha.

Página 256ss. Mais detalhes sobre o Buddha

Página 258. Estritamente falando, os seguidores de Godama são ateus, pois eles supõem que tudo surge do acaso: e seus deuses são meramente homens, que por sua virtude adquirem a felicidade suprema. Jones supõe que o <u>Buddha</u> tenha sido o mesmo que Sesostris, rei do Egito, "que através da conquista espalhou um novo sistema de religião e de filosofia, desde o Nilo até o Ganges, há aproximadamente mil anos a.C.

Página 261. Permito que isso seja uma provável opinião, embora não perfeitamente estabelecida, de que <u>Fo e Buddha</u> (<u>Gotama</u>) sejam o mesmo deus. Suponho que eu deva discordar inteiramente do Sr. Chambers, quando ele supõe que <u>Buddha</u> seja o mesmo que o <u>Woden</u> dos escandinavos <HN XXIX, 220>.

Páginas 260-263. Sobre a religião dos <u>chineses</u>. O deus Shaka* dos chineses provavelmente é o Buddha.

Página 180. Os discípulos de <u>Buddha</u> alegam que os seres estão evoluindo continuamente, revolvendo-se nas mudanças de <u>transmigração</u>, até que tenham realizado as ações que os qualifiquem para o <u>Nieban</u> (*Nirvāṇa*), o mais perfeito dos estados, sendo uma espécie de anulação.

Página 266. Quando uma pessoa não está mais sujeita a nenhuma das seguintes misérias, a saber, <u>a opressão, a velhice, as doenças e a morte</u>, então ela deve ter atingido o <u>Nieban</u>. Nenhuma coisa, nenhum lugar, pode nos dar uma ideia adequada de <u>Nieban</u>: podemos apenas dizer que estar livre dos quatro sofrimentos acima mencionados e obter a salvação é o <u>Nieban</u>. Do mesmo modo que, quando uma pessoa seriamente doente está trabalhando, ela recorre à assistência da medicina e dizemos que ela alcançou a saúde: mas, se qualquer pessoa deseja saber o modo pelo qual, ou a causa de, conseguir saúde, ela somente terá uma resposta, ou seja, ter a saúde restaurada significa apenas estar recuperado da doença. Esta é a única maneira pela qual podemos falar sobre o Nieban: e o Godama pensava desta maneira <HN XXIX, 221>.

Página 268. O <u>teísmo</u> mencionado entre as heresias. Os sacerdotes do Buddha são chamados de Rahans.

Página 506. O grande <u>Lama</u> é uma encarnação de <u>Vishnu</u>.

Página 507s. Sobre <u>Deo-Calyun</u>, isto é, <u>Deukalion</u>.

---

* Shakia Muni

Página 265. Os deuses que apareceram neste mundo presente, que atingiram o Nieban, são quatro, e o último deles é Godama

Página 267. Sobre a transmigração

Chesy, no seu artigo sobre a literatura indiana, na *Revista Enciclopédica*, março de 1815, nomeia os quatro Vedas como se segue: Ritch, Yadjouch, Saman, Atharvaveda. Colebrooke escreve: Rich, Yajush, Sâman, At'harvana

Página 513. Prometeu conhecido pelos indianos.

Os seguidores do Buddha têm muitos livros valiosos; parece que eles também têm os próprios Vedas e Puranas.

Página 530. Buddha como Avatar.

Notas de Schopenhauer para as *Asiatick Researches*, vol. 7.

HN XXIX, 221-226. Calcutta edition 1801; London edition 1803. Emprestado em Dresden de 22/04/1816 a 26/04/1816.

Página 32. Artigo sobre Buddha e seus ensinamentos.

Página 202. Todo Purana trata de cinco assuntos: a criação do universo, o seu progresso e a renovação dos mundos; a genealogia dos deuses e dos heróis; a cronologia de acordo com um sistema de fábulas; e a história heroica contendo os feitos dos semideuses e dos heróis.

Portanto, os Puranas podem ser comparados às teogonias gregas. Colebrooke <HN XXIX, 22>.

Página 233. Mantra significa uma prece usada em cerimônias religiosas.

Página 251. Uma passagem dos Vedas que é rezada depois da refeição de um monge em um funeral.

1. O espírito incorporado que tem mil cabeças, mil olhos, mil pés, fica sobre o peito humano, enquanto ele permeia totalmente a terra.

2. Esse ser é o universo. E tudo isso foi ou será; ele é aquele que cresce através da nutrição e ele é o distribuidor da imortalidade.

3. Sua grandeza é tanta que ele é o mais excelente espírito incorporado; os elementos do universo são uma parte dele; e três porções dele são a imortalidade no paraíso.

4. Esse ser triplo se eleva sobre (este mundo); a única porção dele permanece neste universo e consiste naquilo que tem e que não tem gosto (a recompensa das boas e más ações); novamente ele permeia o universo.

RHODE, Über Religion und Philosophie der Inder, vol. 2, 405, fornece uma tradução dessa prece, a qual ele afirma que é oferecida todos os dias no banho, e parece estar de acordo com um artigo de Colebrooke em *Asiat. Res.*, vol. 5, sobre as cerimônias religiosas dos hindus. Ele indica que a prece é em versos e é cantada. É uma proclamação de fé, é um credo

5. <u>Viraj</u>* brotou dele, do qual <HN XXIX, 223> o (primeiro) homem foi feito: e ele sucessivamente se reproduziu, povoando a terra.

* Ver a tradução para o Menu: ch. 1, v. 32

6. Dessa única parte, chamada de sacrifício universal, a divina oferenda de manteiga e creme foi produzida; e isso inclui todo o gado, selvagem e doméstico, que é governado pelo instinto.

7. Desse sacrifício foram produzidas as linhagens de <u>Rich</u> e <u>Sáman</u>; dele surgiram as métricas sagradas; dele surgiu o <u>Yajush</u>.

8. Dele foram criados os cavalos e todos os outros animais que têm duas carreiras de dentes; dele surgiram as vacas, as cabras e as ovelhas.

9. A ele os deuses, os semi-deuses e os santos sábios, imolados sobre a grama sagrada, chamaram <u>Sad'hya</u>, e então realizaram um ato solene de religião.

10. Em quantas partes eles dividiram esse ser <HN XXIX, 224>, para quem foram imolados? O que a sua boca se tornou? Como são chamados agora suas coxas e seus pés?**[7]

** Compare com a página 3 da planilha anterior: Brahma é homem e humanidade

11. Sua boca se tornou um monge; seu braço se tornou um soldado; sua coxa foi transformada em um marido; do seu pé brotou um homem serviçal.

12. A lua foi criada do seu pensamento; o sol brotou dos seus olhos; o ar e a respiração brotaram da sua orelha, e o fogo surgiu da sua boca.

13. O elemento sutil surgiu do seu umbigo; o céu surgiu da sua cabeça, a Terra surgiu do seu pé e o espaço, da sua orelha, e assim ele enquadrou os mundos.

14. Naquele sacrifício solene, que os deuses realizaram com ele sendo a vítima, jorrou a manteiga, o verão combustível e o clima tórrido foram a ablação.

15. Sete eram os fossos (circundando o altar) três vezes sete eram os troncos de combustível sagrado <HN XXIX, 225>,

---

[7] Na edição original, há aqui uma nota do editor: "Schopenhauer se refere à nota às AR 5, 147, que se encontra no fim do HN XXIX, 216".

naquele sacrifício que os deuses realizaram imolando este ser como vítima.

16. Por meio desse sacrifício os deuses adoraram esta vítima: tais eram os deveres primordiais, e então eles obtiveram o paraíso, onde os antigos deuses e semi-deuses os aceitaram.

Página 256. Antigamente o suicídio legal era comum entre os hindus, e isso não é muito raro; embora acontecimentos de homens se ateando fogo não tenham ultimamente ocorrido muito, eles têm se afogado nos rios sagrados. O pai cego e a mãe do jovem eremita, o qual Dasaratha assassinou por engano, se queimaram junto com o cadáver do seu filho. O acadêmico de Raghuwansa, em cujo poema, assim como no Ramayana, esta estória é lindamente contada, ele cita o texto da lei provando que nesses casos o suicídio é legal. Esses tipos de acontecimentos são frequentes <HN XXIX, 226>, quando pessoas afligidas por doenças terríveis e incuráveis se queimaram vivas. Entre as tribos inferiores dos habitantes de Bera e Gondwana, o suicídio é frequentemente prometido pelas pessoas em troca de dádivas solicitadas aos ídolos; para cumprir essa promessa, o devoto se joga de um precipício chamado Calaibharawa. Na feira anual que é realizada nesse local no começo da primavera, oito ou dez pessoas são vítimas dessa superstição.

Página 397. Artigo sobre os Buddhaisten do Ceylão, com uma lista dos seus livros[8].

Notas de Schopenhauer para as *Asiatick Researches*, vol. 8.

HN XXIX, 227-249. Calcutta edition 1805; London edition 1808. Emprestado em Dresden de 26/04/1816 a 16/05/1816.

Página 381. Rich, Yajush e Saman são as três partes principais dos Vedas: Atharvaveda é comumente considerada a quarta parte: contém poemas mitológicos chamados de

---

[8] Na edição original, consta aqui uma nota do editor: "Schopenhauer se refere ao longo artigo do Sr. Joinville: "On the Religion and Manners of the People of Ceylon" presente nas *Asiatick Researches*, vol. 7, 397-444. A lista de livros está nas páginas 443-444 e contém dezessete obras, incluindo textos em páli, sânscrito, cingalês, gramáticas e dicionários".

Itihása; os Puránas são reconhecidos como um suplemento à Escritura e, como tal, constituem um 5º Veda.

Os poemas mitológicos são apenas figurativamente chamados de Veda.

As preces usadas nos ritos solenes são chamadas de Yajnyas e foram colocadas nos três Vedas principais: aqueles que em prosa são chamados de Yajush, os que na métrica são chamados de Rich, os que devem ser cantados, chamados de Saman; esses nomes, que distinguem as diferentes partes dos Vedas, são anteriores à separação na compilação dos Vyasas. Mas o Atharvaveda, não é usado nas cerimônias religiosas acima mencionadas, mas contém preces usadas de purificação, nos rituais de conciliação com as divindades <HN XXIX, 228>, e também imprecações contra os inimigos; ele é essencialmente diferente dos outros Vedas.

Página 387. Cada Veda consiste em duas partes, chamadas de mantras e Brámanas, ou preces e preceitos; a coleção completa de hinos, preces e invocações que pertencem a um Veda é chamada de Sanhitá. Qualquer outra parte do Veda está incluída na cabeça da divindade Bráhmana, incluindo preceitos que impõem obrigações religiosas, máximas que explicam esses preceitos e argumentos relacionados com a teologia. Mas, no arranjo atual dos Vedas, a parte que contém as passagens chamadas de Bráhmanas inclui muitos preceitos que são estritamente preces ou mantras. A teologia da escritura indiana*, incluindo a parte argumentativa chamada Vedanta, contém trechos chamados Upanishads, alguns dos quais são partes do Bráhmana propriamente dito, outros são encontrados somente de maneira separada, e um é uma parte do próprio Sanhitá. Colebrooke <HN XXIX, 229>.

* i.e. os Vedas

Página 388. O Rick-Veda é assim chamado porque o seu Sanhitá contém, na maior parte, preces laudatórias em versos, e Rick significa "louvar".

Página 391. O Rishi ou Santo de um mantra é "aquele através do qual ele é falado", o inspirado escritor do texto.

O Dévatá é "aquele que está onde é mencionado", geralmente a divindade que é louvada ou suplicada na prece, mas também é o sujeito tratado no mantra.

Se o mantra estiver na forma de um diálogo, os discursos são alternadamente considerados como Rishi e Dévatá.

Página 392. Os nomes dos respectivos autores de cada passagem estão preservados no Anuncramani, ou índice explicativo, que foi fornecido pelo próprio Veda, cuja autoridade é inquestionável <HN XXIX, 230>.

Página 395. Os vários nomes de divindades invocadas nos Vedas estão envolvidos com os diferentes títulos de três divindades. O Nighanti ou glossário dos Vedas conclui-se com três listas de nomes de divindades: a primeira contém os nomes considerados sinônimos de fogo, a segunda com sinônimos de ar e a terceira com sinônimos de sol.

Página 396. Passagem do Niructa: "As divindades são apenas três, cujos lugares são a terra, a região intermediária e o paraíso: ou seja, o fogo, o ar e o sol. Eles são proclamados como sendo as divindades dos nomes* misteriosos. Prajapati, o Senhor das Criaturas, é a sua divindade coletiva. A sílaba Om é dedicada a todas as divindades; ela pertence a Paramesheti, aquele que mora na abóboda suprema; ao Brahme, o vasto; ao Deva, deus; ao Adhyátma, a alma superior. Outras divindades, que pertencem a várias regiões, são partes dos três deuses: porque eles têm vários nomes e várias descrições, devido às suas várias ações <HN XXIX, 231>, mas na verdade há somente uma divindade, a grande alma, Mahán Átmá. Ela é chamada de sol, porque ela é a alma de todos os seres, e que é declarada pelo sábio 'o sol é a alma do que se move e do que é fixo'". Outras divindades são partes dela; isso é expressamente declarado pelo sábio: O sábio chama o fogo de Indra, Mitra e Varuna & ca.

* Bhur, Bhurah, Swar, vide Menu c. 2. v. 76

Página 398. Cada linha do Veda está repleta de alusões à mitologia, mas não a mitologia que declaradamente exalta heróis deificados, como nos Puranas, mas uma mitologia que personifica os elementos e planetas, que povoa o paraíso e a região abaixo com várias ordens de seres. Entretanto, observo em vários lugares a origem da lenda, famílias de poemas mitológicos. Mas não destaco nada que corresponda às lendas favoritas destas seitas, que adoram Linga ou Sacti, ou também Rama ou Crishna <HN XXIX, 232>.

Página 426. Asu é a volição inconsciente, que ocasiona um ato necessário à vida, como a respiração & ca.

Página 472. O termo Upanishad está nos dicionários como o equivalente a Rehesya, que na verdade significa mistério*[9]. Este último termo é, na verdade, frequentemente usado por Menu e outros autores antigos, onde os comentaristas entenderam o que Upanishad significava. Mas nem a etimologia nem a aceitação da palavra tem conexão direta com a ideia de esconderijo, segredo ou mistério; e, de acordo com Sancara, Sayana e todos os comentaristas, o seu significado apropriado é ciência divina ou a sabedoria de deus; e, de acordo com essas mesmas autoridades, esse significado é igualmente aplicável à própria teologia e a um livro no qual esta ciência é ensinada. Sua derivação vem do verbo sad (shad-lri), ou seja, "destruir, mover ou gastar", precedido da preposição upa, "perto", e ni, "continuamente" ou nis, "certamente" <HN XXIX, 233>.

* Portanto, Anquetil: Secretum Tegendum

Página 473. Toda teologia indiana está professadamente fundada nas Upanishads; e isso está expressamente afirmado no Vedanta Sára, v3. Aqueles que foram mostrados anteriormente (neste ensaio) foram extraídos do Veda. O restante é considerado como pertencente à Escritura indiana; entretanto, não aparece se são ensaios separados ou se foram extraídos de um Bráhmaná do Atharvaveda.

Nas melhores cópias das cinquenta e duas Upanishads não está dito se foram tirados do Atharvaveda. As trinta e sete restantes parecem ser vários Sac'has, na maioria dos Paipaladis, e alguns de outros Vedas.

Página 474. A Mundaca e Prasna são as duas primeiras Upanishads do Atharvaveda e são muito importantes; cada uma delas tem seis seções. As nove Upanishads seguintes são menos importantes. A seguir estão os Manducya, que são compostos por quatro partes, cada uma sendo uma Upanishad distinta <HN XXIX, 234>. Este tratado obscuro engloba as doutrinas mais importantes do Vedanta.

---

9 Na edição original, vê-se aqui uma nota do editor: *"Secretum tegendum* ('o segredo para ser guardado') é versão em latim de A.-H. Anquetil-Duperron's do termo '*Upanishad*'".

Página 488. Eu creio que seja provável que os Vedas foram compostos por Dwapayana, a pessoa que diz que os coletou e que então recebeu o sobrenome de Vyasa, ou o compilador (Colebrooke).

Página 494. Responsáveis pela suspeita de serem os representantes das remanescentes Upanishads separadas do Atharvaveda, que não foram recebidas na melhor coleta dos cinquenta e dois traços teológicos pertencentes ao Atharvaveda; e mesmo alguns deles foram inseridos lá, especialmente o dois, que foi intitulado de Rama Tapanya e que é composto de duas partes, Purva e Uttara, e outro chamado de Gopala Tapanya, que também se compõe de duas partes, das quais uma é chamada de Crishna Upanishad. Suspeita-se que esta última esteja principalmente baseada na opinião de que essas seitas, que agora adoram Rama e Crishna como encarnações de Vishnu, sejam comparativamente novas. Eu não encontrei em nenhuma outra parte dos Vedas <HN XXIX, 235> nenhum traço de tal adoração. A verdadeira doutrina da escritura indiana inteira é a unidade da divindade, na qual o universo está contido; e esse aparente politeísmo que ela exibe oferece elementos, as estrelas e os planetas como deuses. As três principais manifestações da divindade, com outros atributos e energias personificados, e a maioria dos outros deuses da mitologia hindu são de fato mencionados, ou pelo menos indicados, nos Vedas. Mas a adoração dos heróis deificados não faz parte deste sistema, nem as encarnações das divindades são sugeridas em nenhum trecho do texto que vi. De acordo com as noções que entendi da história real da religião hindu, a adoração de Rama e Crishna pelos Vaishanavas e a adoração de Mahadeva e Bavani pelos Saivas e Sactas foram geralmente introduzidas desde a perseguição de Bauddhas e Jainas. As instituições dos Vedas são anteriores ao Budd'ha <HN XXIX, 236>, cuja teologia parece ter sido emprestada do sistema de Capila e cuja doutrina prática mais conspícua é mostrada como sendo uma matança ilegal de animais, os quais, em sua opinião, eram abatidos com o objetivo de comer a sua carne sob o pretexto de realizar um sacrifício de Yajnya. A derrubada da seita de Buddha na Índia não causou o total retorno do sistema religioso inculcado nos Vedas. Muito do que está ensinado ali está agora obsoleto; ao contrário, no-

Vol. IX, 293. Colebrook diz: "A mera menção de: Rama e Crishna em uma passagem dos Vedas, sem nenhuma indicação de uma reverência particular, não autoriza uma presunção de que essa passagem não seja genuína. Eu suponho que ambos os heróis tenham sido personagens conhecidos em antigas estórias fabulosas, mas eu imagino que, da mesma forma, novas fábulas tenham sido elaboradas colocando esses personagens na lista dos deuses. Portanto, Chrisna, filho de Devacy, é mencionado na Upanishad como tendo recebido informações teológicas de Gna"

vas ordens de devotos religiosos foram instituídas, e novas formas de cerimônias religiosas foram estabelecidas. Rituais fundamentados nos Puranas e as observâncias emprestadas de uma fonte ainda pior, os Tantras, em grande medida tornaram antiquadas as instituições dos Vedas. A adoração de Rama e Crishna sucedeu a adoração dos elementos e dos planetas. Se essa opinião estiver bem fundamentada, ela segue a crença de que as Upanishads em questão foram provavelmente compostas mais tarde, desde a introdução da adoração de Rama e Gopala <HN XXIX, 237>.

* Sobre os Vedas

Página 497. O antigo dialeto, no qual os Vedas, especialmente os três primeiros, foram compostos, é extremamente difícil e obscuro; é parente de uma linguagem mais educada e refinada, o sânscrito clássico

O Tratado de Colebrooke* (nota de rodapé "sobre os Vedas"), 377-497 deste volume, no qual várias passagens são encontradas na folha precedente, contém vários trechos dos Vedas, dos quais citei os mais excelentes aqui.

Página 421. Aitareya Upanishad; do Rig Veda.

Ver Oupnek'hat, vol. 2, 57ss

§ 4. Originalmente este universo era na verdade apenas Alma: não existia absolutamente nada, ativo ou inativo. Ele pensou: "Eu criarei mundos". Então ele criou os vários mundos: a água, a luz, os seres mortais e as águas. Essa água é a região acima do paraíso, que o paraíso sustenta; a atmosfera inclui a luz; e as regiões abaixo são "as águas".

Ele pensou: "Na verdade esses são mundos. Eu criarei os guardiões dos mundos". Então ele pegou as águas e deu forma a um ser corpóreo*. Ele o viu e comtemplou; a boca se abriu como um ovo; da boca saiu a fala, da fala saiu o fogo. As narinas se expandiram; pelas narinas passou a respiração; da respiração o ar se propagou <HN XXIX, 237>. Os olhos se abriram; dos olhos surgiu o olhar; desse olhar se fez o sol. A orelhas se dilataram; das orelhas surgiu a audição, e dela surgiram as regiões do espaço. A pele se expandiu; da pele surgiram os cabelos; dos cabelos cresceram as ervas e as árvores. O peito se abriu; do peito surgiu o pensamento; do pensamento surgiu a lua. O umbigo apareceu; do umbigo surgiu a deglutição; dela surgiu a morte. O órgão sexual surgiu; então fluiu a semente produtiva, de onde as águas tiveram origem.

* Purusha, uma forma humana

O objeto dependente do sujeito

Essas divindades receberam formas e caíram no vasto oceano; e foram até ele com sede e fome, e elas se dirigiram a ele: "Conceda-nos um tamanho menor, de forma que possamos comer alguma comida". Ele lhes ofereceu o tamanho de uma vaca; elas responderam: "Isso não é suficiente para nós". Ele lhes mostrou a forma de um cavalo; elas responderam: "Esse também não é suficiente". Ele lhes mostrou a forma de um ser humano; elas exclamaram: "Muito bem feito, maravilhoso!" Portanto, apenas o homem é declarado "bem feito" <HN XXIX, 239>.

<small>O macrocosmo requer o microcosmo</small>

Ele as mandou que ocupassem seus respectivos lugares. O fogo se transformou em fala e entrou pela boca. O ar se transformou em respiração e entrou pelas narinas. O sol se tornou a visão e penetrou nos olhos. O espaço se transformou em audição e ocupou as orelhas. As ervas e as árvores se transformaram em cabelos e preencheram a pele. A lua se transformou no pensamento e entrou no peito. A morte se transformou em deglutição e penetrou no umbigo; e a água se tornou uma semente produtiva e ocupou os órgãos reprodutivos. A fome e a sede se dirigiram a ele dizendo: "Designa os nossos lugares". Ele respondeu: "Eu vos distribuirei entre essas divindades e farei com que participeis com elas". Portanto, toda vez que uma oferenda é ofertada a qualquer divindade, a fome e a sede compartilham com eles.

<small>O sujeito dependente do objeto</small>

Ele refletiu: "Estes são os mundos e os regentes dos mundos; para eles eu criarei a comida". Ele olhou para as águas, então ele lhes atribuiu uma forma; a comida foi criada e então produzida <HN XXIX, 240>. Uma vez criada, ela se virou e tentou fugir. O homem primitivo tentou capturá-la com a conversa, mas não conseguiu detê-la com a sua voz; se ele a tivesse pegado com sua voz, a fome ficaria satisfeita dando nome à comida.

<small>"A umidade é a condição para toda a vida"</small>

| Mesmo assim ele tentou com | Respiração; Um olhar; Audição; Tato; Pensamento; O órgão reprodutivo | Em vão; ou então a fome seria satisfeita com | O cheiro da comida Visão da comida Ouvir a comida Tocar a comida Meditar sobre a comida Emissão. |

Finalmente ele tentou pegá-la com a deglutição, e então ele a engoliu; aquele ar que foi empurrado para dentro, apanhou a comida; e esse mesmo ar é a faixa da vida.

Ele (a alma universal) pensou: "Como esse corpo pode existir sem mim?" Ele pensou por qual extremidade ele deveria penetrar. Ele pensou: "Se, sem eu falar um discurso, respirar e inalar e ver uma visão; se a audição escutar, a pele sentir e a mente meditar; se a deglutição engolir e o órgão reprodutor desempenhar suas funções; então quem sou eu?"

Separando a sutura, ele penetrou por esse caminho <HN XXIX, 241>; essa abertura é chamada de sutura (vidriti) e é o caminho para a beatitude.

Nessa alma os lugares para recreação são três, os modos de dormir também são três: o olho direito, a garganta e o coração.

Então nascido (como um espírito animado), ele separou os elementos, destacando: "O que mais, a não ser ele, eu posso afirmar aqui que existe". E ele contemplou essa pessoa pensante (Purusha), uma vasta extensão (Brahme, ou o grande), exclamando: "Este eu vi". Então ele foi chamado de ele que vejo (Idam-dra); ele que vejo é de fato o seu nome: e, a ele, sendo ele que vejo, eles o chamam por um nome antigo: Indra. Para a felicidade dos deuses, escondendo os seus nomes e privacidade.

> O mundo existe apenas para o sujeito do conhecimento

§ 5. Este princípio de vida é o primeiro, um feto, uma semente produtiva, que é a essência tirada de todos os membros do seu corpo; então o homem nutre dentro de si mesmo. Mas, quando ele se dirige a uma mulher, ele procria um feto; e assim é o seu primeiro nascimento <HN XXIX, 242>. Ele se identifica com a mulher; então, como sendo seu próprio corpo, ele não a destrói. Ela o protege* e o acolhe dentro dela; na medida em que ela o nutre, ela deve ser protegida por ele**. A mulher nutre aquele feto: mas ele anteriormente protegia a criança, e depois também faz isso, depois do seu nascimento. Desde de que ele apoie a criança antes e depois do nascimento, ele protege a si mesmo: e assim por diante, na perpétua sucessão de pessoas, e dessa forma essas pessoas se perpetuam. Este é o seu segundo nascimento.

* os homens

** o homem

Este segundo si mesmo se torna o seu representante para os atos sagrados da religião: este outro si mesmo, uma vez que tenha completado o seu período de vida, falece. Uma vez que ele parte, ele nasce novamente (em alguma outra forma) e este é o seu terceiro nascimento.

Assim declarou o santo sábio: "Dentro do útero, reconheci os nascimentos sucessivos dessas divindades. Cem corpos, como correntes de ferro, me seguram para baixo; mesmo assim, como um falcão, eu subi rapidamente". Assim falou <u>Vamadeva</u>, repousando dentro do útero; e, tendo esse conhecimento intuitivo <HN XXIX, 243>, ele emergiu, depois de romper esse confinamento corporal; e, ascendendo à maravilhosa região do paraíso (<u>Swarga</u>), ele atingiu todos os desejos e se tornou imortal. Ele se tornou imortal.

§ 6. O que é <u>essa alma</u>? Aquela que podemos adorar. Qual é a alma? É aquela que cada homem vê? Através da qual ele ouve? Através da qual ele sente os odores? Através da qual ele emite a sua fala? Através da qual ele distingue o gosto agradável do desagradável? Ela é o coração (ou <u>conhecimento</u>) ou o pensamento (ou <u>vontade</u>)? Ela é a sensação? Ou o poder? Ou discernimento? Ou compreensão? Percepção? Retenção? Atenção? Aplicação? Urgência (ou dor)? Memória? Concordância? Determinação? Ação animal*? Vontade? Desejo?

Esses todos são os vários nomes da apreensão. Mas <u>esta</u> (<u>alma</u> que consiste na faculdade de apreensão) <u>é Brahma</u>; ela é <u>Indra</u>; ela é (<u>Prajapati</u>), o Senhor das criaturas; esses deuses são ela, e também são os cinco elementos primários, terra, ar, o fluido etéreo, a água e a luz**.

Estes se juntaram <HN XXIX, 244> com pequenos objetos e outras sementes (da existência) e novamente com outros seres que foram produzidos através de ovos e nasceram em úteros, ou se originaram em umidade quente, ou brotaram de plantas, de cavalos, ou de vaca, ou de homens, ou de elefantes, ou de qualquer coisa viva ou que caminhe ou voe, ou de qualquer outra coisa que seja imóvel (como ervas e árvores), de <u>tudo aquilo que seja o olho da inteligência</u> (Maltauyi). <u>Todas as coisas estão fundadas no intelecto; o mundo é o olho do intelecto</u>: e o intelecto é o seu alicerce. A inteligência é (<u>Brahme</u>) o grande.

Através desta alma (intuitivamente) inteligente, o sábio ascendeu deste mundo presente à região abençoada do paraíso;

*<u>Asu</u>, a <u>volição inconsciente</u> que ocasiona um ato necessário para sustentar a vida, como a respiração etc.

** Brahma, (no gênero masculino) aqui denota, de acordo com os comentaristas, o espírito inteligente, cujo nascimento deu-se no ovo comum; a partir dele (observação ilegível entre as linhas) é chamado de <u>Hiranyagarbha</u>. <u>Indra</u> é o chefe das divindades, quer dizer, os elementos e os planetas. <u>Prajapati</u> é o primeiro espírito incorporado, chamado de <u>Viraj</u> e é descrito na parte anterior deste extrato. Os deuses são o fogo e o restante, como já foi afirmado

e, realizando todos os seus desejos, se tornou imortal. Ele se tornou imortal.

Aí se seguiu uma prece.

Página 439. No começo do Vrihadaranyaça (Upanishad).

Nada existia neste mundo antes da criação do pensamento. Este universo estava cercado pela morte ansiosa para devorá-lo, porque a morte é o devorador. Ele formatou o pensamento, desejando se tornar dotado de uma alma. Conforme Oupnek'hat vol. I, 101 <HN XXIX, 245>.

Em um Upanishad do YajurVeda o 4º artigo*** do 3º discurso do Vrihad aranyaca, está a seguinte descrição do Viraj.

Havia uma variedade de formas antes da criação do corpo, da alma apresentando uma forma humana. A seguir, olhando ao redor, aquele ser primitivo não viu ninguém a não ser ele mesmo; e ele a princípio disse: "Eu sou Eu". Portanto, seu nome era "Eu". E, dali então até agora, um homem, quando lhe é perguntado alguma coisa, primeiramente responde: "Sou Eu", e então declara qualquer outro nome que ele tenha.

Uma vez que ele, sendo anterior a tudo isso (que busca a supremacia), consumiu pelo fogo todos os pecaminosos (obstáculos à sua própria supremacia) e assim fez o homem, que sabe (essa verdade) superá-lo, que busca estar na frente dele.

Ele se sentiu amedrontado; portanto, o homem tem medo quando está só. Mas ele refletiu: "Uma vez que não existe nada além de eu mesmo, por que eu teria medo?" Então o seu terror se separou dele; portanto, por que ele deveria temer, uma vez que o terror deve ser de outro?

Ele não se sentiu encantado; e, portanto, o homem não se encanta quando está só. Ele <HN XXIX, 246> desejou a existência de outro e instantaneamente ele se tornou como se fosse um homem e uma mulher em um abraço mútuo. Ele fez isso a si mesmo e se tornou um casal, e se tornaram marido e mulher. Desta forma este corpo se separou como se fosse uma metade imperfeita dele próprio: assim falou Yajnyawalcya. Este vazio foi completado pela mulher. Ele se aproximou dela, e então os seres humanos foram criados.

Página 438.
Viraj é o primordial e universal ser manifestado: um cavalo é o seu emblema, cujo olho é o sol, o qual respira ar, cujo ouvido é a lua etc. Também seiscentos e nove vários animais, que juntos constituem uma vítima imaginária em um Aswamedha (sacrifício) que representa o ser universal Viraj

*** bráhmana

Ver Oupnek'hat, vol. 1, 121

Não parece que pertence

Ela pensou com dúvida: "Como ele pode, uma vez que ele me criou a partir dele mesmo, (incestuosamente) se aproximar de mim? Eu assumirei um disfarce". Ela se transformou em uma vaca, e o outro se transformou em um boi e se aproximou dela, e se criou a espécie. Ela se transformou em uma égua, e ele se transformou em um garanhão; um se transformou em um asno fêmea, e outro em um asno macho; e novamente ele se aproximou dela, e uma espécie com casco foi a sua cria. Ela se transformou em cabra, e ele em bode; ela foi uma ovelha, e ele um carneiro; então ele se aproximou dela, e as cabras e as ovelhas foram a sua descendência. Deste modo <HN XXIX, 247> ele criou cada casal de toda criatura que existe, inclusive as formigas e os menores insetos.

❖ ❖ ❖

Trecho do 2º Taittiryaca Upanishad.

YajurVeda.

Assim todos os seres foram criados; assim eles vivem, quando nascem; isso é para onde eles tendem; e assim é como morrem; aquele que vós procurais é Brahme.

> A Vontade de viver é a fonte e a essência das coisas

Ele pensou profundamente e, tendo meditado, ele soube que Ananda (ou felicidade) é o Brahme, pois todos esses seres são na verdade criados a partir do prazer; quando eles nascem, eles vivem pela alegria; eles tendem para a felicidade; eles morrem e vão para a felicidade.

❖ ❖ ❖

Tirado do Atharvaveda: o Mundaca Upanishad. 1ª seção.

Dois tipos de ciência devem ser distinguidos: a suprema ciência e a outra. Esta outra ciência é o Rig-Veda, o Yajur Veda, o Sama-Veda, o Atharvaveda, as regras e a acentuação, os ritos da religião, gramática, prosódia, astronomia, assim como o Itihasa e o Purara e a lógica, e também o sistema de obrigações morais <HN XXIX, 248>.

> O melhor não pode ser ensinado

Mas a suprema ciência é aquela através da qual esta (natureza) que não perece é aprendida; invisível (ou imperceptível, pois esta é sua natureza), não deve ser capturada, nem ser deduzida; não tem cor; não tem olhos e orelhas; não tem mãos ou pés; e mesmo assim permeia tudo; minuto inalterável, é considerada pelo sábio como a fonte dos seres.

Na medida em que as aranhas tecem e juntam (suas teias), as plantas brotam da terra, os cabelos crescem em uma pessoa viva, assim este universo é criado a partir da natureza imperecível. Através da contemplação, aquele que é vasto germina; dele a comida (ou corpo) é criada; e assim sucessivamente a respiração, o pensamento, os (elementos) reais, os mundos, a imortalidade surgem de (bons) atos. O onisciente é contemplação profunda, consiste na sabedoria dele, que tudo sabe: e dele, aquele grande (manifestado), provém tudo, assim como os nomes, as formas, a comida; esta é a verdade <HN XXIX, 249>.

> A ideia parece se desdobrar em indivíduos

Página 530. Os cingaleses colocam a morte de Goutama Buddha em 542 a.C.; eles podem ser creditados como certos.

Notas de Schopenhauer para as *Asiatick Researches*, vol. 9.

HN XXIX, 249-250. Calcutta edition 1807; London 1st edition 1809. Emprestado em Dresden de 14/05/1816 a 20/05/1816.

Página 88. Dharma Raja, o subordinado de Menu do seu Calpa, na realidade era o Minos dos gregos; e o Crishna ou Radhamohana era Rhadamantus; Minos viveu em 1320 a.C.

Página 244-322. Vários relatos detalhados sobre a seita herética dos jaivas.

Página 289. Os seguidores dos Vedas, de acordo com a teologia explicada no Vedanta, que consideram a alma humana como uma porção do pensamento universal e divino, acreditam que ela é capaz de uma perfeita união com a essência divina; e os escritores do Vedanta não apenas afirmam que essa união e identidade estão ligadas a uma sabedoria, que eles ensinam, mas avisaram que, por esses meios, a alma particular se torna o próprio Deus, atingindo a verdadeira supremacia.

Vrihad Aranyaca Upanishad.

Colebrooke <HN XXIX, 250>.

Página 291. De acordo com a doutrina dos jainas, a alma nunca está separada da matéria até que ela obtenha a liberação final do sofrimento corporal, pela deificação, através de uma total separação entre o bem e o mal, na pessoa de um santo beatificado. Nesse intermédio, ela recebe a retribuição dos benefícios ou ferimentos que ela sofreu atribuídos ao seu estado atual ou precedente, de acordo com um princípio estrito de retaliação, recebendo prazer e dor do mesmo indivíduo, no estágio presente ou anterior, tendo sido beneficiado ou prejudicado.

> Apresentação mítica do meu ensinamento de que o torturador e o torturado são diferentes apenas na aparência, através do princípio da individualização (*principium individuationis*); eles são iguais entre si

Páginas 296-300. Informação sobre os gregos da Índia, dispostos.

Rudra e Mahadew são [palavra ilegível]¹⁰ de Schiwa.

Veja Oupnek'hat, 440, 411, 412.

---

10 Lê-se aqui, na edição original, uma nota do editor: "Até agora não consegui decifrar esta palavra. Nos outros casos, o Sr. Jochen Stollberg, curador do arquivo de Schopenhauer, ajudou muito. O editor destas notas expressa sua profunda gratidão ao Sr. Stollberg".

Edições Loyola

editoração impressão acabamento
Rua 1822 nº 341 – Ipiranga
04216-000 São Paulo, SP
T 55 11 3385 8500/8501, 2063 4275
www.loyola.com.br